普通高等院校创新创业教育系列丛书

创新思维
基础、方法与应用
（第2版）

北京联合大学管理学院◎编

清华大学出版社
北京

内 容 简 介

本书详细介绍了创新思维的相关概念和内容，以及创新实验和经典案例。全书包含基础篇、方法篇、应用篇三部分内容：基础篇主要包括创新思维概论、创新思维的基础、阻碍创新思维的因素和创新思维的培养；方法篇主要包括创新思维的技法和设计思维创新；应用篇则主要包括企业创新和社会创新。

本书适合用作高等院校创新课程的教材，同时也可用作企事业单位的培训教材。

本书封面贴有清华大学出版社防伪标签，无标签者不得销售。

版权所有，侵权必究。举报：010-62782989，beiqinquan@tup.tsinghua.edu.cn。

图书在版编目(CIP)数据

创新思维：基础、方法与应用 / 北京联合大学管理学院编. —2版. —北京：清华大学出版社，2024.3（2025.7重印）

（普通高等院校创新创业教育系列丛书）

ISBN 978-7-302-63488-1

Ⅰ.①创… Ⅱ.①北… Ⅲ.①创造性思维－高等学校－教材 Ⅳ.① B804.4

中国国家版本馆 CIP 数据核字 (2023) 第 078965 号

责任编辑：高 屾
封面设计：孔祥峰
版式设计：方加青
责任校对：马遥遥
责任印制：刘海龙

出版发行：清华大学出版社
    网　　址：https://www.tup.com.cn，https://www.wqxuetang.com
    地　　址：北京清华大学学研大厦 A 座　　邮　编：100084
    社 总 机：010-83470000　　邮　购：010-62786544
    投稿与读者服务：010-62776969，c-service@tup.tsinghua.edu.cn
    质 量 反 馈：010-62772015，zhiliang@tup.tsinghua.edu.cn
印 装 者：艺通印刷（天津）有限公司
经　　销：全国新华书店
开　　本：185mm×260mm　　印　张：15.25　　字　数：289 千字
版　　次：2020 年 5 月第 1 版　　2024 年 3 月第 2 版　　印　次：2025 年 7 月第 4 次印刷
定　　价：58.00 元

产品编号：101184-01

前　言

党的二十大报告提出，必须坚持创新是第一动力，要深入实施创新驱动发展战略，着力造就拔尖创新人才。这表明创新能力的提升无论对于国家、企业还是个人都至关重要。早在 2007 年，党的十七大就提出"提高自主创新能力，建设创新型国家"和"促进以创业带动就业"的发展战略。2010 年，中华人民共和国教育部颁布《教育部关于大力推进高等学校创新创业教育和大学生自主创业工作的意见》。2015 年，国务院办公厅出台《国务院办公厅关于深化高等学校创新创业教育改革的实施意见》。根据党中央、国务院的重要决策、部署，以满足培养创新创业人才需求为出发点，应推动大学教育向应用型发展。在全国高校积极推进创新创业教育的大背景下，北京联合大学管理学院于 2016 年开设"创新思维方法"课程。

根据教育部印发的《普通本科学校创业教育教学基本要求(试行)》的通知，课程教师团队在多年教学实践的基础上，综合目前创新理论和实践的成果编写本书。本书立足于应用型本科的教学，将科学性、实践性、理论性和政策性相结合，拟通过创新教育教学，使学生系统地了解创新思维的基本原理、方法，从而提高学生的创新思维能力，激发学生的创新意识，提高学生的社会责任感，培养创新型人才。

2016 年，本书获得了北京联合大学校级"十三五"规划教材的立项，2020 年出版了该教材的初版，出版后反响良好。第 2 版主要对以下三个方面进行修订：第一，更新了反映国内外近几年创新成果的数据，更换了陈旧的案例；第二，在创新思维的技法部分新增了 TRIZ[①] 创新方法及更多的课堂活动，企业创新部分新增了平台型组织等内容；第三，增加了扩展阅读资料，通过嵌入二维码的模式，方便读者自由式学习、递进式阅读。

---

① TRIZ，英文为 theory of inventive problem solving，译成中文是：发明问题解决理论，又称"萃智"。它是一种不依赖个人灵感且适用于技术创新领域的发明创造的方法论，使得创新变得有章可循，不再依赖灵感，一旦掌握其中规律，普通人也可以进行发明创造。

第 2 版的修订工作由北京联合大学管理学院"创新思维方法"课程教学团队原班人马通力合作,共同完成。全书由胡艳君组织编写,提出修改意见、审定章节内容,并最终定稿。所有参与编写的教师都为本书的顺利完成收集了大量的资料,付出了大量的心血,具体编写分工为:第 1 章由龚秀敏编写;第 2 章由胡艳君、兰昌贤编写;第 3 章由胡艳君编写;第 4 章由张迺聪编写;第 5 章由杜辉、王晓芳编写;第 6 章由陶金元编写;第 7 章由温强编写;第 8 章由王晓芳编写。

本书提供了丰富的教学资源,包括但不限于教学课件、教案、教学计划、视频、扩展阅读资料等,读者可通过扫描右侧二维码获取。教材同名慕课已上线学堂在线 (https://www.xuetangx.com/course/buu12021005195/12427106?channel=i.area.manual_search)。

本书在编写过程中,借鉴和参考了国内外相关文献资料及研究成果,因篇幅所限未一一列示,在此向这些作者表示最诚挚的感谢!

感谢北京联合大学管理学院原院长陶秋燕,陶院长最先提出将"创新创业"作为北京联合大学管理学院的特色和亮点,并提出开设创新创业相关课程。感谢北京联合大学管理学院书记张玲娜,张书记积极推进课程思政建设,该教材也在编写过程中融入思想政治的元素。感谢北京联合大学副校长、管理学院院长鲍新中、管理学院江晶晶副院长和陈浩老师一直支持"创新思维方法"课程建设。

限于编者的水平,书中疏漏之处在所难免,恳请各位同仁及读者指正。

编　者

2024 年 1 月

目 录

基 础 篇

第1章　创新思维概论 ·· 2
　　第一节　感受创新 ··· 4
　　第二节　领悟创新 ··· 12
　　第三节　培养创新思维能力 ·· 24
　　思考与实践 ··· 34

第2章　创新思维的基础 ·· 35
　　第一节　逻辑思维 ··· 36
　　第二节　发散思维与收敛思维 ··· 41
　　第三节　想象思维与联想思维 ··· 49
　　第四节　直觉思维、灵感思维与幻想思维 ·· 54
　　思考与实践 ··· 60

第3章　阻碍创新思维的因素 ·· 61
　　第一节　阻碍创新思维的客观因素 ·· 62
　　第二节　阻碍创新思维的主观因素 ·· 65
　　思考与实践 ··· 80

第4章　创新思维的培养 ·· 81
　　第一节　认识创新思维 ·· 83
　　第二节　扩展思维视角 ·· 85
　　第三节　激发思维潜能 ·· 90
　　思考与实践 ··· 94

方 法 篇

第 5 章 创新思维的技法 ································· 96
- 第一节 设问检查法 ································· 99
- 第二节 头脑风暴法 ································· 116
- 第三节 思维导图法 ································· 122
- 第四节 类比法 ····································· 128
- 第五节 列举法 ····································· 134
- 第六节 TRIZ 创新方法 ······························ 141
- 思考与实践 ······································· 149

第 6 章 设计思维创新 ································· 150
- 第一节 设计思维创新概述 ··························· 151
- 第二节 设计思维创新流程 ··························· 159
- 第三节 设计思维创新应用 ··························· 163
- 第四节 设计思维创新实验室 ························· 167
- 思考与实践 ······································· 172

应 用 篇

第 7 章 企业创新 ····································· 174
- 第一节 企业治理创新 ······························· 175
- 第二节 企业产品、技术、工艺和服务创新 ············· 181
- 第三节 企业组织创新 ······························· 197
- 第四节 企业商业模式创新 ··························· 208
- 思考与实践 ······································· 219

第 8 章 社会创新 ····································· 220
- 第一节 社会创新界定 ······························· 221
- 第二节 社会创新的分类 ····························· 225
- 第三节 社会创新的过程 ····························· 229
- 思考与实践 ······································· 232

参考文献 ··· 233

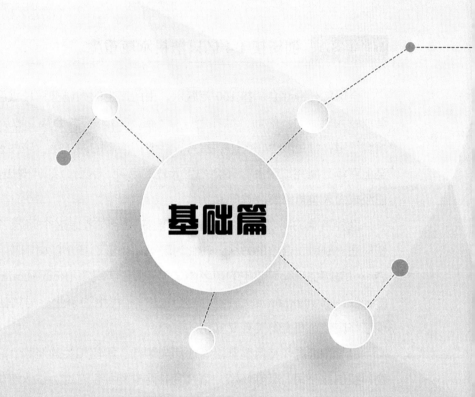

基础篇

第 1 章
创新思维概论

开篇案例 创新使 1.4 亿只塑料水瓶重生

全球每分钟都会销售 100 万瓶水,由此产生的大量塑料垃圾已经对人类的生存环境造成巨大的威胁。然而,世界上只有不到 10% 的塑料会被回收,其余的不是躺在垃圾填埋场里,就是散落在街边、屋旁、沙滩和浩瀚的海洋里,这些塑料可能需要几十年甚至上百年才能完成降解,还会产生大量的污染。因此,如何对废弃的塑料瓶进行利用,已经成为人类急需解决的问题。

世界各地的科学家、发明家、企业家已经在考虑这个问题了。他们开始将废弃的塑料通过制取、合成的方法,转化为防火装饰板、多功能树脂胶、芳香族化合物、编织袋……美国加利福尼亚州的两名中年男子罗斯·马丁 (Roth Martin) 和史蒂芬·豪森怀特 (Stephen Hawthornthwaite) 也投身废弃塑料瓶再生的事业。与其他人不同的是,他们实现了将废塑料瓶变得美观又实用的梦想。

马丁和豪森怀特此前都没有任何与制鞋、零售相关的经验。马丁曾经运营过一家生物科技创业公司,豪森怀特一直在为并购交易提供咨询。二人于 2010 年创办了 Rothy's 公司,这令他们实现了个人兴趣与专业经验相结合的梦想,共同致力于节能环保的伟大项目。2016 年 10 月,Rothy's 公司的第一双由再生塑料水瓶制成的女鞋在美国市场面世,因创新的设想和环保的理念,其在制鞋行业中成为革命性的鞋类品牌。他们是怎样做到的?这一系列的创新背后有说不完的故事。

马丁和豪森怀特一门心思想研发出既绿色低碳又时尚舒适的平底女鞋。他们盯上了一次性的塑料水瓶,并产生了将塑料用作女鞋原材料的创意构想。经过 4 年的艰苦研发,他们终于找到了塑料水瓶再生制鞋的原理和流程:把塑料瓶碾压成塑料颗粒,再制成纺线,然后利用 3D 纺织机器围绕鞋模把鞋面织出来,再靠人工来处理机纺过程中留下的线头或漏洞,最后贴上可回收泡沫鞋底,一只由 5 个部件组成的女鞋就完成了。制作完成一双鞋只需 2.5 小时,并且几乎没有废弃的材料。整只鞋不需要加入莱卡或弹性纤维,也没有附属的鞋带,完全依靠编织结构提供弹性、伸缩度和贴合度。至于染料部分，也是以环保无毒的植物性染料为主。

Rothy's 公司从创立那天开始，就将可持续发展的 DNA 注入企业的生存理念中，并通过三种方式来践行。

1. 只使用再生塑料水瓶制造女鞋

Rothy's 公司从垃圾填埋场转移了数千万个塑料水瓶，并将它们制成纤维织线，编织出色彩鲜艳且舒适的鞋面。其鞋面采用创新的 3D 针织工艺，原材料属于 100% 再生塑料，柔软的纤维保证鞋面具有良好的透气性，并且不会走形或吸水。鞋底采用可回收的无碳橡胶和 TPU① 等制成。生物基蓖麻油和再生材料制成的泡沫鞋垫，既舒适，又可重复洗涤。黏合剂采用的是对环境影响较小的安全黏合剂。每双鞋都是耐用、可反复清洗的，这大大减少了废弃物的产生和对环境的污染。

Rothy's 公司的素色可降解鞋盒也非常环保，是由 85% 的可回收材料制成的。鞋盒本身坚固结实，盒子回收后可以重新密封，在运输过程中也无须其他的外包装，最大限度地减少了废弃物。

2. 生产过程中尽可能不产生任何浪费

Rothy's 公司在制鞋过程中将高超的手工工艺和机器装配相结合，每双鞋都是针织成形，不需要像传统制鞋法那样从较大的织物片上切割下小块的材料。凭借极简理念和 3D 编织技术，Rothy's 公司在制鞋过程中的废料要比传统制鞋商少得多，尤其是 3D 编织技术让 Rothy's 公司的工厂避免了制鞋业最浪费资源的切割环节，将浪费占比降到极低。目前，Rothy's 工厂的浪费占比约为 6%，而传统生产型工厂的浪费占比通常为 37%。

3. 严格控制库存，避免产品生产过剩

Rothy's 公司在生产过程中，很注意控制库存。他们意识到，服装生产过剩会对环境产生惊人的负面影响。在这个世界上，每天都有大量的衣服和鞋作为垃圾被焚烧或填埋，甚至有的成衣和鞋都不曾售出就直接进入了垃圾场和焚烧炉。Rothy's 公司作为这个行业的参与者，懂得企业自身必须成为问题的解决者而不是问题的制造者。因此，他们的策略是制作小批量的鞋，快速生产。他们为客户提供这些产品，而不必担心库存过剩带来的浪费和环境污染。

在现实中，时尚产业背后的污染问题不容小觑。华丽橱窗的背后大都隐藏着环境污染和资源浪费的重重危机。而 Rothy's 公司的生产方式完全与众不同，在人们大量丢弃塑料垃圾的时候，他们却把垃圾捡回并视这些垃圾为时尚原材料。几年里，他们共收集了超过 1.4 亿只将被填埋的塑料瓶，并将它们制作成色彩斑斓、持久耐用的平底女鞋。

---

① TPU 是一种常见材料，是 Thermoplastic Urethane 热塑性聚氨酯弹性体的缩写，具有很强的张力，除了具有坚韧和抗老化的特点外，还是一种成熟的环保材料。

在 Rothy's 公司的官网上，有一个实时更新的数字，记录不同时刻有多少只塑料瓶从垃圾填埋场被捡回，并因 Rothy's 的创新得到重生。截至 2022 年 8 月 31 日，这个数字是 146 641 550 只。

那些成堆的塑料垃圾见证了 Rothy's 公司将可持续理念转变为时尚产品的过程，这就是创新的意义，未来还会有更多的创新带给我们更大的震撼。

（资料来源：根据福布斯中国网文章《一双鞋如何在让 3300 多万只塑料瓶重生》及 Rothy's 官网信息整理。）

思考：
1. Rothy's 公司把塑料瓶转化为女鞋的创新行为对社会产生了哪些积极的影响？
2. Rothy's 公司的创新属于颠覆式创新吗？

第一节 感受创新

创新这个词在人们的眼中似乎是神秘、复杂，甚至难以企及的，好像平凡的人与创新之间隔着千山万水。但当我们回望人类进步的历史时不难发现，人类的每一次不平凡的创新都是由一个个平凡的人创造的，他们让这个世界变得更安全、明亮、舒适和幸福。当这些平凡的人经历了创新的壮举后，会被载入史册，完成从平凡到不平凡的角色转变。

一、创新对人类的价值

1997 年，苹果公司创始人史蒂夫·乔布斯 (Steve Jobs) 重返苹果公司，开启了一系列划时代的创新之举。苹果公司推出了一则向创新者致敬的广告——*think different*《非同凡响》。这则广告之所以令世人瞩目，是因为乔布斯亲自撰写并为这段经典的广告配音。洋洋洒洒的文字和历久弥新的音符，完美地诠释了创新及创新者对人类进步的价值和意义：

向那些疯狂的家伙们致敬
他们我行我素
桀骜不驯
惹是生非

与世人格格不入

他们用与众不同的眼光看待事物

既不墨守成规

也不安于现状

你可以

支持他们，反对他们

赞扬他们，诋毁他们

但唯独不能漠视他们

因为他们改变了世界

他们推动了人类向前发展

有人视他们为疯子

而我们却视他们为天才

因为，只有那些疯狂到

认为自己能改变世界的人

才能真正地改变世界

创新者，他们是推动社会进步的人。他们凭借对世界的关注，靠不懈的努力把那些有价值的思考变成现实版的传奇，改变人类的生活。

- 人类历史上第一次实现互联网通信发生在1969年10月29日晚10点30分。当时，美国加州大学洛杉矶分校（UCLA）的技术人员尝试与麻省理工学院的同行实现两点间的通信。技术人员本想发送L、O、G、I、N 5个字母（意为登录）给对方，但刚刚发送"L"和"O"两个字母后，整个系统就因传输故障而死机瘫痪了。尽管这是一次不成功的通信，但那个夜晚注定被载入史册，因为人类历史上意义重大的互联网时代从那两个字母被发送出去的瞬间已经开始了。

- 1858年7月29日，两艘蒸汽动力战舰在大西洋中部相遇了。在那里，它们连接了一条长4000千米，宽1.5厘米的电缆，首次接通了欧洲大陆和北美洲大陆的电报通信线路。两个多星期后，英国维多利亚女王向当时的美国总统詹姆斯·布坎南发来贺电，盛赞两个国家经过20年的"伟大国际合作"完成了这一壮举。而布坎南也称赞这一伟大项目的成功比战场上赢得胜利还光荣。当时，两国首脑篇幅不长的电报内容足足传送了17个多小时才完成，按照当时的摩斯电码速度，发送一个字母需要2分05秒。后来，由于各种技术故障，电缆运行不到一个月就瘫痪了。但是，从第一个字母被发送出去的那一刻起，全球通信革命已经开始了。到 1866 年，新电缆每分钟可以传输 6~8 个字。19 世纪末，每分钟的传送速度已经超过 40 个字。1956 年，第一条跨大西洋海底电话线 TAT-1 开始铺设。到 1988 年，通过光纤技术，TAT-8 每秒可传输 280 兆字节，人类的通信技术已经可以以极快的速度传输数据了。2019 年，在西班牙毕尔巴鄂和美国弗吉尼亚州之间运行的跨大西洋 Marea 电缆，实现了 26.2 太比特/秒的传输速度。今天，全世界有大约 380 条海底电缆在运行，长度超过 120 万千米。海底电缆是推动现代互联网的无形力量，它们几乎参与了我们所有的通信传输，正是那些伟大的通信技术先驱们改变了世界，改变了人类的生活。

- 1989 年的夏天，英国计算机科学家蒂姆·伯纳斯·李 (Tim Berners-Lee) 成功开发出世界上第一个 Web 服务器和第一个 Web 客户机。此后，他将自己的发明正式定名为 World Wide Web，至此万维网诞生了。这个伟大的发明开启了互联网信息时代的新纪元。然而，比这项发明本身更伟大的是，蒂姆决定放弃万维网的发明专利申请，将自己的创新与发明无偿地贡献给大家，对所有人免费开放，不收取任何费用。人们在这位充满浪漫主义情怀的科学家身上不仅看到了创新的能量，还看到了闪耀着璀璨光芒的人类精神之光。

- 2001 年，苹果公司的新款音乐播放器 iPod 正式问世，令全球瞩目。从胶片唱片，到台式录音机，到 Walkman，再到 iPod，这一路走来的创新改变了人们听音乐的方式。2003 年 4 月，苹果公司创新设计的网上音乐商店 iTunes 正式开业，喜爱音乐的用户可以 99 美分一首歌的价格在世界的任何角落、任何时间，通过 iTunes 下载购买自己喜欢的音乐作品，而不必再像从前那样花 13 美元买一张只有十几首曲子的音乐光盘。2007 年，iPhone 正式问世，开启了人类使用智能手机的新时代。2010 年，iPad 诞生，这大大提升了人们的幸福感，其集阅读、听音乐、看视频、发邮件、照相、录音、扫描、网上购物等功能于一体，既方便又时尚。这一系列的创新技术将乔布斯推上了创新的神坛。苹果公司也在持续的创新中于 2017 年坐上了全球市值第一的宝座。

- 2009 年 12 月，苹果 App Store 平台上发布了一款后来成为世界级网红软件的"愤怒的小鸟"。那只没有翅膀的顽皮小鸟和憨憨的大肥猪，在让全球的老少妇孺喜欢到痴迷的同时，也拯救了一家濒临破产的芬兰小公司 Rovio。这款投资 10 万欧元的游戏软件，连续 275 天在苹果 App Store 下载量排名第一，累计下载次数超过 37 亿次，创收几十亿欧元。这款游戏软件成功的秘诀除了富有创意的游戏内容和先进的软件技术，更关键的因素是数字化传播技术的创新。正是借助了苹果App Store平台，"愤怒的小鸟"才能在短时间内在全球迅速传播。创新让小公司有机会登上装满财富的大船，也让世界各地的玩家在购买后提高幸福指数，这就是创新的魅力。

- 2019年4月15日，以色列特拉维夫大学的科学家向世人宣布，他们成功地以病人自身的组织为原材料，通过3D技术，打印出全球首颗拥有细胞、血管、心室和心房的"完整"心脏，成为全球首例3D人工心脏。这颗樱桃大小的3D心脏只有人类心脏体积的1%，整个打印过程耗时约3个小时。目前，这颗3D心脏可以进行收缩，但尚不具备泵血等功能。科学家们指出，由于3D心脏的组织和细胞均来自病人自身，因此从移植角度来看，未来有望显著降低受体的排异反应。这颗小小的3D心脏，意味着人类在器官移植方面又取得了重大的医学突破，为挽救更多心脏病人的生命提供了更大的可能。

上述这些伟大的创新不仅使人类生活方式发生了重大改变，而且推动了社会发展的进程。虽然上述例子大都是技术的创新，但实际上，当一个企业、一个国家、一个社会走上创新之路时，除了技术创新，还存在诸如产品创新、服务创新、流程创新、组织结构创新、商业模式创新、制度创新，甚至社会创新等多种形式的创新。这些创新每天都在发生，都是由有创新精神的创新者来完成的，是他们在创造历史，积累财富，推动进步。创新者令人钦佩和尊重，我们在致敬创新者的同时，也应该追随他们的脚步，努力成为创新者中的一员。

二、创新对社会的价值

创新几乎是每个企业的生命之源，创新推动了许多企业和行业的创建、增长、发展和繁荣。据麦肯锡的一项调查显示，84%的企业高管都表示他们的成功取决于创新。几乎所有的企业都明白一件事情，就是虽然创新可能会产生一些不确定性的后果，甚至面临重大失败，但在不断的试错和经验积累中，创新最终会带来积极的影响。

自工业革命以来，大生产取代了手工作坊，人类以史无前例的速度推进文明的进程。但是，伴随着社会进步和生活水平的提高，技术文明所带来的双刃剑效果也越来越明显。

- 核能的发现既给人类带来发电的福利，又因核武器的存在使人类面临重大的战争威胁。
- 能源驱动的石化工业，既让人类享受到车轮上的幸福，又因二氧化碳的过量排放导致了全球性的气候变暖。
- 在大片的森林和草原化为耕地和农场，养活了数十亿人的同时，也导致了地球的沙漠化越来越严重。
- 在健康医疗技术不断创新突破，大大地延长了人类寿命的同时，全球性的老龄化威胁也近在眼前。
- 在传媒技术和网络技术高度发达，电子游戏成为人们生活中不可或缺的娱乐项目时，年轻人却逐渐远离了书籍。
- 互联网技术的快速发展为人们带来了网络购物的幸福和餐饮外卖的方便，但同时也因大量的包装垃圾造成了惊人的白色污染。根据外卖平台数据估算，2017年全年在线餐饮外卖用户规模为 3 亿人左右，外卖平台日订单总量约为 2000 万单。有环保组织计算，如果平均每单外卖消耗 3 个餐盒，那么每天约产生 6000 万个废弃餐盒。按照一个外卖餐盒 5 厘米的高度计算，一天使用的外卖餐盒堆起来可达到 330 多个珠穆朗玛峰的高度，这是何等的触目惊心！

人类在发展过程中面临的问题太多了，所以不论是过往的几百年还是今天，创新始终是应对重大社会风险和威胁的重要途径。创新对社会进步至关重要，从社会的角度来看，创新的价值主要体现在如下几个方面。

(一) 创新促进国家的经济增长

技术创新通常被视为经济增长的主要推动力。经济增长代表着各经济体在一定时期内其生产和服务产出水平的持续提高 (通货膨胀调整后)。经济增长一般是以一国的国内生产总值 (GDP) 或国内生产总值的增长率来衡量。

经济增长通常以两种方式来实现：一种是通过增加更多投入，进而获得更大产出；另一种是通过创新的方法提高劳动生产率，进而使相同数量的资源投入带来更多的价值产出。其中，后者很好地体现了创新的本质。

2022 年 9 月 29 日，世界知识产权组织 (WIPO) 发布了《2022 年全球创新指数报告》。该报告从创新投入和创新产出两个方面对全球 132 个经济体的创新表现进行了综合评价和排名。从该报告的排名中可以看出，改革开放以来中国经济的增长情况，以及创新对中国崛起的价值和意义。

1. 2022 年全球创新指数排名

在表 1-1 所示的 2022 年全球创新指数排名中，中国位列全球第 11 名。尽管全球受到新型冠状病毒感染疫情的影响，但创新的脚步从未停止过。从纵向来看，中国的排名较 2019 年的第 14 位攀升了 3 位，属于中等收入国家中唯一一个进入前 20 名的经济体。在部分关键创新指标方面，中国也保持着全球领先地位：人力资本与研究位列全球第 20 名，基础设施位列全球第 25 名，市场成熟度位列全球第 12 名，商业成熟度位列全球第 12 名，知识与技术产出位列全球第 6 名，创意产出位列全球第 11 名。

从全球来看，在创新领先的国家或地区中，中国已经稳稳地占有了一席之地，并正在努力向前 10 名迈进。

表 1-1　2022 年全球创新指数排名 (前 20 名)

排名	2022 年国家 / 地区	2019 年国家 / 地区
1	瑞士	瑞士
2	美国	瑞典
3	瑞典	美国
4	英国	荷兰
5	荷兰	英国
6	韩国	芬兰
7	新加坡	丹麦
8	德国	新加坡
9	芬兰	德国
10	丹麦	以色列
11	中国 (不包括港澳台地区)	韩国
12	法国	爱尔兰
13	日本	中国香港
14	中国香港	中国 (不包括港澳台地区)
15	加拿大	日本
16	以色列	法国
17	奥地利	加拿大
18	爱沙尼亚	卢森堡
19	卢森堡	挪威
20	冰岛	冰岛

资料来源：Global Innovation Index Database，WIPO，2022.

2. 关键创新指标数量排名

《2022 年全球创新指数报告》从创新投入和创新产出两个方面，设置政策环境、人力资本与研究、基础设施、市场成熟度、商业成熟度、知识与技术产出、创意产出 7 个大类 81 项细分指标，对全球 132 个经济体的创新生态系统表现进行综合评价排名。在 81 项指标中，美国有 15 项指标排名世界第一，位列世界创新指标数量排行榜第一 (见表 1-2)。紧随美国之后，位列世界创新指标数量排行榜第二的是新加坡，共有 11 项指标排名世界第一。排在第三名的是中国(不包括港澳台地区)。中国(不包括港澳台地区)在投入、产出方面共有9项细分指标排名世界第一。同时,中国香港共有9项细分指标排名世界第一。这是令国人非常自豪的事情。

表1-2 2022年经济体在全球得分最高的创新指标数量排名(前10位)

排名	经济体	投入	产出	总数
1	美国	9	6	15
2	新加坡	8	3	11
3	中国(不包括港澳台地区)	3	6	9
4	中国香港	6	3	9
5	以色列	7	2	9
6	马耳他	4	4	8
7	韩国	4	3	7
8	日本	3	3	6
9	塞浦路斯	4	2	6
10	瑞士	2	3	5

资料来源:Global Innovation Index Database,WIPO,2022.

3. 经济体或跨境地区的科技集群排名

《2022年全球创新指数报告》还公布了世界科技集群排名。全球科技集群排名是探究全球创新实践的一个窗口,该数据主要反映了微观层面上正在发生创新活动的集群情况,体现了全世界发明家和科学研究者云集密度最高的地理区域。在该排名中,东京—横滨(日本)继续在所有科技集群中占据领先位置,其次是深圳—香港—广州(中国)、北京(中国)、首尔(韩国)和圣何塞—旧金山(美国)(见表1-3)。这些数据表明,中国在科技集群的数量和规模方面已经占据世界领先位置。

表1-3 全球经济体或跨境地区的科技集群排名(前5名)

排名	集群地区	经济体	较2021年的排名变化
1	东京—横滨	日本	0
2	深圳—香港—广州	中国	0
3	北京	中国	0
4	首尔	韩国	0
5	圣何塞—旧金山	美国	0

资料来源:Global Innovation Index Database,WIPO,2022.

上述这些数据足以让我们震撼。当然我们也要知道，技术创新就好比一棵树，它脱离了森林的生态环境是无法存活的。一个国家的经济增长不仅仅是靠技术创新的单一力量来实现的，所有的技术创新都是在企业制度创新、组织结构创新、战略视角创新、思维创新，以及国家发展环境创新的基础上完成的。这些元素构成了创新的生态体系，缺乏这些基本要素的支撑，创新只能是镜中花、水中月。

（二）创新增加幸福感

幸福感主要来源于人们对积极变化的主观体验。创新减少和治愈了疾病，让贫困地区的人们摆脱了贫穷和饥饿。中国的"杂交水稻之父"袁隆平是杂交水稻研究领域的创新者，他致力于提高水稻产量的研究，解决了人口大国的粮食短缺问题。孟加拉国的穆罕默德·尤努斯是微型贷款模式的创新者，他开创了"乡村银行"的先河，为650万的借款者和7万多个村庄提供信贷服务，其中超过96%的贷款用于帮助在困苦线上挣扎的家庭。

上述创新或是帮助人口大国摆脱了粮食不足带来的潜在危机，或是为贫困中的人们提供了无数的生存机会，这就是创新的魅力。创新的终极结果是提高整个社会的福祉，这就是幸福的来源。

（三）创新提高教育和沟通的可及性

互联网的创新还带动了开放式网络课程(MOOC)这一教学方式的重大创新，它是教育领域发生的颠覆性革命。只要拥有一根网线，就可以享受到世界上最先进的教育资源，聆听来自顶级大学老师的演讲，或是分享你在受教育过程中获得的新知识。其中，大部分的教育内容是免费的，可汗学院(Khan Academy)就是一个典型例子。

可汗学院的创始人是萨尔曼·可汗(Salman Khan)。最初，他经常通过互联网的涂鸦工具给远在他乡的亲戚远程补习数学。后来他发现，越来越多的亲戚和朋友也有同样的补习需求。于是他将数学课程制作成视频，发到社交网站上。没想到，这一行为引来更多的网上学习者。2009年，可汗决定辞掉工作，致力于制作教育视频这项新工作，由此，可汗学院诞生了。可汗学院借助网络传送的便捷性和视频重复回放的低成本吸引了全世界数以千万计不同年龄的学生，其课程内容也不再局限于数学，还包括物理、化学、生物、天文、历史和金融等科目。可汗本人也成为全世界知名的"网红教师"，他为全世界想学习的人创造了一个完全免费的网上智能视频学习平台，尤其让那些家境贫困的学生看到了教育的曙光，找到了获取知识的途径。互联网技术的创新使世界发生着前所未有的改变，这层出不穷的积极变化都是创新带给我们的福利！

不仅教育如此，技术的创新也增进了人们之间的沟通和了解。我们知道，语言不通是各国经济、文化、贸易交流中普遍存在的问题。由于语言沟通的障碍，不少中国企业甚至在国际上失去了很多竞争的机会。但现在对中国人来说，这个沟通障碍正在悄悄地消失，智能翻译机的出现已基本解决了语言沟通障碍问题。比如讯飞翻译机 2.0，不仅支持中文和全球 33 种语言的即时互译，还能有效识别粤语、四川话、河南话和东北话等几种方言。无论在嘈杂大街上面对面说话，还是远距离电话沟通，讯飞翻译机都能提供轻松、自如、准确的翻译服务。这就是创新为社会带来的改变，创新使沟通不再是近在咫尺却遥不可及！

（四）创新带来环境的可持续性

环境问题是当前和未来需要通过持续的创新来解决的问题。当消费主义蔓延并成为现代经济的核心时，地球就开始遭受多方位的损害。消费主义推动了产品和服务的创新，对经济增长产生了积极的促进作用。但同时产品的消费增长也不可避免地成为环境恶化的原因，这是人类始终面临的生存矛盾。所幸很多企业已意识到这个问题，面对环境不断向人类提出的挑战，许多企业通过创新的技术，找到了干净能源替代产生污染的能源。这类对世界有担当、负责任的创新科技使人类生存环境的可持续性得以延续。

第二节　领悟创新

每天，我们都在体验创新、感知创新、见证创新！我们的生活因产品和服务的创新而变得更美好；企业和组织因创新而变得更强大；国家和社会因创新而变得更富有。创新虽然很难，但并不是遥不可及的，创新始于一个想法、一个善念、一个决心、一个行动。一次小的创新活动可能不足以拯救世界，但是千万个创新行为一定会改变世界。因此，了解创新、学习创新、实践创新是年轻一代肩负的责任和使命。

一、创新理论概述

什么是创新？人们对于这个概念有很多的解释。创新的英文单词"innovation"来自于拉丁文"Innovare",其原本意思是新事物、新东西。很多学者对创新有过大量研究,在这些研究中,最有代表性的研究成果来自于三位创新理论大师:约瑟夫·熊彼特 (Joseph Schumpeter)、彼得·德鲁克 (Peter F. Drucker) 和克莱顿·克里斯坦森 (Clayton Christensen)。下面将详细介绍这三位学者对创新概念的理解和理论阐述。

(一) 约瑟夫·熊彼特的创新理论

约瑟夫·熊彼特是美籍奥地利政治经济学家,任教于哈佛大学。1912 年他出版了轰动一时的《经济发展理论》一书,率先提出了创新理论,并用该理论解释创新对经济增长的贡献。熊彼特认为,发展本身是一个结构变革的历史过程,并在很大程度上受创新行为的驱动。创新是经济变革的核心。他将创新过程分为发明、创新、传播和模仿 4 个维度,并认为发明和基础创新阶段对社会经济的影响较小,而传播和模仿过程对社会发展有着重大的作用。在熊彼特看来,创新的结果就是"建立一种新的生产函数",把一种从来没有出现过的生产要素和生产条件的"新组合"引入生产体系。经济发展就是全社会不断地应用这种"新组合"的过程。因此,创新不断地从内部彻底地破坏和改造旧的经济结构,创造新的经济结构,创新的终极结果就是"创造性毁灭",这是熊彼特对创新的经典阐述。

熊彼特在他的经济发展理论中还阐述了经济增长与经济发展的区别。他认为经济增长并不等同于经济发展。一般意义上的经济增长,如人口和财富的增长,不能被称作经济发展,因为在这个过程中没有产生实质性的新现象,而仅仅是一种自我复制的适应性过程,这种增长只体现在数据的变化上。而真正的经济发展不是简单的经济数据的变化,而是经济生活内在发生了结构性改变,是对旧平衡状态的打破,是在不断地应用"新组合"。这种新组合主要体现在 5 个层面,即引进新产品、引进新技术、开辟新市场、掌握新的原材料供应来源、实现新的组织形式。

熊彼特的创新理论告诉我们,创新是经济发展的根本现象。只有当经济吸收了变化的结果,并改变其结构时,经济才能发展,发展就是在新旧均衡状态的转换中出现的。

在提出创新理论的同时,熊彼特也阐述了创新与发明之间的区别。根据熊彼特的观点,创新是一个经济学范畴的概念,创新的结果应该带来收益和利润。在发明未能转化为市场所需的新产品、新流程和新服务之前,发明只是一个新概念、新设计,不能创造任何经济价值。因此,发明不等同于创新,发明只是创新的必要条件之一。单纯的发明及其专利仅对发明者本身有意义,只有当发明被应用于社会并带来经济收益和价值,对社会经济发展起积极而重大的作用时,发明才完成了向创新的转换。

熊彼特认为，企业家是关键的创新者，企业家的本质就是把现有资源分配给"新用途和新组合"。企业家精神是一种独特的生产要素，是促进经济发展的稀缺资源。这种观点对后续的经济理论学说产生了深远的影响。

(二) 彼得·德鲁克的创新学说

彼得·德鲁克，现代管理学之父。1985年，他在其著作《创新和企业家精神》一书中对创新有过系统的研究。在书中，德鲁克提出，创新是企业的特效武器，这意味着通过变化，它们找到了新的商机或提供新的服务。他认为，大多数企业家本人不是新技术的发明者。他们的创新在于把旧事物进行新的组合。他们充分运用新的技术来开拓市场，而这样的市场可能以前根本不存在。

德鲁克认为创新既是概念性的，也应该是感性的和简单的，所有有效的创新都应该是令人叹为观止而不引起困惑的。另外，创新不应是为未来进行创新，而是为现在进行创新，而这项创新可能会对未来产生长远的影响。

根据德鲁克的观点，创新成功需要满足三个条件。第一，创新需要独创性和创造力。很多的创新都源于对生活的观察和对社会痛点问题的思考。创新者往往聚焦某一个领域，凭借独特的视角和开创性思维去完成创新过程。第二，合适的机会。创新者在创新过程中需要发挥自己的优势，在大范围内寻找合适的机会。很多创新是待社会和技术发展到一定水平后才出现的。第三，创新对经济社会产生影响。成功的创新一定不是只在小范围内产生影响力，而是对社会发展甚至人类文明的进程具有重大而深远的意义。它意味着人们行为的变化，这种变化必须始终贴近市场，专注于市场和市场的需求。

德鲁克认为，创新和其他所有的经济活动一样，在本质上是有风险的。

(三) 克莱顿·克里斯坦森的颠覆性创新理论

"颠覆性创新"理论首次出现是在1995年的《哈佛商业评论》中，是由美国哈佛大学商学院教授克莱顿·克里斯坦森提出的。1997年克里斯坦森在《创新者的窘境》一书中以磁盘等行业为研究对象，对"颠覆性创新"概念进行了详细的理论阐述。该理论旨在描述新技术和新产品是如何通过革命性的变化对现存公司产生致命影响的。《经济学人》杂志称该理论是"最具影响力的现代商业理念之一。"

克里斯坦森在《创新者的窘境》中提出一个问题：为什么良好的管理可能会导致失败？基于对该问题的研究，他有了三个发现：第一，延续性技术和颠覆性技术之间存在着重大的战略性差异；第二，技术进步的步伐可能会经常超出市场的实际需求；第三，成熟企业在选择项目时更偏重眼前在利润上更具有吸引力的项目，而不是像新兴企业那样，去选择市场中没有出现过的，暂时还看不到丰厚利润的创新项目。

根据克里斯坦森的理论，多数企业的创新都属于维持性创新，而不是颠覆性创新。它们在很多层面都表现出明显的差异，如表1-4所示。

表1-4 维持性创新与颠覆性创新的比较

比较内容	维持性创新	颠覆性创新
含义	微小的、渐进的工艺改进，以及产品在原有性能轨迹上的阶段式更新	通过革命性的新技术开辟新市场或以更简单、低价和方便的形式替代现有产品的创新行为
行为主体	• 规模较大且资源丰富的公司，其占据着行业中获利较高的细分市场 • 是市场的主导者	• 规模较小且资源较少的公司，其进入被主流大企业忽视的细分市场 • 是市场的新进入者
表现	• 着眼于现有的业务模式 • 强调对现有产品、服务和技术的改进	• 打破现有的业务模式 • 强调对现有产品、服务和技术的创新
所在市场	• 利润丰厚的细分市场 • 要求较高的高端市场	• 被大企业忽视的细分市场 • 低端或全新的市场
性质	属于改良范畴的创新	属于突破范畴的创新
目的	• 保持既定的市场规则和模式，强化现有的市场格局和公司地位 • 为客户提供其熟悉的价值	• 打破既定的规则和模式，改变竞争格局，取代现有市场主导者的地位 • 为客户创造新价值
结果	• 被颠覆出局的失败者 • 旧行业的消失	• 颠覆成功的新主宰者 • 新行业的诞生

"颠覆"主要指那些规模小、资源较少的公司能够以创新的方式成功挑战在位大企业的过程。这个过程就像温水煮青蛙一样，在变革初期，没有人能感受到变化的存在。一般来说，那些地位稳固的大企业常常聚焦于某些利润丰厚的细分市场。在那里，他们有足够的实力控制市场份额和利润。因此，对于其他细分市场，往往是无视或忽略的，这就给那些新的市场进入者以机会。这些新的进入者充满热情地聚焦于被大企业忽略的细分市场，并通过改良和创新方式，使现有产品更简单、低价和方便，以此来锁定低端消费者或者培育全新的消费群体。就这样，当在位的大企业无暇对新进入企业的创新举动做出回应时，那些新企业正逐渐向高端市场移动，并开始吸引在位企业所拥有的主流客户的注意力。当主流客户开始大规模地接纳新进企业的产品和服务时，颠覆便产生了。

克里斯坦森认为颠覆性创新有以下几个特点。首先，非竞争性。在颠覆性创新产生的初始阶段，那些扮演创新角色的新企业并不会以抢夺主流客户资源的方式，在主流细分市场上与当前的在位大企业产生正面冲突，而是通过满足非主流细分市场的客户需求而获得生存空间和利润。当颠覆性创新发展到一定阶段时，主流市场的客户会受到新产品性能的吸引，从而主动地脱离原有的主流市场，进入新市场，进而使新市场完成角色的转换，成为新的主流市场。其次，初始阶段的低端性。颠覆性创新往往产生于被在位大企业忽视的低端市场。因为在低端市场中，一方面，创新者可以从容地避开与在位大企业的竞争，为非主流客户提供小众的创新产品和服务。另一方面，主流大企业在审视低端市场上出现的性能简便、价格低廉的新产品或服务时，会认为这些市场的利润率和市场规模都不具有吸引力。随着低端市场新产品的成熟并逐渐走向高端市场时，在位的主流大企业被颠覆的时机便出现了。再次，简便性。简便性之所以成为颠覆性创新的特点之一，是因为这种属性往往伴随着操作简便和价格低廉，这就吸引了广泛的使用者，使得创新技术或产品得以快速传播，为创新在行业中的扩散提供良好的条件。最后，以顾客价值为导向。所有的颠覆性创新都不是为了创新而创新，而是有其明确的指向目标，这个目标永远是愿意为企业产品买单的消费者。颠覆性创新就是以顾客价值为导向，帮助顾客创造新价值，这也是颠覆性创新存在的意义。

从上述三位经济学大师的理论中可以得知，创新首先是要产生新东西，而且这种"新"必须为客户带来新的价值。最重要的是，创新的成果必须有效地应用到市场中，被市场所接受，且带来广泛而持久的社会影响力。因此，从这几个方面来看，我们可以将创新定义为：创新就是将新的构想以新产品、新服务、新流程的方式呈现出来并有效地应用到市场中，进而创造新价值的过程。

创新是驱动企业持续发展的重要推手，它与企业的生存息息相关。当创新发生时，企业必须有所察觉。一旦企业失去了创新的意识和动力，即便是在行业中一直保持领先地位的企业也会被新崛起的后来者替代。因此，创新应该是企业最重要的战略性资产，是使企业持续生存的法宝。

二、创新的基本类型

当人们提到创新时往往认为创新就是产品创新或技术创新。但实际上，创新还包括其他的类型。创新不一定是看得见摸得着的实物，也可以是一种无形的存在。创新的基本类型包括以下几种。

(一)技术创新

所谓技术创新,是指建立在科学发现和理论研究基础上的技术突破及创新性技术应用。产品创新、服务创新、流程创新、商业模式创新都是基于技术进步和技术创新而实现的。技术创新常常会导致一个旧行业的消失和一个新行业的崛起。自18世纪英国工业革命以来,人类社会经历了以机器生产、蒸汽机、铁路、电力、汽车、信息技术等为标志的一系列技术革命,给人类生产、生活带来了革命性的变化。21世纪的今天,大数据、智能制造、3D打印、人工智能、机器人、无人驾驶、纳米技术、生物科技、新材料等令人眼花缭乱的技术创新和市场应用正在催生更多的新产业和新行业。毫无疑问,技术创新已经成为推动社会和经济发展的重要驱动力量。

(二)产品创新

产品创新,主要指具有创新内涵的产品被设计出来并在市场中广泛应用。它应该是人们能够看得见、摸得着的创新。这种创新不仅仅意味着给人们带来更好的体验和更高的使用价值,它还意味着创造了人们的新需求,甚至改变了人们的生活方式。历史上,很多新产品的诞生都具有划时代意义,它们大大提升了人类的生活质量和幸福指数,这就是创新的终极意义。正如一百多年前,福特公司的创始人福特先生在进行顾客调研时发现,很多顾客都需要"一匹跑得更快的马",但他并没有去寻找能跑得更快的马,而是生产了顾客想象不到的T型车。福特的创新不但为顾客创造了新的需求,而且促成了人们生活方式的改变,更是对经济社会的发展产生了深远的影响。

(三)服务创新

服务创新不同于产品创新,这种创新是由新设想、新技术带来的服务改进或崭新的服务体验。比如,如今常见的快递服务、网约车服务、电子银行服务、外卖服务等都属于不同形式的服务创新。服务创新提升的不是某个具体产品实物的使用价值,而是客人对某种服务经历的体验价值,服务创新代表着快速、高效、方便和安全。这种形式的创新正改变着人们的生活方式。

(四)流程创新

流程创新,是指技术活动或生产活动中的操作程序、方式方法和规则体系发生了新的变化。比如在生产洗衣机时采用了新钢板材料,或者将生产线从传统的机床更换到数控机床,从而大大降低了成本,提高了效率。

有些情况下,流程创新发生在企业的后台,顾客是感受不到其中的创新的。但是对企业来说,流程创新的确为企业提高效率、降低成本和增加盈利起到了关键性的作用。但在另一些情况下,流程创新可以直接使用户受益。比如,银行通过流程创新,缩短了用户贷款的审批时间,快速批复贷款申请;政府通过流程创新,大大简化了企业执照的申请程序,从而为创业者节省了时间成本。流程创新还可以应用于机场、海关、医院、政府机构等。无论是对企业、客户还是对社会而言,流程创新都是革命性的。

(五)商业模式创新

商业模式创新,是指企业创造价值的基本逻辑发生了新的变化,即把新的商业模式引入社会的生产体系中,以新的有效方式为客户和自身创造价值。新引入的商业模式,既可能在构成要素方面,也可能在要素间关系及动力机制方面不同于以往的商业模式。

以图书零售为例,在亚马逊开启网上书店模式之前,人们都是到实体书店购书的。1995 年,杰夫·贝佐斯 (Jeff Bezos) 创建了亚马逊公司,成为全美第一家网络图书零售公司,开创了网上图书交易的先河。这种从实体书店向网络书店的转变,就是典型的商业模式创新。

今天,我们看到的拼多多的团购社交电商模式、苹果的 iTunes 平台出售音乐的模式、分众传媒的广告模式、Airbnb(爱彼迎) 民宿模式、"e 袋洗"网络洗衣模式等都属于让人眼前一亮的商业模式创新。这些创新不仅为顾客带来便利,更为企业的盈利开辟了新的空间。

综上所述,人类在技术、产品、服务、流程、商业模式等方面都有着大量的创新表现。除了上述 5 种基本类型的创新外,人们还可以在科学基础理论、基础工程、系统层面、建筑设计、组织结构、金融衍生工具,甚至哲学思想、文学理论等方面有所创新。人类创新是永无止境的。

三、创新的来源

企业创新不是一件容易的事情,创新的机遇很难把握。创新会在什么情况下产生呢?管理学大师德鲁克认为,创新的产生有 7 个来源,这 7 个来源可能存在于企业组织内部,也可能存在于企业或产业外部的变化中。

(一)意外事件

意外事件是创新的来源之一，它是指某些成功或失败的偶然事件所带来的出乎意料的变化直接导致创新的出现。德鲁克认为，这种意外事件是成本最低、最容易利用的创新来源之一。比如1928年，英国细菌学家亚历山大·弗莱明 (Alexander Fleming) 在一次细菌培养实验中偶然发现，一种青霉菌可以吞噬培养皿中的葡萄球菌。在经历了反复试验和大量的研究后，这个伟大的发现成就了人类医药史上重大的创新药物——青霉素。

(二)不协调事件

不协调事件就是那些在逻辑和道理上看似可行，但实际结果并不可行的事件。德鲁克认为，不协调事件处处可见，不协调的出现意味着矛盾和问题的出现。然而人类的很多发现和创新，都是被不协调因素所激发的。当这些不协调的问题出现时，人们就会努力思考如何去解决，于是创新的方法也随之悄然诞生。例如，20世纪50年代初期，空中运输业开始飞速发展，传统海运业受到极大的挑战。于是航海公司为了提高航运效率，拼命地购买好船，招聘优质船员。但后来发现，影响效率的最大因素不是船和船员，而是港口的装卸货时间太长，大大地降低了效率。于是，提高货物装卸速度便成为急需解决的不协调问题。后来，一个名叫马尔科姆·麦克莱恩 (Malcom McLean) 的运输公司老板提出了制作尺寸统一的大型货柜，预先在港口装载后再移入货轮的想法。就这样，有着标准尺寸的集装箱诞生了，这种将装货和装船两个业务进行分离的方案成为当时海运界的一大创新，这一创新使得航运总成本下降了60%，整个航运业得以复苏。

(三)程序的需要

因程序的需要而引发创新，是指寻找现有流程中的薄弱环节，发现创新点，更好地改良流程。举例来说，20世纪初，人们接听电话要依赖大量的人工接线员才能实现。然而，随着电话的普及，对接线员的需求量越来越大，这将是一个棘手的问题。于是贝尔公司的研究人员就15年后所需接线员的数量做了一项研究，研究结果令人惊讶。如果依照当时的业务模式发展下去，15年后，全美国17~60岁的每一位妇女都成为接线员才能保证巨大的电话通信业务量。这个充满危机感的研究结果迫使贝尔公司开始考虑如何解决电话通信业务迅速增长所带来的接线员不足的问题。两年后，第一台电话自动交换机问世，这个被逼出来的创新大大优化了电话操作流程，推动了电话业的进步。

(四)产业和市场结构的变化

产业和市场结构的变化引发的创新是非常明显的,尤其是在互联网行业。1995年7月,亚马逊网上书店的出现打破了传统实体书店"朝九晚九"的售书模式,以全新的面孔走入人们的生活。读者可以在任意时间去网上书店海一般的作品中闲逛,然后快速下单,第二天就可能收到购买的书籍。最初,在网上购书的读者仅是非常小的一个群体,但随着互联网的快速发展,网上书店与线下书店的结构平衡彻底被打破,如今,网上购书已成为常态。创新不断地打破旧的平衡和结构,迎来新的秩序。

(五)人口结构的变化

人口结构的变化代表着人口数量、年龄结构、性别组合、就业情况、受教育状况、收入情况等方面的变化。在这些变化中也孕育着创新的行业和产品。新型健康保健产品、创新的养老模式、胶囊公寓、咖啡自动售卖机、无人便利店、共享单车、网络课程学习、机器人保姆……所有这些新产品、新事物都随着人口结构的变化应运而生,给不同的行业带来很多创新机会。例如,人口结构的变化迫使日本的妇产医院有了创新的举动。日本少子化问题愈发严重,产妇的减少导致医院间的竞争加大,这使各家医院不得不想出很多创新的方法来争夺顾客,于是各种各样的新医院便陆续出现了,比如有以提供酒店式服务为卖点的医院,有为产妇提供名牌用品甚至化妆品的医院,还有提供水下产子服务的医院。这些创新都是由人口结构变化带来的。

(六)认知的变化

认知也被称为认识,是人们对外界事物的了解过程。认知的变化常常会孕育出重大的创新机遇。例如,计算机刚诞生的时候体积非常庞大,以至于很多科学家都认为计算机不会有太广泛的用途,因为他们认定,世界上只有为数不多的企业才会用到这个庞然大物。但随着计算机科学的快速发展,人们对计算机的认知完全被颠覆了,创新出家用计算机,使计算机走进寻常百姓家,认知的变化带来的是革命性的创新和充满未知的新世界。

(七)新知识

新知识是创新的来源之一,也就是说,在新知识、新理论被提出之前,人们对相关领域的很多现象都表示困惑,也寻不到规律,更无法通过技术的应用解决现实的问题。

但是当新知识、新观点被提出后，人类面临的很多问题便找到了答案。例如，工业革命是一场伟大的科技革命，但工业化也带来了对人类环境的破坏。当时的人们并没认识到这个严重的问题，也更谈不上环保意识和环保技术，直到温室效应理论的出现，人们才猛然惊醒，并在环保领域做出很多创新的举动。

四、创新对企业的价值

对于一个国家来说，许多重大的技术创新都是由企业完成的。企业把创新的技术和产品带给了有需要的人们。同时，企业也因技术和产品的创新积累了大量的利润，进而获得巨大的商业成功。创新对企业的价值体现在如下几个方面。

（一）创新为企业带来核心竞争力

创新可以为企业带来显著的收益，并使其在行业中获得关键的核心竞争力。成功的创新型企业能够保证其产品和服务既能满足客户的需求，又能符合不断变化的市场环境。1955年《财富》世界500强排行榜中的企业只有小部分还留在近些年的榜单上。那些消失的企业都因跟不上创新的脚步而被迫出局，坚持不断创新的企业则获得了持续的生命力。

中国的华为技术有限公司就是一个典型例子。在过去20多年中，全球通信行业中最耀眼的明星企业之一便是华为了。这家于1987年注册的民营企业经过几十年的卧薪尝胆，从一个默默无闻的小企业发展为全球瞩目的通信科技公司。从最早的分布式基站到今天全球领先的5G基站，从德国徕卡镜头的嵌入到与保时捷的顶级合作，一路走来，华为公司不断地颠覆通信产业的传统格局，让世人看到开放式创新所带来的奇迹。正是持续的创新才使华为公司拥有强大的竞争力。

（二）创新为企业带来令人满意的投资回报

增强竞争优势和持续创新通常会对绩效和盈利能力产生直接影响。从波士顿咨询公司BCG发布的2022年全球最具创新力的50家公司榜单和胡润研究院发布的《2022胡润世界500强》中不难发现，在全球最具创新力企业榜单的前10名中（见表1-5），5家公司也排进了胡润世界500强市值榜单前10名（见表1-6）。很显然，对于那些不断保持创新活力的公司，其股价也受到市场的追捧。不断攀升的股价就是市场对勇于冒险创新和积极进取行为的最好回报，这也足以使那些创新型公司成为比其他公司拥有更漂亮业绩的商业榜样。

表1–5 2022年全球最具创新力的50家公司榜单（前10位）

排名	行业	公司
1	科技	苹果
2	科技	微软
3	电子商务	亚马逊
4	科技	Alphabet
5	科技	特斯拉
6	电子、金融	三星
7	生物技术	莫德纳
8	信息通信	华为
9	电子科技	索尼
10	科技	IBM

表1–6 2022胡润世界500强市值榜单（前10位）

排名	行业	公司	最新市值/亿元人民币
1	科技	苹果	171 540
2	科技	微软	130 860
3	科技	Alphabet	95 770
4	电子商务	亚马逊	88 090
5	科技	特斯拉	48 720
6	投资	伯克希尔哈撒韦	45 240
7	健康服务	联合健康集团	36 180
8	医疗健康	强生	32 190
9	能源	埃克森美孚	31 970
10	金融服务	维萨	28 570

（资料来源：根据波士顿咨询公司(BCG)2022年全球最具创新力的50家公司榜单和胡润研究院发布的《2022胡润世界500强》整理。）

具体到中国企业来说，商汤科技传奇般的成长经历使人们看到：创新的确能为企业带来出色的业绩回报。

在人工智能(AI)这个概念进入人们视野的近十年里，大量的AI技术主要应用于一些关键场合。例如通过人工智能来管理城市交通，或精准控制工厂的生产流水线。然而，AI技术仅限于这些场合吗？它能否应用于城市、商业和生活中更细碎而复杂的管理呢？比如在城市治理中，能否通过 AI 技术及时发现道路上倾倒的垃圾、路边杂乱无章摆放的单车、被踩踏破坏的公共绿地，以及社区中的火灾烟雾？传统的管理方法是组织大量的人工网格员分管不同的片区，每天前往所负责的片区进行现场巡查。这样的城市管理除了产生庞大的人力开支外，并不一定能快速发现问题和有效解决问题。我们可以设想一下，如果这些蕴藏着巨大价值的 AI 管理功能被挖掘出来，那么城市治理将迈入崭新的管理阶段。事实是，商汤科技做到了。这家成立于 2014 年的公司，以"坚持原创，让 AI 引领人类进步"为使命，致力于智慧商业、智慧城市、智慧生活和智能汽车的 AI 技术的创新，目前已成为国内 AI 领域的超级"独角兽"。按 2020 年收入计算，商汤科技已是亚洲收入最高的 AI 公司之一，同时是中国最大的计算机视觉软件提供商之一，占据国内计算机视觉市场约 11% 的份额。2021 年 12 月，商汤科技正式在港交所挂牌上市，其市值超过 1400 亿港币。商汤科技的优异表现不仅体现在发表国际顶尖科学论文上，更表现在努力使 AI 技术落地。举例来说，从 2020 年开始，上海长宁区江苏路街道率先试点了基于商汤 AI 大装置的 AI+一网统管的智能化管理，从而将区域内 1000 个摄像头转化为智能感知神经元。它可以在几秒钟内发现城市中的问题或险情，并及时推送给管理人员进行快速处理。如今上海网格员的日常工作从不断上街巡查的"人海战"，向"人""机"交互转变。AI 技术应用也逐步拓展到机动车违规停放、道路积水等更多场景，城市管理系统变得更为高效、安全、有序。商汤科技的成就与贡献正是对创新与企业家精神最好的诠释。

(资料来源：根据网络文章《商汤科技 IPO，7 年时间里到底做对了什么？》《今天，一个超级 IPO 诞生：商汤市值 1400 亿》信息整理。)

(三) 创新提高生产率

从社会角度看，经济发展是由创新和科技革命推动的。如果从组织的角度来看，创新的技术可以减轻人工劳动的辛苦，让机器从事重复性的工作。这种技术上的进步可以降低企业的生产成本、节约生产时间并提高生产产量，从而提高劳动生产率，把人从繁重的劳动中解放出来，将重心转移到高附加值的工作中，去从事创造更重要价值的工作。

2016 年，德勤与基拉系统 (Kira Systems) 联手，正式将人工智能引入财务工作中，使财务管理迈入了一个全新的时代。德勤智能机器人具有 5 个特别明显的优势：替代财务流程中的手工操作；管理和监控各自动化财务流程；录入信息、合并数据、汇总统计；根据既定的业务逻辑进行分析与判断；识别财务流程中的优化点。智能机器人的创新不仅仅提高了劳动生产率，而且还体现出传统人工所无法比拟的优势。比如，机器人执行任务的精确度远高于人工，它们还可以全天候不间断地工作。德勤机器人的创新给会计行业带来不小的震动，机器人取代部分人工劳动的时代已经到来。

（四）创新对企业文化产生积极影响

创新实践有助于建立持续学习、成长和发展的企业文化。这种创新的企业文化又会通过激励的方式，促使员工不断改进团队的工作方式，从而形成企业成长的良性文化生态。

谷歌的产品创新为世人熟知，但却很少有人意识到成就这家优秀高科技公司的秘密武器是其独特的企业文化。所谓企业文化是一家企业核心价值所在，是以共同的价值观为核心而形成的群体意识。谷歌的企业文化精髓就是鼓励创新，这种创新文化不仅体现在优厚福利的物质文化上，还体现在尊重个人价值的精神层面上。比如，谷歌允许员工使用20%的工作时间来进行自己感兴趣的研究与开发，这种对员工的尊重和信任，以及鼓励员工探索新领域的文化，直接促成了谷歌众多流行产品的诞生。

第三节　培养创新思维能力

创新是全球经济发展的动力。创新为人类社会带来财富和进步，人们向往创新、追求创新、研究创新、实践创新，因为创新本身就像远方的一座巨大的金矿，等你开采，内在价值无限。但创新不是冥思苦想的结果，而是来源于对现实生活的体验。生活是创新的原点，所有的创新最初都来源于对现实生活中痛点问题的思考。因此，带着创新的视角去审视生活中的问题，这是向创新迈出的第一步。

一、什么是创新思维

对大多数公司来说创新很困难。麦肯锡的调研结果显示，只有6%的高管对他们的创新绩效感到满意。创新之所以难，是因为成为创新者不易。世界上大多数著名的创新者都曾被认为是疯子，直到他们的创新改变了世界。

创新者是与众不同的人，他们看待事物的思维逻辑、问题视角、穿透能力甚至人文情怀都不同于常人，通常我们称之为具有创新思维能力的人。用创新思维去看世界的人可以跳出思维定式，用新的眼光去思考现实和生活中的痛点问题并提出独到的解决方案，在平凡的事物中发现非凡的价值。

（一）如何理解创新思维

在具体界定创新思维概念之前，我们不妨先看看这些例子，从中体会创新思维者是如何把灵感和想象变为现实中"可触摸"的价值。

- 每当人们看到小鸟衔着树枝搭建自己的鸟巢时，都会被鸟类的智慧和鸟巢的结构所震惊。看上去很孱弱的鸟巢居然在很大的风力下不被毁坏，这中间的力学美令人惊叹。瑞士建筑师雅克·赫尔佐格（Jacques Herzog）和皮埃尔·德梅隆（Pierre de Meuron）从大自然的鸟巢中获得灵感，设计并建造了2008年北京奥运会的主体育场"鸟巢"，其成为人类建筑史中壮丽而辉煌的杰作。

- 乔治·德·梅斯特拉尔（George de Mestral）带着爱犬在山间狩猎时，发现他的裤子、头发和狗毛上沾满了牛蒡类的植物芒刺。许多人可能会很烦躁地把它们揪下来，但梅斯特拉尔却出于好奇，把这些小植物带回家，在显微镜下对那些毛刺探个究竟。他看到的是成千上万个小钩子，它们几乎可以有效地将自己粘在任何的织物上。受到这次经历的启发，后来梅斯特拉尔模仿植物的芒刺，成功地发明了维可牢尼龙搭扣，其被广泛地应用于人们的生活中。

- 一次偶然的机会，上海师范大学中文系毕业的江南春发现商业楼宇中的电梯速度比较慢，等电梯的人通常要在电梯口无聊地等上一分钟，甚至几分钟。在这个空白时间段里，人们无所事事，只能呆呆地看着电梯一层一层地上去或下来。就是这样一个不经意间的"无聊"体验给江南春带来了莫大的商业灵感，他想如果能利用这个空白时间，把广告推介给等电梯的人，这将是一个多么好的营销机会！就凭着这样一次独特的观察和获得的灵感，江南春提出了生活圈媒体理念，并在短短的两年间，其创建的分众传媒公司将电梯间广告覆盖到中国52个城市中的2万多栋楼宇，37 000个营业终端，营业额达到每月5000万元。2005年，分众传媒在美国纳斯达克上市，市值超过6.8亿美元，其独特的商业模式为公司赢得了创新的价值。

- 德国著名慈善机构米索尔（MISEREOR）的一位名叫菲恩的志愿者在工作中发现，传统的捐款方式既形式单一，又程序烦琐，更无法激发捐赠者的慈善热情。如果能设计一款自助捐款机，以最便捷的方式吸引民众参与慈善事业那该多好！于是，带着这个善良而美好的初衷，菲恩成功设计出一款名为"社会刷"（the social swipe) 的自助刷卡捐款一体机。这款一体机的外形看上去像一块有魔力的广告牌。它设立在地铁站、候机大厅等人流量很大的地方，当人们路过这个动感广告牌时，就会被独特的创意所吸引，并主动刷卡奉献小小的爱心。这个一体机采用了动态双屏广告牌设计，两幅画面会不断切换。画面一是一双被绳索捆绑的手。画面二是一块美味的面包。画面中间有一条黑色的刷卡线。当人们沿着黑线自上而下缓缓刷卡时，视觉奇迹发生了：绳索立刻被斩断，那双被束缚的手重获自由。再一次刷卡时，一片厚厚的面包被切下来，一只苍老的手将面包取走。这台神奇的一体机成功地打动了成百上千个人前来刷卡捐款做慈善。这意味着在刷卡人的帮助下，有人重获自由，有人不再饥饿，尽显捐赠者的善良和慈善的力量。刷卡人每次刷卡时，系统会自动扣除 2 欧元，并弹出一封捐款感谢信，信上会清楚地告知你的捐款去了哪里，以及捐给了谁。人们发现，自己的一个小小善举便能给在贫困中挣扎的人们送去食物、自由和生活的希望，这种成就感带来的是一种不可言状的喜悦、慰藉和满足。

(资料来源：根据搜狐网文章《可刷卡捐款的创意宣传一体机，让善良也变得触手可及！》整理。)

从上面的例子可以看出，创新思维赋予了人们发现创新点的能力。创新思维如此重要，但对于这个概念，人们常常产生错误的理解，认为创新思维只涉及全新的想法，是对颠覆性的、复杂的、重大事件的思考。然而事实并非如此，创新思维可以涉及对简单事物的思考，但不一定是全新的想法；有的时候会涉及对颠覆性的重大问题的思考，但大部分时候并不是。总之，创新思维不是一个高度结构化的概念，它没有思维的边界，甚至大多数创新都是在混乱和无序的状态中产生的。正是经历了多次的深度思维和失败的尝试，一些伟大的创新才得以诞生。

因此，我们可以这样去定义创新思维：创新思维是指以新颖独特的视角和方法，对现实问题进行思考并提出有价值的创新想法和解决方案的过程。

(二) 创新思维的 4 个要素

创新思维涉及如下 4 个关键要素。

1. 解决痛点问题

痛点问题大都来源于生活中不太舒适的体验。解决痛点问题的方法是创新思维的核心内容。

2. 采用独特的思维视角

创新思维是采用非常规的思维方式，另辟蹊径，充分发挥创意和想象力的优势，在别人没有注意到的地方有所发现，有所成就。爱因斯坦曾经说过，智慧的真正标志不是知识而是想象力。想象力至关重要。

3. 提出解决方案

创新思维的目的是解决问题，因此创新思维的结果是要拿出解决问题的方案。最初的解决方案在应用过程中可能会遭遇失败，但在屡次失败的尝试中，最终成功还是会出现的。正如爱迪生所说，我没有失败，我只是发现了一万种不管用的方法而已。

4. 具有市场价值

创新思维的结果应该具有广泛的应用性。如果创新思维仅仅产生了一个单纯的发明或好的想法而不具有应用价值，那么这个过程和结果就没有现实意义。创新思维的终极目标是通过解决一个又一个痛点问题，使人类的生活变得更美好，使社会有所进步。因此，只有当创新思维的结果被市场和社会所接纳时，这个创新思维本身才有意义和价值。

（三）创新思维改变世界

乔布斯有一句经典名言："活着就是为了改变世界。"他用一生的创新行为践行了自己曾经的诺言，不但创办了极具创新力的苹果公司，还在电影、音乐、零售等多领域有所建树。他对新兴科技敏锐的直觉及前瞻性，创造了令世人疯狂的产品，改变了世界，甚至改变了人们的生活方式。

乔布斯的创新成就无人企及，但是不是只有像他一样伟大的人物才具备创新思维能力？才能创造奇迹？才能成为改变世界的人？我们看看下面的例子就能知晓答案。

1. 早产儿保温袋

创新者：陈珍妮（Jane Chen）

创新结果：早产儿保温袋

创新过程描述：这是一个感人至深的创新故事。当华裔女孩陈珍妮还在斯坦福上学的时候就得知了一个惊人的数据：全球每年出生的2000万早产儿中有近400万会因无法支付2万美元高额的保暖箱费用而死亡。对这些小生命来说，正常的室温就如同冰天雪地，他们的脂肪完全无力抵御这样的低温，尤其在一些贫穷国家，因昂贵的价格，很多医院根本无法提供这些必要的保暖箱设备。于是父母们都是靠一些"土办法"来维持早产儿的生命，比如用热水袋和衣物来保暖，甚至把孩子放在灯泡下面。面对这些残酷的数据，陈珍妮有一种冲动，想为那些刚来到人世就面临死亡威胁的小生命做点什么。

于是，她快速地组建了一个团队奔赴印度进行实地考察。到了印度她才真正地感受到现实比数据更加残酷。那些贫穷无助的母亲的眼泪，那些绝望地接受死亡现实的画面，深深地刺痛了陈珍妮的心，她下定决心一定要用自己的力量去改变这一切。

陈珍妮及其团队回到学校后便开始向这个事关生命的难题发起挑战。他们探访大量的医院，进行上百次材料试验，抱着婴儿模型探讨到深夜，将经过无数次修改的设计草图贴满工作室的窗户……

在无数次失败之后，一款可维持恒温、稳定早产儿体温的保温袋终于诞生了，其价格只有传统昂贵保温箱的1%。这个小小的创新产品还有一个温暖的名字：拥抱(embrace)。

解决的痛点问题：为众多贫困国家和地区出生的早产儿设计了一款便宜实用的保温袋，给那些刚出生就面临死亡威胁的婴儿带来重生的机会，实实在在地降低了早产儿的死亡率。

创新思维的价值：这款充满人性光辉的创新产品已投放到印度、乌干达等国家和地区，目前已经拯救了超过150 000个小生命。世界卫生组织将其誉为"全球健康最佳创新"项目。

（资料来源：华裔女孩Jane Chen发明保温婴儿袋已经拯救了超过150 000个小生命[EB/OL].(2017–09–09). http://www.360doc.com/content/17/0909/05/5964710_685659808.shtml.）

2. 戴森吸尘器

创新者：詹姆斯·戴森(James Dyson)

创新结果：双气旋无绳吸尘器

创新过程描述：世界上的很多创新都是为了满足解决问题的需要。这话用在英国著名工业设计师詹姆斯·戴森身上一点没错。他的很多发明和创新都来源于生活中的问题和烦恼。1978年，31岁的戴森已是三个孩子的父亲，一家人居住在一间满是尘土的农舍里。有一天，家里那台破旧的吸尘器又坏了，于是，喜欢琢磨问题的戴森决定自己动手修理。拆开吸尘器后他发现，集尘袋吸满灰尘和碎屑后，就会堵住进气孔，切断吸力，进而导致吸尘器无法正常工作。

为了解决这个问题，戴森用了5年时间进行反复的研究和试验。在制作了5127个原型产品后，他终于解决了自 1908 年吸尘器问世以来一直未解决的难题，成功发明了不需要集尘袋的双气旋无绳吸尘器。这款创新产品很快就火爆全球市场，并掀起吸尘器领域的行业革命。如今，"Dyson"已成为家电行业的国际著名品牌，戴森本人也因种类繁多的技术创新被英国媒体誉为"英国设计之王"。

解决的痛点问题：传统的真空吸尘器都自带一根长长的吸管和一个小小的内置集尘袋。当集尘袋吸满灰尘和碎屑后，就会堵住进气孔，从而切断吸力，使吸尘器无法继续工作。戴森解决了这个问题，他发明的双气旋系统被看作自 1908 年第一台真空吸尘器发明以来的首次重大科技突破。

创新思维的价值：这些突破性的创新，不仅为人们带来更好的生活体验，还因其颠覆性的设计掀起了行业的革新风潮，推动了英国创意产业的发展。

（资料来源：根据百度百科"詹姆斯·戴森"词条整理。）

3. 比亚迪刀片电池

创新者：比亚迪公司

创新结果：刀片电池

创新过程描述：在新能源汽车市场竞争日益加剧的今天，生产商们一直都被三个问题困扰着：问题一，传统电池包太大，占用过多的空间；问题二，电池成本高，使得电动汽车的整体售价居高不下；问题三，续航里程短，消费者担心远途驾车时会有半路抛锚的危险。针对这三个问题，电动汽车厂商都在努力创新，寻找解决问题的突破口。而比亚迪成为解决这些问题的勇敢探路者。2020 年 3 月 29 日，比亚迪正式发布了其多年研究的成果——刀片电池。2022 年 11 月，比亚迪刀片电池巴士在第四届 LTA-UITP 新加坡国际交通大会暨展览会亮相，引来众多业内人士的极大关注，北欧著名公交运营商 Nobina 与比亚迪签订 64 台大巴订单。比亚迪在新能源商用车市场正在努力塑造个性化品牌形象，走出国门，寻找更大的世界，让中国品牌在国际市场拥有更大的话语权。这个被称为黑科技的刀片电池也叫作超级磷酸铁锂电池。其创新并不是在材料上的突破，而是在电池结构设计上采用了新的技术。相较传统电池包，"刀片电池"的体积利用率提升了 50% 以上，续航里程也大幅增加。目前，该技术拥有核心专利 300 多项。刀片电池还通过了极端强度测试和电池安全测试领域的最高难度测试——针刺测试，具备超级安全、超级强度、超级续航、超级寿命等特点。正是通过持续的技术创新，比亚迪才能稳步实现其"城市公交电动化"战略，并在国际上逐渐拥有强大的竞争力。

解决的痛点问题：刀片电池的体积减小，但单位体积密度大幅提升，这使车辆的续航里程得以大幅增加,同时明显地降低了电池成本。

创新思维的价值:刀片电池的技术创新为推动城市公交电动化的发展做出积极的贡献。当我们看到更蓝的天空,呼吸到更清洁的空气时,我们知道,这与比亚迪刀片电池的创新是分不开的。

(资料来源:根据百度网文章《比亚迪与北欧最大公交运营商 Nobina 签订 64 台大巴订单》《与传统电池相比,比亚迪刀片电池的优缺点,你都了解?》《比亚迪携新加坡第一辆刀片电池巴士亮相 SITCE 车展》《比亚迪 600 亿市值暴涨,刀片电池暗藏了哪些黑科技?》及有驾网文章《厉害了比亚迪,刀片电池完美解决了新能源汽车的安全问题》整理。)

4. 智能儿童牙刷 Grush

创新者:王勇竞及其中美研发团队成员

创新结果:Grush 智能儿童牙刷

创新过程描述:身为爸爸妈妈,最为头疼的事情之一莫过于哄孩子刷牙。孩子们不喜欢刷牙,其结果是产生龋齿和蛀牙,这令父母们烦恼又无奈。面对这个全球家庭都可能会遇到的难题,王勇竞及其中美研发团队成员进行了反复的研究和试验,终于设计出 Grush 智能儿童牙刷。

这款 Grush 智能儿童牙刷可以与手机、平板电脑或计算机上的 App 联动。当孩子们手握 Grush 牙刷开始震动刷牙时,手机屏幕上就会显示一个卡通娃娃张开嘴巴的动态画面。当画面中的门牙位置出现一个"小怪兽"时,孩子们就赶紧在门牙部位刷上几下,于是"小怪兽"就被消灭了。同样,"小怪兽"还会出现在其他牙齿上,于是孩子们会紧握牙刷,消灭不同的小怪兽,出现一个消灭一个,直至怪兽全部被消灭,牙也刷完了。

此外,这个刷牙系统还会根据刷牙的位置、角度、力度给每个刷牙动作打分。分数越高,表明牙刷得越干净。这样一个小小的创新举动,让孩子们爱上了刷牙。

解决的痛点问题:采用有趣而创新的设计,解决了孩子们不喜欢刷牙的难题。

创新思维的价值:王勇竞及其中美研发团队成员,通过关注生活中的痛点问题找到创新的灵感,发明了 Grush 智能儿童牙刷,引导孩子们爱上刷牙,解决了父母们的难题,为促进儿童牙齿健康做出贡献。2016 年 5 月 25 日,美国创客真人秀节目《美国最伟大的创客》落下帷幕,由王勇竞博士率领的中美研发团队最终问鼎,拿下了金腰带和 100 万美元的大奖,这是创新思维带来的荣誉和奖赏。

(资料来源:小牙刷 大梦想——讲述"全美最伟大创客"Grush 的诞生 [EB/OL]. (2016-06-06). http://news.cqnews.net/html/2016-06/06/content_37135418_2.htm.)

5. 妇产医院的纯棉布标识系统

创新者： 原研哉 (Kenya Hara)

创新结果： 妇产医院的纯棉布标识系统

创新过程描述： 日本山口县的光市有一所名为梅田的医院，这是一所只提供妇产科和小儿科服务的专科医院。该医院邀请日本平面设计师原研哉为其设计医院的标识系统。

在常人看来，一般的标识牌大都采用树脂、玻璃、金属，或者是带有木纹的原木材质来制作。原研哉对这个问题也思考了很久，最后他大胆地采用了别人不曾有过的设计想法，那就是用白色纯棉布作为所有标识的材料。他将标识的台座固定在墙壁或天花板上，然后在外层套上白色纯棉布罩。这些标识形状不一，有的像床罩，有的像袜子，也有的像袖套。考虑到清洁问题，这些纯白棉布标识都可以随时从台座上取下来清洗，给每一位入院者以"安宁"和"洁净"的印象。

原研哉之所以会产生这样的设计灵感，是因为设计师本人能以一种同理心，把对病人的理解和朴素的人文主义情怀融入设计中，传达出柔和的空间感，帮助病人消除紧张感，给他们带来无形的安慰。

解决的痛点问题： 反常规的标识设计，消除了传统医院冰冷而坚硬的标识所带来的紧张感。

创新思维的价值： 以柔软的纯白棉布为材质设计妇幼医院的标识，体现了人文关怀，将医院营造成一个温馨、安宁的小世界。

上述这些例子讲的是普通人的创新故事。他们通过创新思维解决了现实生活中的问题和难题。那些早产的婴儿、烦恼的主妇、无奈的爸爸妈妈，以及梅田医院的病人们，都会因上述的创新举动而获得方便、惊喜、慰藉，甚至是重生的机会。因此，普通人也可以通过自己小小的创新举动去改变世界。当一个普通人借着创新思维的巨大能量取得不朽的创新成就，并让世界因此变得更美好时，他们就完成了从普通向伟大的转变。这是值得用一生去追求的转变。

(资料来源：原研哉. 设计中的设计 [M]. 济南：山东人民出版社，2016.)

二、了解创新思维的产生过程

创新思维的产生过程是一个酝酿创意和灵感的过程。一般来说，人们在面对一个需要解决的问题时，思维结构并不清晰，即对如何解决问题无从下手。这个时候，人们通常需要遵循一些方法，缕清思维的线条，让思维呈现出清晰的轨迹，逐渐将一个想法演化为一个发明。使思维清晰化的过程一般涉及如下几个环节。

(一) 定义问题

创新思维始于对问题的准确定义。那么问题是什么？问题来自于哪里？简单来说，问题就是人们的需求，大多数的问题来自于对现实生活的观察。准确地定义问题，可以帮助创新者清晰地勾勒出出发的原点和要去的终点，这样就不至于在思考过程中产生混乱。

(二) 收集信息

为了解决问题，收集相关信息至关重要。信息越丰富，越有利于开拓思路，获得启发。创新思维不是凭空想出一些东西，而是需要有背景信息的支撑，知晓其他人可能已尝试过的做法。通过收集信息，创新者可以避免重复前人的错误，甚至会发现一些可以借鉴的想法。

(三) 提出构想

在对问题和信息进行深入分析和研究后，接下来就是提出设计构想的过程。这个过程往往是发挥创意和想象力的创新过程。创新者要集思广益，不能将思维局限于狭窄的专门领域，要尝试在交叉学科间进行思考，甚至要反复思量看似不切实际的想法。

(四) 验证想法

在提出解决问题的构想后，创新者要在理论和实践基础上进行反复的检验，存优汰劣，将有亮点的、有前景的想法保留下来，淘汰不切实际的设想。经过多次补充和修正，使构想趋于完善。这是一个从肯定到否定再到肯定的循环思考过程，当这个过程趋于成熟和完善时，创新想法才得以实现。

三、培养创新思维素质和能力

对大多数人来说，创新思维就像是上苍赐予一小部分人的礼物，他们好像天生就具备了创新和想象的天赋。但实际上，天才之说有偏颇之嫌。许多勇于创新的人都是从普通人走过来的，只不过他们在平凡的世界中看到了不平凡的亮点。这些人可能拥有不同于他人的思维习惯、性格，甚至更具有同理心。

当人们具备了创新思维的素质和能力，掌握了相关方法时，普通人也能因创新行为成为改变世界的主角。具体来说，创新思维素质与能力的培养可以从如下几个环节入手。

(一) 培养独立意识

所谓独立意识，就是不受外界影响，摆脱从众心理，保持独立思考和判断的勇气。在权威面前，尊重权威却不屈从于权威。培养质疑和批判精神，坚守思想的自由和个体独立人格的完整。做到这一点其实很难，而读书、经历、思考和反省是培养独立意识的有效方式。

(二) 保持好奇心

在成年人的世界，拥有好奇心是一件不容易的事情，来自各方面的压力和烦恼已经使人们无暇顾及与自己无关的事情，即便对新事物也少了很多的兴趣和热情。但是，如果想成为一个有创新思维能力的人，保持好奇心是很有必要的。好奇心是创新的最初动力，它可以使人们乐于观察、欣赏、猜想、假设、预测、验证和发现，这一连串的行为都是在好奇心的驱使下完成的。久而久之，好奇心就可能生成创新的火花。

(三) 接纳失败

失败是创新和学习体验的必要组成部分。失败只代表尝试了一种不太有效的方式，再换一种方式，说不定会更接近成功。创新者的一个重要素质就是相信失败和挫折是暂时的，面对失败，要接纳它、审视它，并努力从中获得启示。接纳失败是所有创新者要培养的一项关键素质。

(四) 具有前瞻性思维

前瞻性思维是指人们具有长远的眼光和敏锐的洞察力，是一种能够预见和设想未来的能力。前瞻性思维对于创新者来说非常重要，因为它能够帮助创新者跳出当前的思维模式，领先于他人，发现还未到来的趋势。比如，人们常说，企业成功的关键在于满足顾客的需求。他们需要什么，企业就生产什么。这是一种常规性思维，大多数情况下这是没有太大问题的，但如果从前瞻性角度来看，这种唯顾客需求而是从的观点是无法产生创新的。只有以超越顾客需求的方式去满足顾客，才是企业更安全的生存方式，也是创新者重要的责任和使命。

(五) 广泛阅读

创意的产生是基于不同的经历和对世界的了解，人们知道得越多，思考问题的视角也会越广,而阅读是扩展知识范围和拓宽视野的最佳方式之一。通过阅读书中别人的经历间接地丰富自己对世界的认识,当阅读积累到一定程度时,人们会将书中的知识应用于跨领域和跨学科的工作中。最典型的例子莫过于2022年卡塔尔世界杯的解说,人们记住了贺炜的名字,也认识到广泛的阅读居然可以使足球解说成为魅力十足的"网红"职业。一位湖北十堰竹山县成长起来的"80后",带着对足球的理想和对阅读的热爱进入了解说员行业。20多年的阅读积累,使贺炜成为绿茵场上的"诗性解说员"。他把历史、文学、地理、音乐甚至歌剧的元素融入解说词,让人们在享受足球视觉大餐的同时进入另一个更大的世界,感受阅读之美带来的听觉享受。瓦格纳、马可·波罗、罗曼·罗兰、莫泊桑、福楼拜、司马迁……这些在书中闪闪发光的名字都出现在贺炜的解说词中,把足球这个动感十足的运动与安静的阅读和浪漫的诗性连在一起,谁能说这不是一种思维创新呢?很显然,广泛的阅读不仅局限于学术专著或教学书籍,还包括阅读自己不了解的内容,比如在科幻小说、游记、传记、科普读物中去发现不一样的世界,这些都有助于人们加深对新事物的了解。总之,阅读是利用闲暇时间探索世界、培养创新思维的好方法。

(资料来源:根据网络新闻《世界杯离去 贺炜留下来:一个足球解说员的自我修养》整理。)

(六)掌握思维工具的使用方法

创新思维是一项技能,人们不可能天生就拥有这项技能。若想成为具有活跃的创新思维的人,后天的学习和训练是必不可少的,而掌握一些必要的思维工具的使用方法则可以帮助我们更有效地培养创新思维。比如,学会制作思维导图,把一些看似无关的随机想法列在纸上,然后寻找图中可串联起来的关系,并发现有价值的想法;再比如,可采用发散思维或逆向思维的方法去解决某个棘手的问题。借助这些,人们的思考过程将会更科学、更有效。

思考与实践

1. 请在技术创新、产品创新、服务创新、流程创新、商业模式创新5种类型中各找出一个创新的实例,并分析其中的创新点、解决的问题及创新的价值。

2. 有人说发明就是创新,你同意这种说法吗?请说出你的观点。

3. 请在2分钟内尽可能多地写出与"红色"相关联的词或词组,它们可以是具象的,也可以是抽象的。

第 2 章
创新思维的基础

开篇案例 通用汽车庞蒂亚克分部收到的投诉

"这是我第二次写信给你,我不会责怪你没有回答我,因为这事听起来很疯狂。我们家在晚餐后都有吃冰淇淋的习惯,但是每晚的冰淇淋种类各不相同。每天晚上吃完晚饭之后,所有家庭成员都会投票决定我们应该吃哪种冰淇淋,然后就由我开车到商店去买。我最近购买了一台新庞蒂亚克,从那时起我去商店的这一段旅程就产生了一个问题,就是每次我从商店买完香草冰淇淋回来时,我的车都无法启动。但是如果我买其他口味的冰淇淋,就能顺利启动汽车。我的这个问题听起来很愚蠢,却是真实存在的。"

每当购买香草冰淇淋时,庞蒂亚克都不能启动,而每当购买其他口味冰淇淋时车子都很容易启动。庞蒂亚克总经理对这封信中所述的内容觉得不可思议,但还是派了一名工程师去检查。工程师依约在晚餐后的时间见到了车主,两个人随即开车去了冰淇淋店。那天晚上买的就是香草冰淇淋,在他们回到车上之后,就像信里描述的一样,车子无法启动。

后来的三个晚上,工程师和车主又开着这辆车到这家商店买东西。第一天晚上,车主买了巧克力冰淇淋,汽车顺利启动;第二天晚上,他买了草莓冰淇淋,汽车启动了;第三天晚上他买了香草冰淇淋,汽车未能启动。

作为一个逻辑思维缜密的人,工程师拒绝相信这个男人的车对香草冰淇淋过敏。因此,他在后续的几个晚上继续他的调查。他通过做笔记记下各种数据:时间、使用的汽油类型等。很快,他得到一条线索:这个车主购买香草冰淇淋花的时间比买其他口味冰淇淋花的时间都少。原因是商店的布局,在各类冰淇淋中香草是最受欢迎的味道,在商店前端的一个单独的盒子里可以快速取货。而其他口味的冰淇淋都保存在商店后面的另一个柜台里,在那里需要花很长时间才能找到所需的种类。

现在,工程师的问题是:为什么汽车在时间较短的情况下无法启动?一旦确定问题主要出在时间方面,而不是由于香草冰淇淋,工程师很快就得出了答案:蒸汽锁。获得其他口味冰淇淋所需的额外时间有助于让发动机充分冷却以便启动，然而由于购买香草冰淇淋太方便了，以至于当车主买完回到车上时，发动机仍然太热，蒸汽锁阻止了汽车再次启动。

思考：
1. 为什么商店会把香草冰淇淋放在前端易取的位置？
2. 工程师如何获得线索？推理过程又是怎样的？
3. 你在生活中有没有遇到过类似的情况？

第一节 逻辑思维

一、逻辑思维概述

逻辑思维，就是人在感性认识的基础上，以概念为操作的基本单元，以判断、推理为操作的基本形式，以辩证方法为指导，间接地、概括地反映客观事物规律的理性思维过程。

逻辑思维又称抽象思维，是思维的一种高级形式。抽象思维既不同于以动作为支柱的动作思维，也不同于以表象为凭借的形象思维，它已摆脱对感性材料的依赖，是以理论为依据，运用科学的概念、原理、定律、公式、常识等进行判断和推理。

各门独立科学系统的体系都是由逻辑概念、逻辑判断、逻辑推理、逻辑证明建立起来的。在学术交流、教学实践、认知原理中，在科学家的思考过程中，在阐述各个学科的系统理论中，不难看出逻辑思维在学习、工作中的重要性和核心地位。

二、逻辑思维的形式

逻辑思维的形式包括形式逻辑、数理逻辑、辩证逻辑等。

（一）形式逻辑

形式逻辑又叫普通逻辑，是指抛开具体的思维内容，仅从形式结构上研究概念、判断、推理及事物间联系的逻辑体系。形式逻辑以保持思维的确定性为核心，帮助人们正确地思考问题和表达思想;思维要保持确定性,就要符合形式逻辑的一般规律,即同一律、矛盾律、排中律、充足理由律。我们平常说的逻辑,一般指的是形式逻辑。

(二)数理逻辑

数理逻辑是在普通逻辑(形式逻辑)基础上发展起来的新的逻辑分支学科。数理逻辑在深度和广度上推进了传统逻辑,使之更加精确和严密。由于数理逻辑使用了数学的语言和符号,揭示了事物和事物之间的数量关系,不仅深化了对传统自然科学学科的研究,而且对计算机科学、控制技术、信息科学、生物科学等学科的发展有重要的意义。

(三)辩证逻辑

辩证逻辑就是按照辩证唯物主义哲学对客观世界的认识方法和思维方式。它的思维原则主要有:全面性原则、动态性原则、实践性原则、具体性原则。列宁认为,辩证逻辑"不是关于思维的外在形式的学说,而是关于一切物质的、自然的和精神的事物的发展规律的学说,即关于世界的全部具体内容及对它的认识的发展规律的学说。"

三、逻辑思维的方法

(一)演绎推理法

演绎推理就是由一般性前提到个别性结论的推理。按照一定的目标,运用演绎推理的思维方法,取得新颖性结论的过程,就是演绎推理法。例如:一切化学元素在一定条件下会发生化学反应,而惰性气体是化学元素,所以惰性气体在一定条件下确实能够发生化学反应。这里运用的就是演绎推理法。

演绎推理的主要形式是三段论法,即从两个判断中得出第三个判断的一种推理方法。上面的例子就包含三个判断:第一个判断为"一切化学元素在一定条件下会发生化学反应",这提供了一般的原则,即三段论中的大前提;第二个判断是"惰性气体是化学元素",这指出了一种特殊情况,即三段论中的小前提;联合这两种判断,说明一般原则和特殊情况间的联系,因而得出第三个判断"惰性气体在一定条件下确实能够发生化学反应",即结论。

只要作为前提的判断是正确的,中间的推理形式是合乎逻辑规律的,那么必然能够推出"隐藏"在前提中的知识,这种知识尽管没有超出前提的范围,但毕竟从后台走到了前台,对我们来说,往往也是新的,而且由于我们常常是为了某种实际需要才做这种推理,其结论很可能具有应用价值。这样演绎推理的结论就可能既具有新颖性,又具有实用性。

> **案例 娃哈哈的品牌命名**
>
> 品牌定位是企业的立身之本,目的是为企业建立一个与目标市场相关的独特品牌形象,从而在消费者心目中留下深刻的印象,使消费者以此来区别其他品牌。品牌名称可以作为理解品牌定位的切入口,因为一个好的品牌命名,是品牌被消费者认知、接受、满意的前提。挖掘来自新疆儿歌的"娃哈哈"三字并用以命名,可以说是宗庆后独具慧眼。他的理由有三个:其一,"娃哈哈"三个字中的元音a是孩子最早最易发的音,极易模仿,且发音响亮,音韵和谐,容易记忆,因而容易被他们所接受;其二,从字面上看,"哈哈"是各种肤色的人表达喜悦之情的共同发音;其三,同名儿歌以其特有的欢乐明快的音调和浓烈的民族色彩,唱遍了大江南北,把这样一首广为流传的儿童歌曲与产品商标联系起来,人们很容易熟悉它,想起它,记住它,从而提高它的知名度。总而言之,取这样一个别致的商标名称,可大大缩短商品与消费者之间的距离。
>
> (资料来源:冷知识:品牌"娃哈哈"之名,竟出自新疆民歌!? [EB/OL]. (2019-09-12). https://www.163.com/dy/article/EOTCNSQQ05379FPI.html.)

(二)归纳推理法

1. 完全归纳推理

从一般性较小的知识推出一般性较大的知识的推理,就是完全归纳推理。在许多情况下,运用归纳推理可以得到新的知识。按照一定的目标,运用归纳推理的方法,可以取得新颖性结果。例如,所有的金属都有导电性,但电阻大小不一样,使用场合与效果也不一样,用铁丝充当保险丝就不合适,强而为之后患无穷。

2. 不完全归纳推理

不完全归纳推理有两种方法:简单枚举归纳推理和科学归纳推理。

简单枚举归纳推理是列举某类事物中一部分对象的情况,根据没有遇到矛盾的情况,便做出关于这一类事物的一般性结论的推理,例如花开的时间、天鹅的颜色。简单枚举归纳推理的结论是或然的,但不一定是错误的,有的是正确的,在它的结论的基础上可以继续研究，如果证明是正确的，就得到了新的知识。即使证明了是错误的，也从反面使我们产生新的认识。

科学归纳推理是列举某类事物一部分的情况，并分析出制约此情况的原因，以此结果为根据，从而总结出这一类事物的一般性结论的推理方法。

两种不完全归纳推理的区别在于：它们的根据不同，前者只要没有发现矛盾的情况就可以下结论，后者要根据发现的因果之间的必然联系才能下结论；前者的结论是或然的，后者的结论要可靠得多。因此，提高前者结论正确率的办法是多找事实，提高后者结论正确率的办法是对事实情况做出科学分析，找出因果关系。

演绎推理法和归纳推理法是人们对客观现实的两种对立的认识方法的总结。两者既是对立的，又是统一的，缺少任何一种都无法认识真理。演绎推理法和归纳推理法，仿佛是相反的两种方法，实际上在人们的认识过程中，两者是辩证的统一。没有归纳就没有演绎，因为演绎的出发点正是归纳的结果，演绎必须以可靠的归纳为基础；而没有演绎同样也没有归纳，因为归纳总是在一般原理、原则或某种假说、猜想的指导下进行的。

（三）实验法

实验是为了某一目的，人为地安排现象发生的过程，据此研究自然规律的实践活动。实验法是一种科学研究法，是通过实验手段来验证某种假设或理论的正确性。实验法要求能够在相同条件下重复地做同一个实验，并产生相同的结果。不能重复的实验其结果是没有可信度的，不能作为科学依据。

（四）比较研究法

比较研究法，是通过两个或两个以上对象的同和异来获得新知识的方法。在比较研究中，主要起作用的还是逻辑思维中的演绎推理、归纳推理和类比推理，所以比较研究是运用逻辑思维进行创新的一种方法。

（五）证伪法

根据形式逻辑中的矛盾规律，在同一时间、同一关系上，不能对同一对象做出不同的断定。通俗来讲，就是 A 不能在同一时间、同一关系上是 B 又不是 B。

根据形式逻辑中的排中律，在同一时间、同一关系上，对同一事物是两个相互矛盾的论断必须做明确的选择，必须肯定其中的一个。通俗来讲，就是 A 或者是 B，A 或者不是 B，二者必居其一，不可能有第三种选择。

根据以上两个规律，运用逻辑思维方法，可以在证明一个结论是错误的同时，证明另一个结论是正确的。运用这种方式来获得正确答案的方法，就是证伪法。证伪法在许多情况下可以帮助我们解决疑难问题，取得创新成果。

四、逻辑思维的作用

1. 增强分辨能力

一个人的逻辑思维能力越强，就会对知识理解得越透彻，掌握得越牢固，运用得越灵活。逻辑思维有助于人们由自发地上升为自觉地运用逻辑形式进行思考，增强明辨是非的能力。

2. 正确地表达思想

思维是表达的前提和基础。在日常工作和生活中，无论是口头表达还是书面表达，内容是否正确、是否符合客观现实的规律，是逻辑学的范围。只有思维合乎逻辑，表达才能清楚正确和鲜明生动。

3. 提高学习能力

学习就是对众多概念和规则进行逻辑分析、消化吸收的过程，这包括学习内容的辨别和学习方法的选择。逻辑思维能够帮助人们根据来源于实践并经过实践检验的知识，经过正确的推理，得出新知识，正确地认识世界，从而实现有效持续学习、终身学习。

4. 提高工作效率

逻辑思维可以帮助人们自觉地运用逻辑知识，在较短的时间内综合分析大量材料，处理众多信息，并做出正确的比较、分析和评价，提高工作效率和学习效率。

五、逻辑思维训练

(1) 在 8 个同样大小的杯中有 7 杯盛的是凉开水，1 杯盛的是白糖水。你能否只尝 3 次，就找出盛白糖水的杯子来？

(2) 某药店收到 10 瓶药，每瓶中装有重 100 毫克的药丸 1000 粒。

后被告知其中一瓶药发错了,错药的形状、颜色及包装均与其他9瓶药完全相同,只是每丸药重110毫克,你能用天平一次称出错药吗?

第二节　发散思维与收敛思维

一、发散思维

(一) 发散思维的定义

发散思维是从一个问题(信息)出发,突破原有的圈,充分发挥想象力,经不同的途径,以不同的视角去探索,重组眼前的和记忆中的信息,产生新信息,使问题得到圆满解决的思维方法。

(二) 发散思维的特征

(1) 流畅性,即发散思维"量"的指标。单位时间内想出的用途数量越多,思维越流畅。

(2) 变通性(灵活性),即发散思维"质"的指标。单位时间内想到的用途越多,说明思维越灵活。

(3) 独创性,即发散思维的本质。在发散思维中得出不同寻常的新奇想法,这是发散思维的本质,属于思维的最高层次。

课堂练习

增强问题意识

只有不断提出问题和解决问题,才能达到创新的目的。很多企业经常采取召开"问题揭露会"的办法,通过集思广益来寻找问题:一般情况下选择敢于揭丑、善于揭短的5~10名员工,针对本企业存在的各种问题或某项特定问题,尽可能详尽地提出问题、分析原因,并寻求切实可行的改革方案。

请分组讨论当前市场上的口罩存在哪些问题,并提出相应的解决方案,时间为10分钟。

(三) 发散思维的形式

1. 逆向思维

逆向思维是相对于正向思维而言的，就是人们从相反的角度去思考问题，从而解决问题。那么如何进行逆向思维呢？

首先，应就事物依存的条件逆向思考，如小孩掉进水里，把人从水中救起，是使人脱离水，司马光救人是打破缸，使水脱离人，这就是逆向思维。其次，就事物发展的过程逆向思考，如人上楼梯是人走路，而坐电梯是电梯走，人不动。再次，就事物的角色逆向思考，如开展"假如我是××"的活动。最后，就事物的结果逆向思考，如塞翁失马的故事。

2. 侧向思维（旁通思维）

当一个人就某一问题苦苦思索时，会在大脑中形成一种优势灶，一旦受到其他事物的启发，就很容易与这个优势灶产生相联系的反应，从而解决问题。

3. 横向思维

横向思维是指接受和利用其他事物的功能、特征和性质的启发而产生新思想的思维方式。

横向思维包括横向移入、横向移出和横向转换。横向移入就是借助引入其他事物的特点、原理、方法来解决问题的思维方式；横向移出就是将现有创造成果摆脱原有的应用领域，推广到别的领域以产生新的应用效果的思维方式；横向转换就是不直接解决问题，而是将按最初设想和常规无法解决的问题，转化为侧面问题来解决的思维方式。

> **案例** 一次意外发明——卫生纸
>
> 20世纪初，美国史古脱纸业公司买下一大批纸，因运送过程中的疏忽，造成纸面潮湿产生皱褶而无法使用。面对一仓库无用的废纸，公司所有人都不知该如何是好，在主管会议中，有人建议将纸退回供应商以减少损失，这个建议获得所有人的赞同，唯有公司负责人亚瑟·史古脱(Arther Scott)却不这么想，他想到在卷纸上打一排小洞，让卷纸变成容易撕成一小块一小块的纸巾。史古脱将这种纸命名为"桑尼"卫生纸巾，卖给火车站、饭店、学校等放置于厕所中。由于实用方便，卫生纸巾大受欢迎，并慢慢应用到一般家庭中，史古脱成功地将这批没用的皱褶纸改制成"桑尼"卫生纸巾，为公司创造了巨额利润。

4. 多路思维

通常人们遇到问题都是力图尽快找到一种解决办法，只有当这种办法无法解决问题时，才会想到找第二种办法。这种思维方式对大量的、简单的、常规的问题的解决是适用的，但对复杂的，特别是有创造性的问题就不太适合了。因此，在解决问题时不应只局限于一种方法，而是应该从多角度、多方面思考，这也是发散思维最一般的形式。多路思维具体包括：就事物整体多向思维，就顺序多向思维，换角度多向思维，绕道迂回进行思考，标新立异进行多向思考。

> **案例　彼得·尤伯罗斯：奥运会商业运作之父**
>
> 今天提起奥运会，所有的城市都会感到兴奋，但在20世纪80年代之前，奥运会却是个"赔钱买卖"。而美国人彼得·尤伯罗斯却改变了这一切，他不仅令1984年洛杉矶奥运会扭亏为盈，还促进了奥运经济和体育产业的神奇诞生。
>
> 1976年，加拿大的蒙特利尔市承办第21届奥运会，花费了35亿美元，亏损达到10亿美元，其后，蒙特利尔市的市民一直交纳"奥运特别税"，据说要几十年才能全部还清债务。1980年的莫斯科奥运会耗费更是惊人，人们估计政府为此开支约90亿美元。数额如此庞大的支出，怎能不令人望而生畏呢？
>
> 所以到了1984年，第23届奥林匹克运动会竟面临难以继续办下去的危机。因为世界上这么多国家与城市都担心无法承受如此巨大的支出，虽知承办奥运会是一种莫大的荣誉，但耗资巨大令世界各国望而生畏。
>
> 但是第23届奥运会的结果却出人意料，由彼得·尤伯罗斯主持的洛杉矶奥运会，在市政府不提供任何资金的情况下，不但没有负债，而且还盈利2.25亿美元，创造了震惊世界的奇迹。从此，奥运会从巨亏转为狂赚。彼得·尤伯罗斯主要在节流和开源上采取了如下几种方法。
>
> **在"节流"方面：**
>
> - 没有花费巨资新建大批新的体育场馆，而是尽可能利用洛杉矶已有的运动场馆。
> - 未花费巨资新建供各国运动员下榻的豪华奥运村，而是利用了该市三所大学的学生宿舍。
> - 对于必须新建的游泳池，彼得·尤伯罗斯以允许在指定场地营业和做广告为条件，说服了当地的麦当劳连锁快餐店，由其出资400万美元兴建了一

个豪华壮观的露天游泳池。
- 对于必须新建的自行车赛场，彼得·尤伯罗斯以同样的条件，将这一"任务"交给了当地的7-11商店。

在"开源"方面：
- 吸引顶级赞助商，他慎重地选择了30家"赞助"奥运会的厂商，这些厂商出资总计3.85亿美元。而上一届莫斯科奥运会赞助商多达381家，总赞助费却仅为900万美元，还不如本届可口可乐一家的赞助费1300万美元。
- 他找来了50家供应商，从杂货店到废品处理公司一应俱全，这些供应商每家至少需捐助400万美元。
- 他让美国的三大电视网相互争夺奥运会的独家播映权。他的顾问们原来估计最多只能要价1.5亿美元，而尤伯罗斯采取"只出价一次"的竞赛投标方法，令美国广播公司花了2.75亿美元才取得了播映权。
- 当美国本国的柯达公司认为奥运会主办方理应购买它的照相器材，而埋怨400万美元的赞助费太昂贵时，彼得·尤伯罗斯果断地将这一权利出售给了日本的富士公司，而富士公司给出的报价竟高达700万美元！
- 彼得·尤伯罗斯最令人惊异、赞赏之处在于，他想出了将火炬传递接力权商业化的办法。商人的直觉告诉他，每一个参加奥运火炬接力的人都会把它视为一生的荣耀，肯定愿意付出高昂的代价获取这次机会。这一届奥运会的火炬接力全程15 000公里，彼得·尤伯罗斯以每公里3000美元的价格销售火炬接力名额，并承诺会将筹集到的部分资金用于发展奥林匹克事业。萨马兰奇表示支持并自费购买了第一棒。就这样，销售火炬接力权又为奥组委筹集了4000万美元。
- 彼得·尤伯罗斯还将这一届奥运会的标志（山鹰）的商标专用权进行出售。

尤伯罗斯被公认为是世界奥林匹克运动的一大功臣。由于他创造了一系列"新经验"，使后续承办奥运会的国家和城市不那么害怕"亏本"和负债了，积极申请承办奥运会的国家和城市也越来越多。后来，国际奥委会为彼得·尤伯罗斯颁发了一枚奥林匹克金质勋章，以表彰他为奥林匹克运动发展带来的生机。彼得·尤伯罗斯本人也因为他所创造的神话获得了"奥运商业之父"的美誉。

（资料来源：杨鑫. 彼得·尤伯罗斯：奥运会商业运作之父[J]. 名人传记：下半月，2007(11): 56-59.）

5. 组合思维

组合思维是指从某一事物出发，以此为发散点，尽可能多地与另一(或一些)事物联结成具有新价值(或附加价值)的新事物的思维方式。

在各个行业都有大量的组合创造的实例。组合当然不是随心所欲地拼凑，而必须是遵循一定科学规律的、有机的最佳组合。

(1) 同类组合。同类组合是若干相同事物的组合，参与组合的对象在组合前后其基本原理和结构一般没有发生根本的变化，但数量增加后会弥补功能的不足或发挥新的作用。

(2) 异类组合。异类组合是两种或两种以上不同领域的技术思想的组合，两种或两种以上不同功能物质产品的组合。组合对象(技术思想或产品)来自不同的方面，一般无主次关系。

(3) 主体附加法。主体附加法是以某一特定的对象为主体，通过置换或插入其他技术或增加新的附件而使发明或创造诞生的方法，也称为"内插式组合"。

(4) 重组组合法。重组组合法是在不改变事物本质的前提下，通过结构或形式上的变化而产生新功能、新意义、新价值的方法。

拓展阅读 »

近现代科学的三次大创造是由三次大组合带来的。

第一次大组合是牛顿组合了开普勒天体运行三定律和伽利略的物体垂直运动与水平运动规律，从而创造了经典力学，引起了以蒸汽机为标志的技术革命。

第二次大组合是麦克斯韦组合了法拉第的电磁感应理论和拉格朗日、哈密尔顿的数学方法，创造了更加完备的电磁理论，因此引起了以发电机、电动机为标志的技术革命。

第三次大组合是狄拉克组合了爱因斯坦的相对论和薛定谔方程，创造了相对量子力学，引起了以原子能技术和电子计算机技术为标志的新技术革命。

(四) 发散思维的作用

发散思维具有如下作用。

1. 核心性作用

发散思维是创新思维最重要、最核心的范畴之一。有的学者曾提出如下公式：人的创造能力＝知识量×发散思维(想象力)。从这个公式可以看出，发散思维对一个人创新创造能力的重要性。美国心理学家吉尔福特也曾说过，人的创造力主要来源于发散思维，它是创造思维的主要成分。人们在创新过程中，如果没有大胆假设，人类对未知领域的开拓就是一句空话。

2. 基础性作用

发散思维作为一种多角度、多方向寻求多种答案的思维方式，最集中地体现了创新思维的性质和本质。它包含了逆向思维、横向思维、曲向思维、求异思维、组合思维等思维方式。唯有发散才能集中，发散提出了多种可能途径，集中才会有选择决策的基础。

3. 保障性作用

发散思维是一种变通的、多向的、自由的思维方式，它依赖于多种关系在不同方向上的联想过程产生大量的信息，这为人们进行想象、联想、灵感创新提供宽松、自由的思考环境和信息保障。

(五) 发散思维训练

以材料、功能、结构、形态、组合、方法、因果、关系为发散点进行发散训练，以培养创新思维能力。

(1) 如果可以不计算成本，还可以用哪些材料做镜子？

(2) 要研制新的香皂，你可以设计出哪些香型？

(3) 你是否能设计出具有不同优越性能的多种塑料？

(4) 你对电话机的铃声可以做哪些改变？

(5) 如果你是服装设计师，你将设计出哪些新颖的裤腿形状？

(6) 如果在自行车上装一个打气筒，可以装在哪些部位？

(7) 请你设计出一些形状、大小不同的手表。

(8) 要调动学生学习的积极性，有哪些方法可以运用？

(9) 每天早晨有许多职工乘汽车上班，运力非常紧张，有哪些办法可以缓解这种状况？

(10) 为了调动企业员工发明创造的积极性，可以采取哪些奖励措施？

(11) 对一门课程来说，你认为可以有哪些考试办法？

(12) 除了现有的床垫，你还能设计出其他舒适且方便的床垫吗？

二、收敛思维

(一) 收敛思维的定义

收敛思维是为了解决某一问题,在众多的现象、线索、信息中,向着问题的一个方向思考,根据已有的经验、知识或发散思维中针对问题的最好办法得出最好的结论和最好的解决方案。

> **案例** 世界战争史上的奇迹:百个日军的地堡变成了坟墓
>
> 1945年2月,在硫磺岛战役中,日军在滩头上的大片地堡群阻止了美军向岛屿纵深推进。美军多次组织炮击,发起强攻,但日军地堡大多构筑在熔岩之下,明暗结合,配置巧妙,坚固无比,美军始终无法推进。双方僵持在滩头上。
>
> 一天清晨,日军忽然发觉美军炮声停息,进攻停止,而滩头上却是一片忙碌景象:美军运载着大袋大袋的东西,还传来搅拌机的轰鸣声,接着就响起了推土机的马达声。
>
> 怎么回事呢?日军正发愣,美军方向出现许多坦克改装的推土机,推着成吨成吨的黑乎乎的"泥土",冲着地堡驶来。日军一个个目瞪口呆,不明白美军这是什么新式武器和新式战术。可是,没等他们明白过来,坦克推土机推着"泥土"就把地堡的通道和入口封闭了,堵得死死的,日军毫无反抗之力。很快,美军把日军的180个地堡全部封死,里面的日军无一逃生,全部窒息而亡。
>
> 原来,美军坦克推土机推的是水泥。面对这些坚硬的久攻不克的地堡,美军指挥官斯普鲁恩斯几乎无计可施,于是他无可奈何地召集各方人士商量对付地堡群的办法。一个工程技术员出身的美军连长说:"日本连环地堡有一个致命的弱点,入口非常狭小。如果将坦克改装成推土机,可以推上水泥封闭日军地堡入口。"这确实是一条妙计,美军依计而行,结果使上万吨炸弹都攻克不了的地堡群就这样被几百吨水泥封堵而变成了坟墓。随后,美军从滩头大举登陆,向着岛屿纵深挺进。
>
> (资料来源:强悍的日军竟然活活窒息而死:推土机推地堡,万吨炸弹攻不下,此一招就把它弄成了坟墓 [EB/OL]. (2016-11-23). https://baijiahao.baidu.com/s?id=1551761053350870&wfr=spider&for=pc.)

(二) 收敛思维的特征

(1) 封闭性。收敛思维是把许多发散思维的结果由四面八方集合起来,选择一个合理的答案,具有封闭性。

(2) 连续性。收敛思维的进行方式是一环扣一环的,具有较强的连续性,这是由逻辑思维的因果链所决定的。

(3) 求实性。被选择出来的设想或方案是按照实用的标准来决定的,应当是切实可行的。

(三) 收敛思维的方法

1. 辏合显同法

辏合显同法,是把所有感知到的对象依据一定的标准"聚合"起来,以确定它们的共性及本质。

2. 分析综合法(层层剥笋法)

我们在思考问题时,最初认识的仅仅是问题的表层(表面),也是很肤浅的东西。随着之后层层深入分析,会向问题的核心一步步地逼近,抛弃那些非本质的、繁杂的表面现象,揭示出隐藏在事物表象下的深层本质。

3. 目标确定法

确定搜寻的目标(注意目标),找到目标后认真地进行观察,做出判断,找出其中的关键点,围绕目标进行定向思考,确定的目标越具体越有效。

4. 聚焦法

聚焦法,就是人们常说的"沉思、再思、三思",是指在思考问题时,有意识、有目的地将思考过程停顿下来,并将前后思维领域浓缩和聚拢起来,以便帮助我们更有效地审视和判断某一事件、某一问题、某一片段的信息。

(四) 收敛思维训练

设计一款"新式鞋子",具体要求如下。

设想:①可以治病;②会说话;③能扫地;④能指示方向;⑤只穿一次;⑥舒适保暖。

结果:①治病(鞋内加药物,治脚部疾病、缓解高血压等);②放音乐、歌曲等;③带静电能吸灰尘;④指示方向(装指南针,调到选择的方向,偏离就会发出警报);⑤一次性鞋……

发散性思维和收敛思维，是人们进行创造活动时运用的两种不同的思维方式，两者是辩证的关系，也具有互补的性质。

第三节　想象思维与联想思维

案例　飞行汽车来了！

堵车的时候，赶时间的时候……你是不是也想过要是汽车能飞行就好了？飞行汽车这不就来了！2022年11月，全球首款载人级两座智能分体式飞行汽车工程样车研制成功，该车由中国工程院院士项昌乐团队研发。它采用了自主垂直起降飞行器、智能操控座舱和自动驾驶底盘三个独立模块的分体式构型，搭载了面向载人、载物的立体运载系统。其中，自主垂直起降飞行器最大起飞重量为650千克，有6涵道和开放式8轴16旋翼两种构型，净载重为280千克；智能操控座舱采用超轻量化的座舱及内饰设计，自重为80千克，两座布局；自动驾驶底盘最大载荷大于500千克，最大车速为80公里/小时。

该飞行汽车充分发挥近地飞行器与地面行驶底盘的优点、智慧交通的优势，以及最优化能量效益的特点，可实现人员、货物空地转运的无缝衔接。通过陆空协同精确感知定位、智能决策规划和自动引导对接等技术实现模块组合重构，可切换陆空不同行驶模式。

（资料来源：根据搜狐文章《终于研制成功，飞行汽车来了！》整理。）

一、想象思维

（一）想象思维的定义

想象思维是人脑通过形象化的概括作用对脑内已有的记忆表象进行加工、改造或重组的思维活动。它是形象思维的具体化，是人脑借助表象进行加工操作的最主要形式。

（二）想象思维的特征

(1) 形象性。想象思维的操作活动的基本单元是表象，是一些画面，静止的画面如照片，活动的画面如电影。

(2) 概括性。想象思维实质上是一种思维的并行操作，即一方面反映已有的记忆表象，同时把已有的表象变换、组合成新的图像，达到对外部世界的整体把握，所以概括性很强。

(3) 超越性。想象的最宝贵特性是可以超越已有的记忆表象的范围而产生许多新的表象，这正是人脑的创造活动最重要的表现。这方面的例子有很多，特别是一些重大的发明创造，都离不开超越性想象。

（三）想象思维的类型

1. 无意想象

无意想象是不受意识主体支配的想象。思维主体没有特定的目的性，可以让思维任意游荡，达到一种非常自由的状态。

2. 有意想象

有意想象是受主体意识支配的思维活动。在这种状态下，思维总是在创新者的目的需要系统的支配下进行。有意想象又可分为再造型想象、创造型想象和幻想型想象。

(1) 再造型想象。再造型想象是根据他人的描述而在自己的头脑中产生形象的过程。

(2) 创造型想象。创造型想象是创造主体有目的地对自己已有的记忆表象进行加工、改造和重组而产生新形象的思维操作过程。

(3) 幻想型想象。幻想型想象是创造型想象的一种极端形式。其也是以现实世界为出发点，但范围不受拘束，结果又往往偏离现实太远，有的一时难以实现。

（四）想象思维的作用

想象思维具有如下作用。

(1) 想象思维在创新思维中的主干作用。创新思维要产生具有新颖性的结果，但这一结果并不是凭空产生的，要在已有的记忆表象的基础上，加工、改组或改造。创新活动中经常出现的灵感或顿悟，也离不开想象思维。

(2) 想象思维在人的精神文化生活中的灵魂作用。想象思维能够使人的精神文化生活更加丰富多彩。作家、艺术家创作出优美的、震人心魄的作品，需要发挥想象力；读者、观众欣赏作品，也需要借助想象力。

(3) 想象思维在发明创造中的主导作用。在无数发明创造中，我们都可以看到想象思维的主导作用。发明一件新的产品、设计，一般都要在头脑中想象出新的功能或外形，而这些想法都是人在头脑中调动已有的记忆表象加以扩展或改造而来的。

(五) 想象思维训练

要进行想象思维训练，首先要克服抑制想象思维的障碍，包括环境方面的障碍和内部心理障碍等。其次，应找到培养想象思维能力的途径，如强化创新意识；不断学习；时常停下来静思等。

课堂练习

1. 按照下列描述做想象清晰性练习 (想象的形象越清晰越好)
(1) 想象一张你熟悉的脸：小孩的脸—少年的脸—青年的脸—中年的脸—老年的脸。
(2) 想象一匹正在飞奔的马：开始奔跑—越跑越快—蹄下尘土飞扬—风驰电掣—开始减慢速度—小跑—越来越慢—原地踏步—停下来。
(3) 想象一朵玫瑰花苞：花苞绽开一点—逐渐开放—完全开放。
(4) 想象云中的月亮：露出一点—露出半个—露出大半个—全部露出。
2. 命题故事：从第一个人开始讲故事，后面每人加一段 (1 分钟)
要求：情节丰富多彩、稀奇古怪、荒诞不经或充满异国情调。

二、联想思维

(一) 联想思维的定义

联想思维是指在人脑内记忆表象系统中由于某种诱因使不同表象发生联系的一种思维活动。联想思维和想象思维可以说是一对孪生姐妹，在人的思维活动中都起着基础性的作用。

(二) 联想思维的特征

(1) 连续性。联想思维的主要特征是由此及彼，连绵不断地进行，可以是直接的，也可以是迂回曲折地形成联想链，而链的首尾两端往往是毫无关联的想法及事物。
(2) 形象性。由于联想思维是形象思维的具体化，其基本的思维操作单元是表象，是一幅幅画面。所以，联想思维和想象思维一样，生动且具有鲜明的形象。

(3) 概括性。联想思维可以很快把联想到的思维结果呈现在联想者的眼前，而不顾及其细节如何，是一种整体把握的思维操作活动，因此具有很强的概括性。

(三) 联想思维的类型

1. 接近联想

接近联想是指当一个人同时或先后经历两件事时，在思维中将其相互联系、相互结合的过程。时间或空间上的接近都可以引起不同事物之间的联想。门捷列夫发现元素周期表对未知元素位置的判断，卢瑟福研究原子核时提出质量与质子相同的中性粒子的存在都是通过接近联想实现的。

2. 相似联想

相似联想是因事物外部特征或性质类似，而由一个事物联想到另一事物的思维过程。从外形上、性质上、意义上的相似引起的联想，都是相似联想。很多比喻和象征都是借助这种联想，如"春蚕到死丝方尽，蜡炬成灰泪始干"就是以春蚕和蜡烛来比喻情深谊长、至死不渝。

3. 对比联想

对比联想是由事物间完全对立或存在某种差异而引起的联想。文学艺术中的反衬手法，就是对比联想的具体运用，如描写岳飞和秦桧的诗句"青山有幸埋忠骨，白铁无辜铸佞臣。"

4. 因果联想

因果联想是由于两个事物存在因果关系而引起的联想。这种联想往往是双向的，可以由因想到果，也可以由果想到因。

5. 类比联想

类比联想是指因某一事物触发的对该事物在性质上或形态上相似事物的联想。其特点是以大量联想为基础，以不同事物间的相同、类比为纽带。类比联想还可分为多种类型，如直接类比法、间接类比法、幻想类比法、因果类比法、仿生类比法等。

(四) 联想思维的作用

联想思维具有如下作用。

(1) 在两个以上的思维对象之间建立联系。通过联想，可以在较短时间内在问题对象和某些思维对象间建立起联系，这种联系会帮助人们找到解决问题的答案。

(2) 为其他思维方法提供一定的基础。联想思维一般不能直接产生有创新价值的新的形象，但是它往往能为产生新形象的想象思维奠定一定的基础。

(3) 扩大创新思维的活动空间。由于联想思维有由此及彼、触类旁通的特性，常常会把思维引向深处或更加广阔的天地，导致想象思维的形成，甚至灵感、直觉、顿悟的产生。

(4) 有利于信息的储存和检索。思维操作系统的重要功能之一，就是把知识信息按一定的规则存储在信息存储系统，并在需要时把其中有用的信息检索出来。联想思维就是思维操作系统的一种重要操作方式。

课堂练习

1. 在两个没有关联的信息间进行各种联想，将它们连接起来，例如，粉笔—原子弹：粉笔—教师—科学知识—科学家—原子弹

(1) 足球—讲台　　　　　(2) 黑板—聂卫平

(3) 汽车—绘图仪　　　　(4) 油泵—台灯

2. 分别在下面每题的字上加同一个字使其组成不同的词

(1) 自、睡、味、触、幻、感

(2) 阔、大、博、东、告、意

(3) 具、教、理、士、边、家

3. 用下面4组不相关的词汇，任意变换排列顺序，再加上联想，造出4个有特色的句子

(1) 摩托车—电视机—沉思

(2) 竹子—小河—笑脸

(3) 钢笔—青草地—蓝天

(4) 跑步—青年—深夜

三、想象思维与联想思维的区别与共同点

1. 想象思维与联想思维的区别

想象思维与联想思维具有以下区别。

(1) 想象思维可以超出已有的记忆表象范围；而联想思维只能在已存入人的记忆系统的表象之间进行。

(2) 想象思维可以产生新的记忆表象；而联想思维不能。

(3) 想象思维可以是多维的、立体的、全方位的；而联想思维的操作过程是一维的、线性的、单向的。

(4) 想象思维的活动空间是开放的、无限的；联想思维的活动空间则是封闭的、有限的。

(5) 想象思维的结果可以超越现实；联想思维的结果却无法超越现实。

2. 想象思维与联想思维的共同点

想象思维与联想思维也具有一些共同点。

(1) 两者都可以呈现为非逻辑形式。

(2) 两者都属于形象思维的范畴，都可以借助于形象展开。

(3) 两者可以互为起点，也就是说，想象思维可以在联想到的事物周围展开，同时想象思维所获得的结果又可以引起新的联想思维。

第四节　直觉思维、灵感思维与幻想思维

一、直觉思维

(一) 直觉思维的定义

所谓直觉思维，简而言之就是直接的觉察，是直接领悟的思维，是人的一种心理机能，是认知的一种方式，具体来说就是人脑对于突然出现在其面前的新事物、新现象、新问题及其关系的一种迅速的识别，敏锐而深入的洞察，直接对本质的理解和综合的整体判断。

直觉是人们在生活中经常应用的一种思维方式。小孩亲近或疏远一个人凭的是直觉；男女"一见钟情"凭的是直觉；军事将领在紧急情况下，下达命令首先凭直觉；足球运动员临门一脚，更是毫无思考余地，只能凭直觉。

直觉是一种非逻辑思维形式，其所得出的结论没有明确的思考步骤，主体对其思维过程没有清晰的意识。美国化学家普拉特和贝克曾对许多化学家进行调查，在收回的232张调查表中，有33%的人表示在解决重大问题时有直觉出现；有50%的人表示偶尔有直觉出现；只有17%的人表示没有这种现象。

(二) 直觉思维的特征

(1) 直接性。倘若用最简洁的语言来表述直觉思维的最基本特征，那就是思维过程与结果的直接性。直觉思维是一种直接领悟事物的本质或规律，而不受固定逻辑规则所束缚的思维方式。它不依赖于严格的证明过程，是以对问题全局的总体把握为前提，以直接的、跨越的方式直接获取问题答案的思维过程。

(2) 突发性。直觉思维的过程极短，稍纵即逝，其所获得的结果是突如其来和出乎意料的。人们对某一问题苦思冥想，却不得其解，反而往往在不经意间顿悟问题的答案，或瞬间闪现具有创造性的设想。

(3) 非逻辑性。直觉思维不是按照通常的逻辑规则按部就班地进行的，它既不是演绎式的推理，也不是归纳式的概括。直觉思维主要依靠想象、猜测和洞察力等非逻辑因素，去直接把握事物的本质或规律。它不受形式逻辑规则的约束，常常是打破既有的逻辑规则，提出一些反逻辑的创造性思想；它也可能压缩或简化既有的逻辑程序，省略中间烦琐的推理过程，直接对事物的本质或规律做出判断。

(4) 或然性。具有非逻辑性的直觉思维也是非必然的，它具有或然性，即有可能正确，也可能错误，这对于任何人来说都是如此。

(5) 整体性。在直觉思维过程中，思维主体并不着眼于细节的逻辑分析，而是对事物或现象形成一个整体的"智力图像"，从整体上识别出事物的本质和规律。

(三) 直觉思维的类型

1. 艺术直觉

艺术直觉是艺术家在创作过程中迅速、敏锐地感受和捕捉到具有审美价值的形象，再由某一个体形象一下上升到典型形象的思维过程。艺术直觉的特点是感性的、不自觉间形成的，但其实际与审美主体长期的实践积累、经验积累和思想修养密切相关。

2. 科学直觉

科学直觉是科学家在科学研究过程中对新出现的某一事物非常敏感，一下就意识到其本质和规律的思维过程。

(四) 直觉思维训练

直觉思维可以通过培养而提高相应的能力。

首先，要有广博而坚实的基础知识。应凭借自身知识的积累和对规律的把握进行直觉判断。其次，要有丰富的生活经验。根据直觉进行判断仅凭书本知识是不够的，若想使直觉思维更加迅速、灵活，需要有较多的经历，即经历过困难，解决过各种复杂的问题。最后，要有敏锐的观察力。应具备全面审查的能力，能够较快地看清事物的全貌。

二、灵感思维

(一) 灵感思维的定义

所谓灵感思维，即长期思考而未解决的问题，因受到某些事物的启发忽然得到解决的思维过程。

(二) 灵感思维的特征

根据目前学者的相关研究，灵感思维主要有以下几个特征。

1. 突发性

突发性也叫突然性。突发性是灵感思维最突出的特点之一，它指的是灵感思维的出现是不期而至、突如其来的，它不受意识控制，不能事先预料。灵感是一种突如其来的对问题的理解和顿悟。从时间上看，灵感什么时候出现，从方式上看，灵感怎样出现，从诱发机制上看，灵感由什么事物刺激而产生，都是难以预知的。

2. 瞬时性

瞬时性也叫瞬间性、瞬息性、短暂性。灵感思维的瞬时性特征，就是指经过潜意识酝酿成熟而涌现显意识的灵感突发后，停留时间短暂，稍纵即逝，非人力所能留的特征。灵感的孕育是在潜意识活动中进行的，自然不容易被人们意识到。当它孕育成熟而涌现显意识之后，停留时间十分短暂。

3. 跳跃性

灵感思维不是依据形式逻辑的规则进行的思维过程，它没有固定的思维程序和格式，而是一种直觉式、顿悟式的思维，具有跳跃性。它是采取认识突然质变的方式实现的。一般说来，灵感思维蕴藏在潜意识范围之内，而潜意识孕育创造过程是不知不觉的，是未被意识到的，是一种"潜在状态"。而从"潜在状态"过渡到"显在状态"，都要经过一个从量变到质变的过程。

4. 模糊性

灵感思维产生的程序、规则及思维的要素与过程等都不是能被自我意识清晰地意识到的，而是模糊不清、"只可意会，不可言传"的。尽管它在总体上把握了事物的本质或规律，但在细节上还很粗糙，这使它不可避免地具有模糊性特征。

5. 偶然性

偶然性又叫随机性、难以复现性，是指灵感的出现是一种随机的现象，苦苦思索并不一定会导致灵感随即出现，甚至不能决定灵感是否出现。灵感的迸发几乎都必须通过一种偶然事件作为"触媒"刺激大脑引起神经回路迅速接通新设想、新方案，突破潜意识界限，跃迁为显意识，使得以前百思不解的问题获得解决。

6. 独创性

独创性又叫创造性。灵感是一种具有创造性的思维活动，这种创造性，集中表现在灵感思维所获得的结果常常是出人意料的、新颖而又富有创造性的认识。就是说，灵感思维常常能捕获到常规思维活动难以获得的独特新颖的思想成果，如新思想、新观念、新概念等。它有时甚至能为社会或个人创造新的价值或提供新的创造性运用方法。

（三）灵感思维的触发方法

1. 追捕热线

"热线"就是显意识长期思考的，并且可以和潜意识沟通的主要课题及思路。大脑中一旦"热线"闪现，一定要紧急追捕，迅速将思维活动推向高潮并向纵深发展。许多文学艺术家、科学家和发明家都因非常珍惜自己的思维"热线"而使创造发明一举成功。

2. 暗示右脑

右脑是主管潜意识活动的，孕育灵感的潜意识主要来源于右脑。以往人们认为右脑为"沉默半脑"，其实"沉默半脑"并不沉默，众多的科学发现、技术发明，大多与右脑的综合性创造功能有关。当某问题百思不得其解时，有意识停止显意识，让潜意识活跃，常常会得到意想不到的成果。因为当人的显意识活动减弱，潜意识活动会更为活跃，这正是使用暗示法触发灵感思维的最佳机会。

3. 寻求诱因

诱因是指能够诱导灵感发生的有关信息。灵感迸发几乎都要通过某一偶然信息刺激大脑，引起相关联想，然后才能"闪现"。寻找诱发灵感的信息，开拓研究和创造性工作的新局面,是许多创造家们的习惯,他们积累了许多诱发灵感的方法,如自由的想象、科学的幻想、发散式的联想、大胆的怀疑、多向的反思等。

4. 梦境法

做梦常常会迸发出灵感,许多创造发明的灵感就来源于梦境。在科学研究、技术发明和文艺创作中,靠梦境解决问题的事例是屡见不鲜的。例如,德国化学家凯库勒有一段时间聚精会神研究苯分子的结构,大脑极度疲劳,有一次他坐在马车里昏昏入睡。进入睡眠状态后,他的大脑神经经过休息,不由自主兴奋起来,他觉得碳分子都活了,在他眼前翩翩起舞,结成一条长链,长链像蛇一样扭动,突然一口咬住了自己的尾巴,盘成了一个圆圈。这时凯库勒从梦中惊醒,忽有所悟,不禁大喊一声:"我找到答案了,苯分子是一个环状结构!"

5. 搁置问题

如果问题总是悬而不决,那就暂时将问题搁置起来。这既是为了调整思维,寻求问题百思不解的关键,又是为了调节大脑皮层兴奋与抑制间的关系,提高大脑的工作效率。把问题搁置起来,就是有意识使思维离开正在思考的问题,先去进行文娱活动放松一下,然后再回到原题上来,有时会突然悟出解决的办法。

6. 养气虚静

遇到问题,不急不躁,以"养气"的方式使身心进入"虚静",在"虚静"境界里,求得灵感的闪现。这是中国古代哲人提出的诱发灵感思维的成功方法。在这种状态下,大脑会格外活跃,思路会格外开阔,有利于集中全部精力于高度紧张的创造构想之中,灵感也就容易产生。

7. 跟踪记录

灵感的来临不一定出现在集中注意力思考的时候,而有可能出现在漫不经心的时候甚至梦中,短时间内容易被忘记。因此,应该随时随地把自己的"一闪念"记录下来,哪怕在当时看来多么微不足道。科学发明史上,诺贝诺、达尔文、爱迪生等都十分留心记录灵感的火花,他们也都曾凭借记录下来的灵感而取得科学研究的重大突破。

(四)灵感思维训练

1. 灵感的捕获

(1) 长期的思想活动准备。灵感是人脑进行创造活动的产物,所以长期思考是基本条件。

(2) 兴趣和知识的准备。广泛的兴趣、丰富的知识经验是捕获灵感的又一个基本条件。

(3) 不断学习，多观察、联想、想象。

(4) 乐观镇静的情绪。愉快的情绪能增强大脑的感知能力。

(5) 注意摆脱习惯性思维的束缚。

(6) 要有及时抓住灵感的精神准备和及时记录下灵感的物质准备。许多有创造精神的人，都曾体验过获得灵感的滋味。但因为事先没有准备，而没有及时记录下这些灵感，稍纵即逝，将灵感记录下来，以后可慢慢琢磨，决定取舍。

2. 灵感的诱发

(1) 外部机遇诱发：思想点化，一般在阅读或交流中发生；原型启发，是根据自己要研究的对象的模型启发而产生的灵感；形象发现，即通过一个人物、事物找到灵感；情景激发，即通过特定的情景找到灵感。

(2) 内部积淀意识引发：无意遐想，这种遐想式的灵感在创造中是很常见的；潜意识，这种灵感的诱发，情况更为复杂，有的是潜知的闪现，有的是潜能的激发，有的是创造性梦境活动，有的是下意识的信息处理活动。

三、幻想思维

(一) 幻想思维的定义

所谓幻想，一般是指与人们的某种愿望相结合并指向未来的一种思维想象，它是创造主体在思维活动中根据自己的主观愿望和心理情绪，对未来和情感所进行的一种创造性思维。

(二) 幻想思维的特征

幻想往往与创造主体眼前的创造活动没有直接联系，它带有强烈的前瞻性和设想性，并且带有浓郁的主观和个人色彩。幻想可以使人思维超前、思路开阔、思绪奔放，因此它在创造活动中的作用是显而易见的，尤其是在创造活动的初期，更需要各种各样的幻想。

创造性思维允许并鼓励人们对事物进行各种各样的幻想。

(三) 幻想思维的作用

作为发明创造者，要改造世界，就应该具有幻想思维和幻想精神。幻想可以促使人们产生创造的欲望，可以激发人们上进的志气，也可以指明人们前进的方向。古代人们美好的幻想和愿望，如千里眼、顺风耳、可上九天揽月、可下五洋捉鳖等，现在都已成为现实。19世纪法国著名科幻作家儒勒·凡尔纳被称为"科学幻想小说之父"，曾著有《地心游记》《环绕月球》《海底两万里》《八十天环游地球》等不朽名著，其作品中所幻想的电视机、直升机、导弹、潜水艇、坦克、激光枪等物品，今天均已成为现实。

目前，元宇宙概念持续火爆，人们对其充满了美好的愿景，元宇宙在未来可能会在很多方面改变我们的生活方式，比如其在工业领域将有全新的发展。工业元宇宙是元宇宙的理念、技术、产品在工业领域中的应用。通过工业元宇宙，可以实现以虚强实，虚实融合，从而改变工业的生态体系。从技术方面看，与元宇宙相关的技术，包括工业互联网、物联网、5G网络、人工智能、大数据、云平台、区块链、建模技术、交互技术等，这些技术在工业领域都将得到广泛而深入的应用，而且这些技术的应用不仅仅是单元化应用，更强调集成化应用，从而给工业的供应链、生态系统、价值系统带来巨大的改变。而在元宇宙赛道，通常所述的社交平台、游戏平台、VR、AR、虚拟人、NFT艺术品在工业领域中也将得到多元化、个性化、品质化的应用，从而使工业与多个行业实现跨界融合，最终促进工业文明的蓬勃发展。

思考与实践

1. 请以小组为单位完成一篇关于企业创新的课程报告，报告内容包括：
(1) 什么是企业创新？
(2) 你如何理解企业创新？
(3) 请列举三个企业创新的案例，并分析其成功的原因。

2. 如何在学校开一家有竞争力的打印店/正装租赁店/咖啡奶茶店/报刊亭(4选1)。
要求：完成一份开店的具体方案，方案中包括市场现状分析、实际困难、解决方案，以及创新点等内容。

第 3 章
阻碍创新思维的因素

开篇案例 计算机键盘上的字母为什么这样排列

早在18世纪早期，人们就开始研制打字机，以期获得更清晰的文字和更快的书写速度。但是直到19世纪中后期，打字机才慢慢地流行起来。也就是在那个时期，各种各样的打字机开始充斥市场。

1868年，美国排字工克里斯托夫·拉森·肖尔斯获得了打字机模型专利，并取得了经营权。他于几年后设计出了通用至今的键盘布局方案，即"QWERTY"键盘。在刚开始的时候，肖尔斯是把键盘字母键的顺序按照字母表顺序安装的，也就是说，键盘左上角的字母顺序是"ABCDEF"。但是他很快发现，当打字员打字速度稍快一些的时候，相邻两个字母的长杆和字锤可能会卡在一起，从而发生"卡键"的故障。

据说为了解决这个难题，肖尔斯请他的妹夫——一名数学家和学校教师帮忙。这位数学家建议他把键盘上那些英语字母中最常用的连在一起的字母分开，以此来避免故障的发生。肖尔斯很乐意地采纳了这一解决办法，将字母杂乱无章地排列，最终形成了我们现在看到的"QWERTY"的布局。肖尔斯告诉公众，打字机键盘上的字母顺序这样排列是最科学的，可以加快打字速度。

但是，现在英国打字机发展史方面的权威人士认为，这是"有史以来最大的欺骗活动之一"。英国打字机博物馆馆长、《打字机世纪》一书的作者威尔弗雷德·A.比彻称"这种所谓科学安排以减少手指移动距离的说法，是彻头彻尾的谎言。""对字母的任何一种随机性的安排，都会比现在这种安排合理。"

但是这种键盘却最终流行起来，起因相当偶然。19世纪80年代，打字机市场开始繁荣起来，出现了很多键盘与"QWERTY"键盘竞争。而1888年7月25日在美国辛辛那提举行的一场打字比赛却确立了"QWERTY"打字机的地位，使其成为"通用键盘"。比赛中，一个来自盐湖城的法庭速记员麦古瑞使用"QWERTY"布局打字机和盲打方法，以绝对的优势获得冠军和500美元的奖金。历史的偶然性就这样决定了键盘的布局。打字机的键盘布局被用到了计算机键盘上，成为我们今天还在广泛使用的标准键盘布局。

曾经也有人提出了键盘排列的多种方式，但是由于人们已经习惯了"QWERTY"键盘，其他的键位排列方式并没有流行起来。现在就算是有打字更加快速的字母排列键盘，大家也不会选择，因为大家都已经习惯了。

(资料来源：根据网易新闻文章《知道电脑键盘上字母为什么这样排列吗》整理。)

思考：

1. 你是否能够定期检查自己固有的习惯？
2. 当某种习惯影响到你的学习和生活时，你能否加以改正？

创新思维是指经过对事物的观察、分析、综合、推理和想象，冲击原有的知识范畴，迸发出新的灵感，创造出新的成果，解决前人未曾解决的问题的过程。在创新思维的发展过程中，存在许多阻碍创新思维的因素，主要包括智力因素和非智力因素两大类。其中，智力在一定程度上来说是与生俱来的，它在生活中可以得到开发，但在一定程度上仍然存在差异。智力因素对创新思维的影响主要表现在认知能力和认知的误区方面，包括观察力和记忆力弱，想象力不够丰富，以及过分相信视觉等感觉，这些因素都会导致我们过分相信假设或是错觉，甚至把它们作为我们做事和行为的原则。非智力因素，包括守旧的观念、传统的教育体制和方式、传统的思维方式等客观因素，以及固定观念、思维定式、自我思维，以及思维障碍等主观因素。

第一节 阻碍创新思维的客观因素

创新需要一个鼓励创新的良好的社会环境。而我们生活在一种相对传统的社会环境中，学校的教育体制和家庭教育模式也都比较传统，造成了我们相对保守的思维模式，这些都在客观上严重抑制了创新。

一、守旧观念

中国古代传统社会的基本特征是以农业为主，以手工操作为主，信息闭塞，缺乏交流，社会主体是一元的而非多元的，所以极少发生横向之间的竞争，人们习惯于按照老规矩办事。在这种传统的社会风气下，创新思维是属于极少数天才和伟人的特权，而广大民众则不需要创新思维，只需要去理解和执行就可以了。而这些特征也或多或少对现代人的思想产生一定的影响，守旧观念对创新的影响主要表现在如下三个方面。

(一) 社会观念的影响

创新意识是创新思维产生的首要条件，但中国古代的统治阶级一直宣扬"天不变，道亦不变"的思想，并且这一思想也一直起着主导作用，于是，因循守旧变成了人们的行为典范，与之相应的，科考制度更是很少超出四书五经，这样就导致了大家只会死记硬背，这种一成不变的教育内容和学习方法严重阻碍了人们的创新思维，而长期以来，这种模式所起到的消极作用是不可忽视的，以至于现在我们的教育制度在某种程度上也会受传统社会观念的影响。

(二) 中庸思想的阻碍

儒家学派所宣传的"谦下不争""不敢为天下先"的中庸思想告诫人们要具有谦卑的心态，不断学习，它为民族的发展做出了不可磨灭的贡献。但是这种思想也否定了自我表现，使我们不敢表达与众不同的想法，致使整个社会缺少了产生创新思维的氛围，而自我表现恰恰是创新思维产生的必要条件。因此，儒家思想的中庸哲学在某种程度上阻碍了创新思维的发展。

(三) 忽视个性的氛围

中华民族一直都非常注重群体的发展，这固然是一种美德，也是值得提倡的，但长期以来，这种观念也使人们忽视了人的个性发展。随之而来的结果就是人们的主体性和独立性逐渐丧失，个性化受到阻碍，很多人越来越缺乏独立性和主体性，而个性却恰好是创新思维发展的基础条件。

二、传统教育体制和传统家庭教育模式

(一) 传统教育体制对创新的影响

传统教育注重书本知识，轻视甚至反对学生提出与之不同的观点或想法，从而扼杀了学生的创新意识。传统教育以教为中心，重权威、重灌输，学习基本建立在安静"倾听"的基础之上，学生处于被动接受的状态，这种教学模式严重阻碍了孩子们身心的自由发展。

在学习过程中学生表现为缺乏自主观念、独立思考能力、怀疑精神和创新意识。在师生关系上，学生表现出对教师权威的绝对尊崇，教师也习惯于扮演权威角色；在教

学过程中,部分教师动辄对学生发号施令,且习惯于向学生提问题,而不善于启发学生主动思考,主动发现问题、探索问题。当教学中出现问题时,教师也习惯于给出既定方案,让学生无条件遵从,而不善于在师生之间展开平等对话和民主商讨。可以说,这些都是传统师道尊严观念在现代教学中的延续与体现。这种教育方法不仅影响学生的身心健康,也会消磨他们对知识追求的自觉性和热情。

(二)传统家庭教育模式对创新的影响

中国传统的家庭教育模式强调听话,在对孩子的培养教育中,带有强烈的家长意识,有的家长批评孩子时不听孩子申辩,不容许孩子顶嘴,大人说话不许孩子插嘴。重人伦、重权威的传统价值观使孩子不仅在人格上依附于成人,而且使他们养成了对成人思想无条件认同的习惯,这就抑制了孩子的个性发展和思维创新。

案例 智能垃圾桶

最近很多人都在"同情"上海人,因为上海从 2019 年 7 月起执行了严格的垃圾分类政策。不同的垃圾究竟该扔在哪里,很多人搞不清楚。然而,很多人不知道的是,原来早在 2016 年,这个问题就被七名三年级的小学生解决了,他们发明了一款"智能垃圾桶"——只要你说出垃圾的名字,相对应的垃圾桶就会自动打开!

参与发明制作"智能垃圾桶"的任泊丞、郭晋平等 7 名孩子来自深圳南方科技大学实验小学创造力实验室,他们组成了一个小创客团队。

有一天,任泊丞看到小区垃圾桶里各种垃圾堆放在一起,并散发出臭味。他把这个问题和小伙伴们说了,大家觉得可以制作一个"智能垃圾桶"来解决垃圾分类的难题。

孩子们很快行动起来,首先是解决将垃圾归为几类的问题,他们不仅查阅了资料,而且每个人都将家里一个星期产生的生活垃圾进行收集、分类。通过"收集资料+实践分类"的方式,他们确定了垃圾的 4 个种类:可回收垃圾、厨余垃圾、有害垃圾、其他垃圾。确定垃圾归为几类之后,孩子们进行多次讨论,将方案进行了调整:制作 4 个垃圾桶,让 iPad 告诉你手中的垃圾应该扔到哪个垃圾桶里。

不过,iPad 如何识别垃圾呢?郭晋平说:"我们一开始设想的是形状的识别,但是很快就发现垃圾的形状太多了,很难被识别。然后又尝试了颜色识别,结果又失败了。我们最后使用了语音识别,而且建立了垃圾的名称库,这样就可以识别各种不同的垃圾了!"

每个垃圾桶上都有一个芯片作为信号接收装置，点击 iPad 上的 App，它会进行语音提示："请告诉我，垃圾是什么？我帮您分类。"然后输入语音，系统识别垃圾类型，iPad 通过蓝牙向垃圾桶发出指令，对应的垃圾桶就会打开。

"智能垃圾桶"从创意的构思到最后作品的完成，经历了一个月的时间。孩子们在这个过程中，完成了绘制草图、制作垃圾桶、建立数据库、设计 App 等一系列工作。作品完成之后，他们都成了垃圾分类的小专家，在学校里和同学们分享和展示作品的时候，孩子们常常特别强调："我们的生活需要进行垃圾分类，希望大家一起参与垃圾分类！"

如今这个发明项目一下变成"网红"！很多网友前来求购买链接，孩子们为这款"智能垃圾桶"进行了专利注册，甚至已经有垃圾桶生产厂家找他们谈专利购买。现在，创客团队的孩子们在老师的指导下，正在对 App 进行升级。他们尝试让 App 的数据库可以自动更新，以应对不同城市的垃圾分类标准；同时，他们也希望对垃圾桶进行更简单、更低成本的改造。

（资料来源：根据《人民日报》文章《"你是什么垃圾？"这难题居然被几个小学生解决了，还拿了专利》整理。）

第二节 阻碍创新思维的主观因素

由于创新思维的本质在于对现有思维方式的超越，因此这就决定了阻碍思维创新的主要因素必然来自于被超越者——思维方式本身。阻碍思维创新的主要因素包括固定观念、思维定式和思维障碍等。

一、固定观念

观念是内化于人脑潜意识中的观点和认识。人们在生活中，反复地运用某种观点、某种认识去思考、评价问题，经过多次重复，久而久之，这些观点和认识被积淀到大脑深层意识之中而达到"无意识""下意识"的状态，这就形成了固定观念。由于观念是人的思维长期积淀的结果，所以它一旦形成，就具有相对的稳固性和不易更改性。

二、思维定式

(一) 思维定式概述

思维是一种复杂的心理现象，是人体大脑的一种能力。思维定式就是一种思维模式，是存在于头脑当中的认知框架。在现实生活中，人的头脑中随时会遇到各种信息，各种事物和问题，而人们在筛选信息、分析问题、做出决策时，总是自觉不自觉地沿着过去所熟悉的方向和路径进行思考，而不愿意另辟新径，这就是所谓的思维定式。它阻碍了思维的开放性和灵活性，造成思维的僵化和呆板。这使得人们不能灵活运用知识，创造性思维的发展受到阻碍。

从另一个角度讲，也可以说思维定式是思维的惯性，或思维的惰性。思维定式是每个人通过不断的学习和实践而形成的，所以思维定式具有明显的个体性。

从本质上来说，思维定式是由主体头脑当中一些起基础性作用的影响深远的要素——知识、经验、观念、方法产生，所以它的作用时效比较长、范围广，因而思维定式会伴随着我们的学习和实践变化、发展，但是却不那么容易摆脱，甚至可以说，主体无法摆脱思维定式，因为它与主体的知识、经验、观念、方法同在。

> **案例　拿破仑的象棋**
>
> 拿破仑被流放到圣赫勒拿岛后，他的一位善于谋略的密友通过秘密方式给他捎来一副用象牙和软玉制成的国际象棋。拿破仑爱不释手，从此一个人默默下起了象棋，打发着寂寞痛苦的时光。象棋被摸光滑了，他的生命也走到了尽头。
>
> 拿破仑死后，这副象棋经过多次转手拍卖。后来一个拥有者偶然发现，有一枚棋子的底部居然可以打开，里面塞有一张如何逃出圣赫勒拿岛的详细计划。
>
> (资料来源：根据百度文库文章《思维定式的例子，天才也需要突破思维的障碍》整理。)

(二) 思维定式的作用

1. 思维定式的积极作用

思维定式是一种按常规处理问题的思维方式。它对于解决经验范围以内的一般性的、常规性的问题有积极的作用。它可以使人们熟练地运用以往的经验，驾轻就熟，简洁、快速地处理问题，从而具有很高的效率。在日常生活中，思维定式可以帮助我们解决每天碰到的 90% 以上的问题。

2. 思维定式的消极作用

当一个问题的条件发生质的变化时，思维定式会使解题者墨守成规，难以涌出新思路、做出新决策，造成知识和经验的负迁移。

思维定式所强调的是事物间的相似性和不变性。在问题解决过程中，它是一种"以不变应万变"的思维策略。所以，当新问题相对于旧问题，相似性起主导作用时，由旧问题的求解所形成的思维定式往往有助于新问题的解决。而当新问题相对于旧问题，差异性起主导作用时，思维定式就会变成"思维枷锁"，阻碍新观念、新点子的构想，同时也阻碍头脑对新知识的吸收。

案例 盲人的手势

阿西莫夫是世界上著名的科普作家。他曾经讲过一个关于自己的故事。

他从小就天资过人，年轻时多次参加"智商测试"，得分总在 160 左右，属于"天赋极高"之人。有一次，他遇到一位汽车修理工，修理工对阿西莫夫说："嗨，博士，我来考考你的智力，出一道思考题，看你能不能正确回答。"阿西莫夫点头同意。修理工便开始出题："有一位聋哑人，想买几根钉子，就来到五金商店对售货员做了这样一个手势：左手食指立在柜台上，右手握拳做出敲击的样子。售货员见状，先给他拿来一把锤子，聋哑人摇摇头，于是售货员就明白了，他想买的是钉子。聋哑人买好钉子，刚走出商店，接着进来一位盲人，这位盲人想买一把剪刀，请问：盲人将会怎样做？"阿西莫夫顺口答道："盲人肯定会这样……"他伸出食指和中指，做出剪刀的形状。听了阿西莫夫的回答，汽车修理工笑了起来："哈哈，答错了吧！盲人想买剪刀，只需开口说'我买剪刀'就行了，他干吗要做手势呀？"阿西莫夫只得承认自己的回答很愚蠢。而那位修理工在考他之前就认定他肯定会答错，因为阿西莫夫"所受的教育太多了，肯定会按惯性思维思考"。

（资料来源：根据瞧这网文章《阿西莫夫的故事——惯性思维》整理。）

（三）思维定式的类型

思维定式包含多种类型，主要有经验思维定式、从众思维定式、权威思维定式和书本思维定式和自我中心型思维定式等。

1. 经验思维定式

经验思维又称日常思维或表象思维。经验思维定式是人把握自身与世界关系的最普遍、最基本的方式。经验常识、风俗习惯等是经验思维的主要内容，人们在经验常识和风俗习惯的表象中认识世界，自发地领悟人与世界的关系。经验思维定式与一个人所继承的社会文化传统和个人的独特生活经历有很大关系。它一旦形成，就具有很大的惯性，很难改变。

1) 经验思维的积极作用

经验思维定式的积极作用在于，用来处理日常事务和一般问题时，能够驾轻就熟，得心应手，使问题得到较快解决，比如许多工作岗位都要求应聘者有一定的工作经验。

2) 经验思维的局限性

(1) 经验思维具有模糊性。所谓模糊性并非指经验思维不能使人获得确定性的认识，而是指在这种思维方式支配下，人们所获得的认识是零碎而杂乱的，缺乏自觉性、系统性的因素，无法真正领会事物的本质。

(2) 经验思维具有局限性。日常经验和习惯是在人们的漫长生活实践中凝结在人的意识中的积淀物。在社会历史的延续中或通过行为模仿，或通过意会言传，甚至通过自然遗传而传递下来，随着人类生活广度和深度的扩展而不断充实和演变。然而从逻辑的角度看，这并不能改变经验的本质，量的增加并不表明一定会发生质的飞跃。经验思维方式仍然仅对日常生活有效，而一旦超过这个范围，踏入广阔的研究领域，就可能会发生惊人的变故。

(3) 经验思维具有非批判性。所谓非批判性是指经验思维本质上不具有自我批判、自我反思和自我超越的能力。在经验思维方式支配下，人们的一切认知和评价活动都被纳入人的经验常识和传统习惯的知识结构和情感模式中去理解，其结果往往只是经验的量的增加而非质的突破和飞跃。在经验思维方式的支配下，日常经验和习惯等往往在人的思维过程中本能地发挥作用，自发地在思维过程中处理着人与世界的关系。

(4) 经验思维具有狭隘性。首先表现为时空狭隘性，在一定时间范围内产生，超出这个范围，经验便不一定能奏效；其次表现为主体狭隘性，每一个思维主体，不管经验多么丰富，没有经历过的事依旧无穷多，如果单凭已有经验推断，其结果大多是错误的；最后，经验思维在内容上仅仅是抓住了常见的东西，而忽略了偶然性。

正因为经验思维具有这些局限性，当我们面临新情况、新问题而需要开拓创新时，它就会变成思维枷锁，阻碍新观念、新点子的构想，阻碍头脑对新知识的吸收。

3) 经验思维与创新思维的关系

经验与创新思维有着极其微妙的关系：一方面，随着时间的推移，我们的经验具有不断增长、不断更新的特点，从而有可能经过经验间的比较来增长见识、开阔眼界，从而使创新思维能力得到提高。某些时候经验本身就意味着新创意。另一方面，经验又具有相对稳定性，因而又有可能导致人们对经验的过分依赖甚至崇拜，形成固定的思维模式，结果会削弱头脑的想象力，致使创新力下降。

案例 不再攻击的鲨鱼

美国一位科学家在海洋馆里做了一个实验，他用玻璃板把一条具有攻击性的鲨鱼和一条小鱼隔开。刚开始，这条鲨鱼不断撞击玻璃，企图捕食隔壁的小鱼。无奈，玻璃隔板太坚硬，无论它怎么发威，玻璃隔板丝毫未损。攻击了一段时间之后，它便放弃了。于是，科学家便悄悄把隔板移开。意想不到的是，鲨鱼再也没有攻击过小鱼，它们都温和地在各自的领域活动，互不侵犯。

这个实验正如在现实生活中，当我们长期处于某个环境，多次重复某一活动或反复思考同类问题时，会根据以往的知识和经验积累，逐渐形成一种判断事物的思维方式和固定倾向，从而形成"经验思维定式"。

(资料来源：根据搜狐文章《唯有变革思维，才能为你赢得未来》整理。)

2. 从众思维定式

关于从众心理的研究，最早是在社会心理学领域，从众属于社会影响范畴，是一种普遍存在的社会现象。从众心理是指当个体的意见和行为与群体的意见和行为不一致时，个体受到群体的影响（引导或施加的压力）时，由于自身的智力、情感、直觉、意志、欲望等因素的影响，会怀疑自己的观点、态度、判断和行为，而朝着群体中大多数人的方向变化，以便与多数人的倾向保持一致，也就是通常讲的"随大流"。

1) 从众心理的阶段

从众心理的产生主要有如下三个阶段。首先是依从。依从是态度形成的开始，个体往往按照他人意愿、社会规范或社会法律在外显行为方面表现得与群体中多数人的倾向一致，从而避免惩罚，以获得奖励。此时个体受外因的控制而选择从众，这时的从众只是表面的、暂时的权宜从众。其次为认同。认同是个体自愿接受他人的观点、意见或群体规范，使自己的意见与行为与他人一致。在这一阶段，个体由于受到态度对象的吸引，主动保持与大多数人的意见或行为一致，不再受外部控制的影响。情感因素在认同阶段起着非常显著的作用，认同取决于态度对象对个体的吸引力。最后是内化。内化是态度形成的最后阶段，当个体从内心相信他人的观点、接受他人的观点，并将其纳入自己的态度体系，使他人的观点成为自己态度体系的组成部分时，便是真的从众。

2) 从众心理产生的原因

从众心理产生的原因有很多，性别、年龄、生活经历等都会对个体的心理产生影响。不同类型的人，从众行为的程度也不一样。一般来说，女性从众多于男性；性格内向自卑的人多于外向自信的人；文化程度低的人多于文化程度高的人；年龄小的人多于年龄大的人；社会阅历浅的人多于社会阅历丰富的人。造成从众行为的原因主要有以下几个方面。

(1) 少数服从多数思想意识的影响。"人多"本身就是具有说服力的一个明证，很少有人能够在众口一词的情况下还坚持自己的不同意见。从众行为是对多数人行为尤为信任的一种体现，即"少数服从多数"。在不了解实际的情况下人们总是选择到客人多的商店去买东西。

(2) 心理压力因素的影响。在一个团体内，谁做出与众不同的行为，谁就会招致"背叛"的嫌疑，会被其他成员孤立，甚至受到严重的惩罚。因而团体内成员的行为往往高度一致。美国霍桑工厂的实验很好地说明了这一点：工人们对自己每天的工作量都有一个标准，完成这些工作量后，就会明显地松弛下来。因为任何人超额完成都可能使管理人员提高工作量定额，所以，没有任何人去打破日常标准。这样，一个人干得太多，就等于冒犯了众人；但干得太少，又有"磨洋工"的嫌疑。因此，任何干得太多或者太少的人都会被提醒，而任何一个人冒犯了众人，都有可能被抛弃。为了免遭抛弃，人们就会采取"随大流"的做法，而不会去"冒天下之大不韪"。

(3) 心理不确定性需求的影响。作为社会个体从事任何行为，所面临的约束条件有两种情况：一种是确定性；另一种是不确定性。在满足确定性的条件下，从众行为就不存在了。因为情况是确定和清楚的，不用去从众。例如，某人已经确定要买一辆宝来车，在这种情况下就不存在从众心理了。如果情况是不确定的，从众心理就容易出现。例如，某人想买一辆车，但还没有确定买什么样的车，他就会看看周围的大多数人买的是什么样的车，然后再做决定，这时，从众行为就容易产生。这就是不确定性心理因素对从众行为的影响。

(4) 恐惧心理的影响。在群体中，由于个体不愿因标新立异、与众不同而感到孤立，因此当他的行为、态度与意见同别人一致时，会有"没有错"的安全感。从众源于一种群体对自己的无形压力，迫使一些成员违心地产生与自己意愿相反的行为。正所谓"人怕出名猪怕壮""枪打出头鸟"，这些俗语提醒人们，如果你偏离群体过多，会面临群体的压力乃至严厉制裁。对于同多数人保持一致的人，其他人的反应是喜欢、接受和优待；对于个别不同的行为，人们多数情况下会显示出厌恶、拒绝甚至有时还会整治一下。因此，任何人对多数人行为的偏离都要冒一定的风险。在日常生活中，许多人实际上已经养成了一种尽可能跟从多数人的习惯。

3) 从众思维的利弊

从众思维的好处在于它使人有一种归属感和安全感，是一种比较保险的处事态度。但是，它使人习惯于"以众人的是非为是非"，这样久而久之，就必然使人缺乏独立性，妨碍创新思维产生。

从某种角度来说，从众行为是必要的。社会生活需要相互合作，如果没有一致的行为，社会组织将崩溃。况且，在特定的情况下，当你茫然不知所措时，仿效他人的行为和见解也不失为一种权宜之计。

然而，从众行为却牺牲了我们的个性，妨碍了我们产生新的创见，压抑了个人的独创精神，特别是当这种一致性要求达到相当的程度时，必然对人的实践行为、情感态度乃至思想和价值观产生影响。所以，从一定意义上说，从众行为和附和态度不利于形成创新思维，而独立思考的个性却有助于发展创造力。

案例 毛毛虫试验

法国科学家约翰·法伯曾做过一个著名的"毛毛虫试验"。他发现毛毛虫有一种"跟随"的习性，总是盲目地跟着前面的毛毛虫走。约翰·法伯把若干只毛毛虫放在一个花盆的边缘上，使它们首尾相接，围成一圈。这些毛毛虫开始动了，像一个长长的游行队伍，没有头，没有尾。约翰·法伯在毛毛虫周围不到6英寸的地方，撒上了它们喜欢吃的松叶，但这些毛毛虫要想吃上这些松叶就要解散队伍，不再一条接一条地前进。

一个小时过去了，一天过去了，毛毛虫还是不停地、坚韧地团团转。一连走了七天七夜，终因饥饿和筋疲力尽而死去。其中，只要任何一只毛毛虫稍稍与众不同就会吃上松叶而不致饿死。

（资料来源：根据搜狐文章《唯有变革思维，才能为你赢得未来》整理。）

> **拓展阅读** »
>
> **现实生活中的从众思维定式**
>
> **跟着别人闯红灯**：你一向是个遵守交通规则的人，遇到红灯时肯定会停下来，过马路时肯定要走斑马线。但是很多次，当你过马路的时候，看到大家都不走斑马线，而且闯红灯的人越来越多，于是，你也就跟着大家一起，而不遵守交通规则了。
>
> **抢购商品**：你到某商场购物，本来你看好了自己喜欢的某个物品，但在你刚打算购买的时候，却发现相邻的另一品牌商店前集聚的顾客更多。于是，你会情不自禁地怀疑自己的选择。当听到顾客们说另一品牌的物品更好时，你会不由自主地改变当初的主意，跟大家一起走向另一品牌商店，而放弃开始的选择。

3. 权威思维定式

权威是指威望及具有支配作用的力量，它不是以暴力与强权为基础的，而是以对权威及权威者的自愿服从为基础，权威的存在有赖于服从者发自内心对权威的信任。

1) 权威思维定式产生的原因

权威思维定式主要来源于两个方面，一是来自于教育权威；二是来自于专业权威和思想权威、政治权威等。

大多数人会在长期的学习、工作和生活中，逐渐形成对权威的尊敬甚至崇拜，这是因为权威或是领导，或是长辈，或是专家，社会舆论也经常对有学问、有经验的人广为宣传，使他们的名望更高。尊重权威当然没有什么错，但一切都按照权威的意见办事，不敢怀疑权威的理论或观点，不敢逾越权威半步，就成为创新思维形成的极大障碍。权威的意见只是在一定时间、一定范围内是正确的，而只有实践才是检验真理的唯一标准。

2) 权威思维的利弊

权威思维定式在日常思维中有积极意义，它为我们节省了时间和精力，拿来就用，且行之有效。但是，权威思维定式显然会束缚人的创新思维，特别在需要推陈出新的时候，人的思维往往难以突破权威的束缚，总是被权威牵着鼻子走，使人失去了独立思考的能力。

我们应该尊重权威并虚心向权威学习，但是绝不能迷信权威，而要有挑战权威的决心和信心。

案例　袁隆平和杂交水稻

1953年，袁隆平毕业于西南农学院，为了让人民不再挨饿，他挑战权威，发现了水稻雄性不育系。当时，米丘林、李森科的"无性杂交"学说——"无性杂交可以改良品种，创造新品种"的传统论断被科学界公认。袁隆平继续做了许多试验，依然没有任何头绪。他开始怀疑"无性杂交"的一贯正确性，决定改变方向，沿着当时被批判的孟德尔、摩尔根遗传基因和染色体学说进行探索，研究水稻杂交。而在当时，作为自花授粉的水稻被认为根本没有杂交优势。

1960年7月，盛夏的一天，在安江农校实习农场的早稻田中，袁隆平像往常一样下课后挽起裤腿到稻田查看。突然，他发现了一株植株高大、颗粒饱满的水稻"鹤立鸡群"。他如获至宝，马上用布条加以标记，反复观察，并采集花药进行镜检。

第二年，他把收获的种子种下去，结果长出的水稻高的高、矮的矮。"当时我非常失望地坐在田埂上……突然灵感来了，水稻是自花授粉的，不会出现性状分离，所以这一定是个天然杂交种！"

袁隆平马上想到，把雌雄同蕊的水稻雄花人工去除，授以另一个品种的花粉，就能得到有杂交优势的种子了！但单凭人力不可能大量生产这样的种子，如果专门培育一种雄花退化的水稻，将其和其他的品种混种在一起，用竹竿一赶花粉就落在雌花上了，就能大量生产杂交稻种了！

想到这里，袁隆平欣喜若狂，也更加充满信心。接下来几年，每当水稻扬花吐穗的时候，他都拿着放大镜，顶着烈日在田间苦苦寻觅。1964年7月5日，他在安江农校实习农场的洞庭早籼稻田中找到一株奇异的"天然雄性不育株"，这在国内属首次发现。经人工授粉，结出了数百粒第一代雄性不育材料的种子。

1965年7月，袁隆平又在安江农校附近稻田的南特号、早粳4号、胜利籼等品种中，逐穗检查14 000多个稻穗，连同上年发现的不育株，共计找到6株。经过连续两年春播与翻秋，共有4株繁殖了1~2代。

1966年2月28日，袁隆平发表第一篇论文《水稻的雄性不育性》，刊登在中国科学院主编的《科学通报》上。这是他关于杂交水稻的第一篇论文，直击禁区。

后来回想起那一切，袁隆平深有感触地说："在研究杂交水稻的实践中，我深深地体会到，作为一名科技工作者，要尊重权威但不迷信权威，要多读书但不能迷信书本，也不能害怕冷嘲热讽，害怕标新立异。如果老是迷信这个迷信那个，害怕这个害怕那个，那永远也创不了新，永远只能跟在别人后面。科技创新既需要仁者的胸怀、智者的头脑，更需要勇者的胆识、志者的坚韧。我们就是要敢想敢做敢坚持，相信自己能够依靠科技的力量和自己的本事自主创新，做科技创新的领跑人，这样才会取得成功。"

（资料来源：根据微信公众号文章《大功至伟袁隆平：我是人民农学家》整理。）

拓展阅读

权威也会犯错误

20世纪最伟大的科学家爱因斯坦曾竭力反对玻尔等人提出的量子力学统计解释，他也断言过"几乎没有任何迹象表明能从原子中获得能量。"核物理学奠基人之一的艾·卢瑟福也曾表示"谁企图研究从原子转换中获得能量，那他是在干一件荒唐的事。"19世纪末担任英国皇家学会会长的洛德·开尔文是一位极富革新精神的物理学家，但晚年却宣称"X射线将会被证明是一种欺骗""无线电没有前途"。海王星的发现者西蒙·纽科姆曾断言"空中飞行是人类永远无法解决的问题。"

1956年6月，李政道、杨振宁在《物理评论》杂志上提出"弱相互作用下宇称不守恒"，当时遭到了不少权威的反对；1954年获诺贝尔奖的泡利愿押任何数目的钱来赌"宇称一定是守恒的"，他认为做此实验是浪费时间，不会有结果；1952年获诺贝尔奖的布洛克则说"宇称在弱相互作用下不守恒能得到实验证明，我愿意吃掉我的帽子。"

1970年，人们认为基本粒子都可归纳为三种夸克。丁肇中对此表示怀疑，想进行有关的实验，却遭到几乎所有国家大型实验室的反对。1972—1974年，丁肇中等最终发现了一种全新的夸克。

著名企业家兼技术专家犯错误的例子也不少。发明磁芯存储器，并开创文字处理器时代的王安，晚年因跟不上开放式潮流而破产；敢于挑战IBM，于20世纪60年代建立小型计算机王国的DEC创始人奥尔森，晚年却认为"计算机是不该出现的怪胎";"巨型计算机之父"克雷晚年跟不上大规模并行计算的潮流而破产;以太网的发明人梅特卡夫曾打赌"互联网在 2000 年前会出现瘫痪"。

曾任英国皇家学会会长,1904 年诺贝尔奖得主瑞利曾发誓"60 岁以后不对任何新思想发表意见",这大概是因为他年轻时受到权威们的压制而引起的想法。有一句名言也许是有道理的:"当一位杰出的老科学家说什么是可能的时候,他差不多总是对的;但当他说什么是不可能的时候,他差不多总是错的。"

(资料来源:王选. 破除对权威的迷信勇于创新 [J]. 民主与科学,2003(12):3-4.)

4. 书本思维定式

许多人认为,一个人的书本知识读多了,比如上了大学,读了硕士、博士,就必然有很强的创新能力。还有的人认为,书本上写了的,就都是正确的,遇到难题先查书,如果自己发现的情况与书本上不一样那就是自己错了。在这种认识的指导下,书上没有说的不敢做,书上说不能做的更不敢做;读书比自己多的人说的话完全相信,一点也不敢怀疑。这种对于书本的迷信阻碍了人们去纠正前人的失误、探索新的领域。我们把这种由于对书本知识过分相信而不能突破和创新的思维称为书本型思维障碍。

1) 书本思维的积极作用

书本中有系统化、理论化的知识,是千百年来人类经验和体悟的结晶。书也是人类最伟大的发明之一,有了书本,我们可以从中获得知识和经验;可以将更多的知识、经验、观念和价值体系传递给下一代;可以在方寸之间向全世界古往今来的伟人和名人求教;可以从中体悟人生的真谛,陶冶自己的情操。

2) 书本思维的局限性

书本知识是经过头脑思维的加工之后形成的一般性的东西,它往往表示一种理想的状况而不是实际存在的状况。而现实世界则是由无数个别事物构成,其中每个事物都具有无数属性,每个事物和每种属性又不停地发生变化。在处理问题时,如果忽视这种差异,不视实际情况而定,不加思考地盲目运用书本知识,一切从书本出发,以书本为纲,那么书本知识也可能对我们产生错误影响。

> **案例　纸上谈兵的故事**
>
> 战国时期，赵国有一员大将名叫赵奢，他屡立战功，被封为马服君。赵奢的儿子名叫赵括，他小时候就学习兵法，谈论用兵打仗的事头头是道，赵括曾经跟他的父亲赵奢议论过用兵打仗的事，赵奢不能驳倒他，但也不说他好。赵括的母亲觉得很奇怪就问赵奢其中的原因，赵奢很担忧地说："打仗，是生死攸关的事，儿子虽然熟读兵法，但是没有实战经验，只会纸上谈兵，将来若是率军打仗，恐怕会惨败。"后来有一次，秦国派白起为将，统率百万雄兵讨伐赵国。赵国命大将廉颇也率四十万大军在长平阻击秦军。廉颇知道秦军人马众多，粮草运输困难，不利久战。他命令赵军据险固守，以便让秦兵不战自退。秦赵两国军队在长平相峙许久，仍然不能有所突破，白起无计可施，眼看粮草接济不上，急得六神无主。于是，有将士献计让他派人到赵国散布流言，说秦军根本不怕廉颇，最怕的是赵括。赵王不知是计，立即命赵括为将，代替廉颇。蔺相如等人极力反对，但赵王坚持。赵括到了前线，全部变更了军法，轻率地任用军官，用书上所学的理论与秦军展开正面交锋，结果因为不懂变通中了秦军的埋伏，四十余万赵军全部被俘，后被白起设计坑杀。赵国元气大伤，不久便被秦将王翦灭掉。
>
> （资料来源：赵括纸上谈兵的故事 [EB/OL]. (2020-04-30). https://www.531761.com/info/5902.）

5. 自我中心型思维定式

在日常思维活动中，人们自觉或不自觉地按照自己的观念、站在自己的立场、用自己的目光去思考别人乃至整个世界，由此，产生了自我中心型的思维定式。

1) 自我中心型思维产生的原因

个体都是从自然人开始，逐渐进行社会化的过程，这个过程就是自我意识产生且渐渐固化的过程，最终形成自我价值观、世界观和人生观。因此，我们可以从三个方面理解自我中心思维：一是本能必然的思维方式，类似生理自我需要；二是社会角色的思维方式，类似社会自我需要；三是心理成长的思维方式，类似心理自我需要。这种自我中心思维模式，源自本性，形成于社会，最终定型个人观点，但是容易容不得别人的观点，由此产生了自我中心型的思维定式。

2) 自我中心型思维的局限性

"自我中心"的核心是自利性或利己性。因为所有的自我主体，都有属于自我的客观需要或利益，或者说所有的"自我主体"都是在特定的需要或利益"武装"下的社会存在者。自我在与他人及与自然的交往中,始终遵循着趋利避害的原则或定律,对自我需要和利益的满足与追求,是天经地义、客观必然的。

在这种思维定式的束缚下,个人的思考以自己为中心,一个团体的思考也习惯性地以本团体为中心,一个国家或民族的人则习惯以本国本民族为中心,而整个人类同样也跳不出"人类中心主义"的小圈子。

自我中心主义是当今社会及其发展过程中比较稳定且普遍发生着深层次作用的一种价值理念。在观念方面,自我中心主义使人们形成了相对稳定的极端利己型的思维准则;在实践操作方面,自我中心主义在目标的确立、方案的制订、手段的选择等方面都以自我利益的追求为前提或基础;在制度方面,自我中心主义总是基于最大化地追求自我利益的角度来进行制度设计或安排。

无论是哪种形式、哪个层面的自我中心型思维,都会产生思维定式,阻碍创新思维形成。因此必须跳出这种思维定式,运用"同理心",理解"自我"之外的其他观念和事物,提升创造性思维的水平。

案例 军令在传递

据说,美军1910年的一次部队命令传递是这样的——

营长对值班军官说:"明晚大约8点钟,哈雷彗星将可能在这个地区看到。这种彗星,每隔76年才能看见一次,命令所有士兵穿着野战服在操场上集合,我将向他们解释这一罕见的天文现象,如果下雨的话,就在礼堂集合,我为他们放一部有关彗星的影片。"

值班军官对连长说:"根据营长的命令,明晚8点每隔76年才能看到一次的哈雷彗星将在操场上空出现,如果下雨的话,就让士兵穿着野战服,列队前往礼堂,这一罕见的现象将在那里出现。"

连长对排长说:"根据营长的命令,明晚8点,非凡的哈雷彗星将身穿野战服在礼堂中出现。如果操场上下雨,营长将下达另一个命令,这种命令每隔76年才会出现一次。"

排长对班长说:"明晚8点营长将带着哈雷彗星在礼堂中出现,这是每隔76年才有的事。如果下雨的话,营长将命令彗星穿上野战服到操场上去。"

班长对士兵:"在明晚8点下雨的时候,著名的76岁哈雷将军,将在营长的陪同下身着野战服开着他那彗星牌汽车,经过操场前往礼堂。"

(资料来源:根据个人图书馆文章《哈雷彗星与将军》整理。)

三、思维障碍

(一) 思维障碍概述

客观事物是复杂的,而人的大脑思维有一个特点,一旦沿着一定的方向、按一定的次序去思考,久而久之,大脑中就形成一种惯性,以后遇到类似的问题或表面看起来相同的问题,就会不由自主地按照原来的方向或次序去思考,这就是思维惯性。多次以这种思维惯性来对待客观事物,就形成了非常固定的思维模式——思维定式。思维惯性和思维定式共同作用就形成了思维障碍。思维障碍阻碍了我们创造性地解决问题,对于创新是非常不利的。

> **案例　大象的悲剧**
>
> 一家马戏团突然失火,人们四处逃窜,所幸没有人员伤亡。但令马戏团老板伤心和不解的是:那只值钱的大象却被活活地烧死了。
>
> "这怎么可能呢?拴住大象的仅仅是一条细绳和一根小木棍啊!"老板怎么也想不通。
>
> 通常,没有表演节目时,马戏团人员会用一条绳子绑在大象的右后腿,然后绑在一根插在地上的小木棍上,以避免大象逃跑。不过以大象的力量,可用长鼻子卷起大树,拖拉巨大的木材,为什么它却乖乖地站在那里被烧死了呢?
>
> 原来,当这头大象被捕捉时它还很小,马戏团害怕它会逃跑,便以铁链锁住它的脚,然后绑在一棵大树上。每当大象企图逃跑时,它的脚就会被铁链磨得疼痛、流血,经过无数次的尝试后,它都无法成功逃脱。于是在它的脑海中形成了有条绳子绑在它的脚上,它永远无法逃脱的印象。因此,当它长大后,虽然绑在脚上的只是一条小绳子,但它也不会再尝试挣脱了。
>
> (资料来源:根据百度文库文章《创新思维的障碍:定式思维》整理。)

(二) 产生思维障碍的原因

1. 知识贫乏

知识分为两类,一种是书本上的知识,另一种则是生活中的、实用性的知识,即知识的构成一方面是书本中的知识,如一般性知识、专业知识等,另一方面,是来源于现实生活中经验的总结,如工作中的知识、生活中的知识等。所以如果知识贫乏,缺少对生活的观察，则会缺少思维创新的基础，这对于从事任何一项工作都是不利的。

2. 偏见

偏见主要包括利益偏见和位置偏见。利益偏见是指对公正所产生的一种无意识的微妙偏离，就如父母都认为自己的孩子是最好的，这就是典型的利益偏见思维模式。位置偏见指的是因所处的位置而无意识地产生微妙的偏离。我们往往会因为所处位置的不同，而对事物做出不同的判断，正如"盲人摸象"中的盲人，当他的双手触及大象身体的某部位时，由于视力上的障碍，他就以为自己已经获得了大象整体的形状概念，因此形成了偏见。

3. 封闭性思维

封闭性思维的人在面对新的变化时，他们是非常抗拒的；他们喜欢过去的生活、墨守成规的生活；他们害怕改变，抗拒改变。所以面对新问题的时候，封闭性思维的人总是被自己的思维所束缚，局限在自己过去的圈子里，最终往往无法解决问题。

4. 线性思维

线性思维即线性思维方式，是把认识停留在对事物质的抽象而不是本质的抽象，并以这样的抽象为认识出发点，片面的、直线的、直观的思维方式。线性思维的特点就是习惯于将多元问题变为一元问题。而在现实生活中，往往是多元问题居多，将复杂的多元问题都归结为一个简单的一元问题来处理，势必会碰壁。

5. 惰性思维

惰性思维是指人们习惯于用老的眼光来看待新的问题，用旧的概念去解释新的现象，是人类思维深处保守力量的体现。惰性思维的人总是被动地应付着去解决问题，却不愿意主动去发现一些新的问题，不愿去尝试，不敢去冒险，也就错失了大好的时机，其潜能也被埋没了。

案例 微信，用创造的力量改变世界

微信作为一个平台的原动力，就是"让创造者体现价值"，微信所有产品的目的都是帮助那些真正在创造价值的人，并让他们获得相应的回报。微信是中国互联网世界级的创新产品。人们早已把自己的社交、工作、日常生活搬到了微信上。

斯坦福大学管理科学与工程系教授谢德荪（Edison Tse）在《重新定义创新》里指出，微信的出现"改变了人们的沟通方式和生活方式"。微信为创造者提供

了自由的空间和土壤，让很小的个体也可以拥有自己的品牌，散发属于自己的光彩。微信仿佛成为这些创造者的一个"支点"，帮助他们实现了从0到1，接下来他们要创造的是从1到∞。

微信除了为创造者提供开放的创作环境，给用户源源不断地提供优质内容，也为商业品牌的创新提供技术赋能，让它们更好地与用户连接、互动。微信要做的是"建立简单的规则，然后让这个世界演化"。从一开始，微信就奠定了"去中心化"的原则，官方从未推荐过一个公众号，也没有认证过大V，更没有搞过任何公众号、小程序排行榜。在千万个创造者中突围而出的人，靠的都是内容和产品的创造力和影响力。

总有人在互联网上质疑腾讯的创新基因，质疑者往往只能追溯到微信的缘起，但时至今日，你已经很难在互联网世界里找到一款与微信相似的应用。大家离不开它，因为在微信世界里人们可以各得其所，创造属于自己的价值。你也可以"用完即走"，微信一直试图创造一个与用户之间舒适的"距离"，这种努力难能可贵。

创造比创新更普适，回顾中国互联网的发展历程，从"Copy to China"到"Copy from China"，每一次革命性的改变，归根到底都是因为创造和创新的力量，一步一步地打破了空间、时间、人际、线上与线下的阻隔，把选择的权利、创造的自由还给个体。从那句来自程序员的"Hello World"，到微信创造者的每一篇推送、每一次互动、每一个产品，变的是传播的介质和技术，不变的是散落在地球上无数个角落里的我们通过互联网看世界的那种渴望。

这个时代最幸运的是，从打开微信的那一刻，世界就给了我们更多可能性。

（资料来源：根据新周刊文章《微信，用创造的力量改变世界》整理。）

思考与实践

1. 如今，人们的工作、生活已经离不开微信，请列举出目前你在微信使用过程中的痛点，并提出改进方案，从而帮助微信用户获得更好的使用体验。

2. 现在慕课已经成为不同年龄、不同职业群体在线学习的重要渠道，请列举出慕课学习的痛点，并提出改进方案，从而帮助用户提高学习效率，改善学习体验。

第 4 章
创新思维的培养

开篇案例 哔哩哔哩视频网站的创新成长之路

1. 背景信息

哔哩哔哩(英文名称为 bilibili)视频网站于 2009 年 6 月 26 日创建,被其用户简称"B 站"。B 站是一个 ACG(动画、漫画、游戏)内容创作与分享的视频网站。

初期,B 站是一个连公司都没注册的小众网络社区,网站也没有盈利,被早期用户戏称为"小破站"。不过很快,资本力量开始瞄准这个潜力巨大的网络社区。从 2011 年至 2015 年,B 站顺利完成多轮融资。在资本助推之下,B 站通过购买各类知名正版"番剧",吸引了大量用户。

2014 年,B 站现任 CEO 陈睿以合伙人身份正式加入 B 站团队,逐渐将其打造成动漫、游戏、音乐等爱好者最喜爱的视频平台之一,B 站也逐渐走向规范化,开始重视版权,注重 UP 主("UP 主"也就是"uploader",一般指上传视频、音频、文本等文件的人)的原创内容,B 站也从之前以搬运视频为主的平台网站逐渐成长为现在的站内 90% 的视频均为 UP 主自制的原创内容的视频网站,并不断"破圈",成为现在越来越多年轻人甚至各个不同年龄段的人所熟知的视频平台之一。

2018 年 3 月 28 日,B 站在美国纳斯达克挂牌上市,这也意味着 B 站正式完成了商业化,不再是当年那个二次元的小众网络社区,而是即将掀起巨浪的多元化平台。

2. B 站商业模式创新

1) 产品创新:弹幕式视频

弹幕,指的是在网络上观看视频时弹出的评论性字幕,大量吐槽评论从屏幕飘过时的效果看上去像是飞行射击游戏里的弹幕,因此得名。弹幕视频系统源自日本弹幕视频分享网站 NICONICO 动画,B 站是国内率先引进的网站之一。

弹幕可以给观众一种"实时互动"的错觉,虽然不同弹幕的发送时间有所区别,但是其只会在视频中特定的一个时间点出现,因此在相同时刻发送的弹幕基本上也具有相同的主题,在参与评论时就会有与其他观众同时评论的错觉。而传统的播放器评论系统是独立于播放器之外的，因此评论的内容大多围绕在整个视频上，话题性不强，也没有"实时互动"的感觉。

在弹幕视频这个独特的语言环境中，观众在对视频内容意义进行解码，并将其带有个性色彩的评价再输出时，就为视频本身增添了新的内容。通过观众的"二次编码"，视频呈现出新的面貌，如同一个新的作品。弹幕中参与的人越多，视频的内容就越丰富。观众的高度参与成就了受众对弹幕视频的"二次创作"。

2) 用户创新：自发建造精神文明家园

B站以二次元网络视频社区起家，其初始用户大多是动漫爱好者，性格普遍友善、纯真，且作为一个小众群体非常团结，这使得B站自发形成一种互帮互助的和谐创作环境。在B站成为一个视频内容创作者，不仅会被B站官方鼓励，也会受到其他用户的"伙伴般"的鼓舞。

B站官方成立了专门的创作中心，里面有许多精品创作模版，可供免费使用，还在创作学院录制了许多教学视频，能够一步一步引导"小白用户"顺利制作出自己的第一个视频。此外，B站还会给发表创作内容的用户冠以"UP主"的称号。目前，B站90%左右的视频均为UP主自制的原创内容，并且在UP主发布或搬运的视频中都会标明视频出处，这种规范化的做法不仅为B站交流平台营造了一个良好的文化氛围和价值导向，还在一定程度上激发了创作者的创作欲望，也因此迎来了一波又一波的创作热潮。自2018年起，B站推出系列"bilibili创作激励计划"，该计划针对UP主创作的自制稿件进行综合评估并提供相应收益，以此来让UP主减轻在内容创作上的成本与压力，增强持续创作的信心与积极性，创造出更多优秀的内容。创作激励计划的推出在很大程度上吸引了许多才华横溢的UP主大显身手，让更多优秀作品得以展现在观众面前。该计划根据作品的用户喜爱度、内容质量、内容流行度等多维度指数来综合计算出创作者的激励金，一定程度上保障了创作者的生活需求。

其他用户的加油鼓劲也是激发用户创新的重要动力。B站设立了评论区、弹幕、"一键三连"（点赞、投币、收藏）、留言墙、充电站等多种元素，在观众与UP主之间建立了良好的激励和反馈机制。这种机制一方面使得观众们的心声、意见和建议得以传达给UP主，以便督促和鼓励UP主积极创作出更多令人满意的作品；另一方面，UP主也能够根据观众们对作品的观感和反映适时调整作品内容，改进不足之处，提升作品水准，提供更多让观众们一饱眼福的佳作。

3) 客户关系管理创新：延伸到线下的互动新体验

B站打造Bilibili Macro Link(BML)系列活动，该活动是由bilibili弹幕视频网、超电文化创造的大型同好线下聚会品牌。从 2013 年开始到现在已举办 9 届，从最初的上海梅赛德斯奔驰文化中心 The Mixing Room 800 人的规模，发展到现在梅赛德斯奔驰文化中心主场馆超过万人的超大型 Live(现场表演)，BML 已经成为国内宅文化中知名度最高的线下活动之一。

2015 年 4 月，B 站分别在成都、广州、西安、北京开展第一届"BML"线下巡回演唱会，共有约 4200 位观众。此外，B 站还先后与知乎、百度、新浪微博等合作，举办丰富的线下活动。

不仅如此，B 站每年都会举办拜年祭，其创作质量也在逐年提升。形式多样的线下活动极大地促进了平台与用户、用户与用户的交流，不仅增强了现有用户的黏性，还吸引了一大批慕名而来的新用户。

思考：
1. 创新的发展思维给 B 站带来了哪些竞争优势？
2. B 站的成功对我们有哪些启发？

第一节　认识创新思维

脑科学和心理学的研究成果表明，人的知识会不断增加，人的思维能力也会不断提高。也就是说，后天的培养，对创新思维能力的提高十分重要。就如我们要想使手臂变得强壮，就要做大量的强化训练，锻炼手臂肌肉。同样的道理，要想使思维变得敏锐，就必须勤于思考，主动加强创新思维能力训练。注重提高科学认知能力，能够起到事半功倍的作用，更好地锻炼创新思维能力。

一、创新思维的基本属性

创新思维能力主要通过思维的广度、深度、速度三个基础属性进行衡量。打个比方，运用创新思维能力，这如同挖一口水井：首先，要广泛地进行探测，寻找可能的水源地，即需要依靠思维的广度，来全面地分析问题；其次，挖井要挖通隔水层，达到含水层，才可能出水，即思维要有一定深度，才可能克服障碍，创新性地解决问题；最后，挖井还要讲求效率，即尽可能地提高思维速度。

(一) 思维的广度

思维的广度是指思维活动范围的广阔性，即由知识中的一点联想到其他知识中的相似点的能力，也就是横向思考的能力。例如，由物理学中"平衡"的概念，向化学、经济学中"平衡"概念的扩展。平衡的概念在物理学中，指惯性参照系内物体受到几个力的作用仍保持静止状态。平衡的概念延伸到化学中，指正反应速率与逆反应速率相等，反应物的浓度与生成物的浓度不再改变，达到一种表面静止的状态。平衡的概念延伸到经济学中，指经济体系中一个特定的经济单位或经济变量在一系列经济力量的相互制约下所达到的一种相对静止并保持不变的状态。开阔的思维广度，使人在思考受阻时能及时调整转换思路，有利于找到解决问题的正确路径。

当今社会，科技进步日新月异，许多原本不相干的事物彼此之间开始有了新的联结。我们耳熟能详的"互联网+"，就是利用信息通信技术及互联网平台，让互联网与传统行业进行深度融合，将互联网的创新成果深度融合于经济、社会各领域之中，提升全社会的创新力和生产力，形成更广泛的以互联网为基础设施和实现工具的经济发展新形态。这便展现了思维的广度的扩张带来的巨大产业变革。

(二) 思维的深度

思维的深度，是指思维反映和把握问题的深刻程度。人们常说遇到重大问题要"三思而后行"，"三"即再三，指经过反复考虑，然后再去做，即表现了不断探求答案的深入思考过程。爱因斯坦说："如果给我 1 个小时解答一道决定我生死的问题，我会花 55 分钟来弄清楚这道题到底是在问什么。一旦清楚了它到底在问什么，剩下的 5 分钟就足够回答这个问题了。"

思维的深度，主要源自两方面：一是深入分析的主观意愿，即愿意花精力、时间来深入分析问题；二是掌握专业知识的深度。主观意愿可能更多是一种思考习惯的养成，而对专业知识掌握的深度来源于日常的学习积累。

(三) 思维的速度

思维的速度是指思维活动的效率。在一些特定情境中，一个人是否机智，会对事件造成巨大影响，尤其在竞争激烈的环境中，提高效率是构筑竞争优势的不二法门。

提高思维速度，一是简化问题，即把问题进行拆分，将一个复杂问题拆分成若干个简单的问题；二是通过思维训练做到熟能生巧，包括观察力训练、注意力训练、发散思维训练、联想训练等。

二、创新思维的其他属性

除了上述三个基本特征以外，思维的属性还包括逻辑性、批判性和创造性。

（一）思维的逻辑性

思维的逻辑性是指思维活动过程中能够把握主题，准确运用概念，判断和推理符合逻辑规则的程序，并且能够辩证地分析、论证问题，使思维具有主题鲜明、层次清晰、论证充实、条理清楚的特点。

（二）思维的批判性

思维的批判性是指在思维拓展时对已有的知识经验、方式方法能根据新发现的事实做出评价，肯定正确，纠正谬误；具有批判性思维素质的人，思想解放，不迷信权威，一切判断都以事实和科学真理为标准。直白地说，思维的批判性是一种处理信息的特点。大部分人接收信息，都是"海绵式的"，即直接接收信息，不经过思考；而思维的批判性，优化了信息处理过程，能够"沙中淘金"，通过分析推理、提问思考的方式去筛选和消化信息，从而获得结构化的、精练的、可靠的知识。

（三）思维的创造性

思维的创造性是指能从已有知识出发，在较高层次重新构建知识的思维能力，也指发明或发现一种新方法用以处理问题的思维过程。具有创造性思维素质的人，在认识和解决问题时不墨守成规，不因循传统，而善于发现和提出新问题，能够在较高的层次重组或建构知识，它能够使主体从已有的知识出发，吸收新信息，研究新情况，解决新问题。

第二节　扩展思维视角

思维视角就是思考问题的角度、层面、线索或立场。观察思考任何事物都会存在某一特定的视角。现实世界是无限复杂的系统，只从一个视角得出一个答案往往是不够的。我们要想提升创新能力，应该尽量多地扩展思维的视角，学会从多种角度观察同一个问题，从而发现被大家忽略的事物，或找到解决问题的新方法。

一、扩展思维视角的常用方法

（一）改变常规思路

常规思路是指沿袭下来经常实行的规矩、通常的做法。改变常规思路，就要跳出原有的思维框架，寻求新颖的解决办法。改变常规思路的方法很多，这里介绍两种主要的方法。

方法一：变顺着想为倒着想

变顺着想为倒着想，也就是我们常说的逆向思维。采用这种方式就是从问题的相反面进行探索。

> **案例　不合格的纸张**
>
> 很久以前，德国一家造纸厂，因工人疏忽，生产过程中少放了一种胶料，制成了大量不合格的纸。用墨水笔在这种纸上写字，墨水很快就晕开，根本形成不了字迹。若报废这批不合格的纸，会给工厂造成巨大的损失。肇事者对此感到很内疚，因此他拼命想办法弥补。一天，漫不经心的他将墨水洒在了桌子上，他随手用这种纸来擦，结果墨水被吸得干干净净。"变废为宝"的念头在他头脑中一闪而过。终于，这批纸被当作吸墨水纸全部卖了出去。

方法二：从事物的对立面出发去想

从事物的对立面出发，也就是直接跳到矛盾一方去想。因为对立的双方是既对立又统一的，改变这一方不行，改变另一方则可能有助于问题的解决。在创造发明和技术改造方面，运用从对立面思考的方法，往往可以有新的思路，取得意想不到的结果。

> **案例　让大王自己走下来**
>
> 孙膑是战国时著名的军事家，久闻其名的魏惠王想考考他是否真如传言中那么足智多谋。于是对孙膑说："听说你挺有才能，如你能让我自愿从座位上走下来，我就任用你为将军。"魏惠王心想，我就是不起来，你又能奈我何！
>
> 孙膑想了想对魏惠王说："我确实没有办法使大王从宝座上走下来，但是我却有办法使您坐到宝座上。"魏惠王心想，这还不是一回事，我就是不坐下，你又能奈我何！便乐呵呵地从座位上走下来。孙膑见此笑着说："我现在虽然没有

办法使您坐回去,但我已经使您从座位上走下来了。"魏惠王方知上当,便任用孙膑为将军。

(二)转换问题获得新视角

问题是多种多样的,但彼此之间有相通的地方。对于难以解决的问题,与其死盯住不放,不妨把问题转换一下。下面介绍两种问题转换的具体方法。

方法一:利用中介解决问题

利用中介解决问题,就是通过代换的方法,把自己生疏的问题转换为熟悉的问题。

案例 绫缎穿九曲明珠

唐朝时,吐蕃赞普松赞干布派大臣禄东赞向唐太宗请求和亲。唐太宗出了一个难题:有一颗很大的宝珠,珠内有一条很小的弯曲孔道。要求禄东赞用丝线从孔道的一头孔眼穿过去。禄东赞低头沉思时,忽然发现地上有一只蚂蚁缓缓爬行,他灵机一动,将丝线绑在蚂蚁身上,然后让蚂蚁爬入孔道,并向孔道内吹气,促使蚂蚁向前爬。又在另一头孔眼外抹上蜜,让其闻到蜜香味而"勇往直前"。也就是说,禄东赞创造性地把蚂蚁当作中介,让会动的蚂蚁带动不会动的丝线穿过宝珠。而他只要完成两个步骤就好,第一步是把丝线系在蚂蚁身上,第二步是把蚂蚁从珠子的一个孔赶向另一个孔,从而带动丝线穿过珠子。

方法二:把直接变为间接

在解决比较复杂、比较困难的问题时,直接解决往往遇到极大的阻力。这时,就需要扩展思维视角,或退一步来考虑,或采取迂回路线,或先设置一个相对简单的问题作为铺垫,为实现最终目标创造条件。

案例 私人花园的警示牌

法国女高音歌唱家玛·迪梅普莱有一座相当规模的私人园林,经常有人来这里摘果子、采鲜花、拾蘑菇、钓鱼及捉蜗牛,有人甚至搭起帐篷,生起篝火,在园林中野营野餐,搞得草地上一片狼藉,肮脏不堪。为此,迪梅普莱花了很多钱,费了很大劲在园林四周围上篱笆,还竖起了一块块写有"私人园林,禁止入内"的牌子,但这些都不管用,她的草地依然遭到践踏和破坏。后来,她把牌子上的字改为:"请注意!如果在园林中被毒蛇咬伤,最近的医院距此15公里,驾车约半小时可到。"然后竖立在园林的各个路口,这样的提醒虽未再明确表达阻止他人进入,但再也没有人来园林了。

二、扩展思维视角的其他方法

方法一:肯定—否定—待定

思维的肯定视角,就是当头脑思考一种具体的事物或者观念的时候,首先设定它是正确的、好的、有益的、有价值的,然后沿着这种视角,寻找这种事物或观念的优点和价值。肯定视角并不新奇,我们往往会对那些公认的"好的""对的""有价值的"东西采用肯定视角。

思维的否定视角,也可以理解为"反向"的意思,就是从反面和对立面来思考一个事物;把事物或观念认定为错误的、坏的、有害的、无价值的等,并在这种视角的支配下寻找这个事物或者观念的错误、危害、失败、缺少之类的负面价值。

思维的待定视角,是在经历了正面和反面思考后,不急于下判断,而是反复思考决策的过程。经济学中有一个"CBA"范式(cost-benefit analysis),即成本收益分析,是以货币单位为基础对投入与产出进行估算和衡量,如果收益大于成本就行动,如果收益小于或等于成本就不行动。

案例 破立并举,革故鼎新

破与立,是中华优秀传统文化中关于事物变革创新的辩证关系,蕴含着古代先贤破立并举、革故鼎新的智慧之道。2022年3月的全国两会上,谈到"积极稳妥推进碳达峰碳中和"问题时,习近平总书记意味深长地说,"绿色转型是一个过程,不是一蹴而就的事情。要先立后破,而不能够未立先破。"要统筹安排新旧能源发展的问题,"不能把手里吃饭的家伙先扔了,结果新的吃饭家伙还没拿到手,这不行"。不能简单地以"破"代"立",也不能片面地强调"破字当头"。在新的历史起点上,习近平总书记以全局视野布局党和国家发展各项事业,强调"既要勇于'破',又要善于'立'",辩证取舍、推陈出新,引领开启新时代中国的伟大变革。

方法二：今日—往日—来日

事物是发展变化的，从不同的时间维度对事物进行分析，有利于拓展思维视角。

今日视角，就是立足当下，观察现在事物是什么状况。当处于这个时间点下，信息收集是最为便利的，能够充分观察事物。

往日视角，就是考察事物和观念的起源、历史和以往的发展，把握事物的过去，才能更好地思索事物的当今，这是历史主义的基本原则。今天的事物总是从以往的事物发展而来的，但是，今天和昨天，其间的差别有时大到使人难以相信的地步，很难找到二者还是"同一种事物"的痕迹。

来日视角，就是思索事物或观念的未来发展，预测它的发展方向和发展道路，并用预测的结果来指导我们今天的行动。

案例　用历史映照现实、远观未来

中国共产党不但善于学习借鉴古往今来兴衰成败的历史经验，而且更加重视总结自身的历史。习近平总书记强调，"我们要用历史映照现实、远观未来，从中国共产党的百年奋斗中看清楚过去我们为什么能够成功、弄明白未来我们怎样才能继续成功"。党的十九届六中全会审议通过的《中共中央关于党的百年奋斗重大成就和历史经验的决议》，全面总结党的百年奋斗重大成就和历史经验，特别是改革开放40多年来的重大成就和历史经验，概括了具有根本性和长远指导意义的十条历史经验，即坚持党的领导、坚持人民至上、坚持理论创新、坚持独立自主、坚持中国道路、坚持胸怀天下、坚持开拓创新、坚持敢于斗争、坚持统一战线、坚持自我革命。这十条历史经验是系统完整、相互贯通的有机整体，揭示了党和人民事业不断成功的根本保证，揭示了党始终立于不败之地的力量源泉，揭示了党始终掌握历史主动的根本原因，揭示了党永葆先进性和纯洁性、始终走在时代前列的根本途径。

方法三：自我—非我—大我

从自我视角看，我们观察和思考外界的事物总是习惯以自我为中心，用我的目的、我的需要、我的态度、我的价值观念、我的情感偏好、我的审美情趣等作为"标准尺度"去衡量外来的事物和观念。因而，凡与这个"标准尺度"相符合的，我们便称之为"对的""好的""美的""有用的"；凡与这个标准尺度相违背的，我们便称之为"错的""坏的""丑的""无用的"。

从非我视角看，要求我们在思考过程中尽力摆脱"自我"的狭小天地，走出"围城"，从"非我"的角度，站在"城外"对同一事物和观念进行思考，就有可能得出不同的结论。

从大我视角看，个体与群体是一个矛盾的统一体，从个体的角度看问题和从群体的角度看问题，最后得出的结论不是完全相同的。摆脱个体"小我"的束缚，站在群体乃至整个人类的角度来思考，这就是"大我"的视角，它使得我们的视野更加开阔，对当前的事物产生更深入的理解。

案例　我将无我，不负人民

2019年3月22日，出访意大利的国家主席习近平被意大利众议长菲科问道"您当选中国国家主席的时候，是一种什么样的心情？"菲科补充道，"因为我本人当选众议长已经很激动了，而中国这么大，您作为世界上如此重要国家的一位领袖，您是怎么想的？"习近平主席的目光沉静而充满力量，他说，这么大一个国家，责任非常重、工作非常艰巨。我将无我，不负人民。我愿意做到一个"无我"的状态，为中国的发展奉献自己。稍作停顿，他继续讲道，一个举重运动员，最开始只能举起50公斤的杠铃，经过训练，最后可以举起250公斤。我相信可以通过我的努力、通过全中国13亿多人民勠力同心来担起这副重担，把国家建设好。我有这份自信，中国人民有这份自信。

第三节　激发思维潜能

人类的大脑是世界上最复杂、效率最高的信息处理系统之一。它的重量虽然只有1600克左右，其中却包含着100多亿个神经元，在这些神经元的周围，还有1000多亿个胶质细胞，具有近乎无穷的信息存储空间。但是，近代科学实验表明，人在自己的一生中，仅仅运用了大脑能力的1%~10%，也就是说，人类大脑还有极大的开发空间，有巨大的思维潜能没有被激发出来。

激发思维潜能有以下4种方法。

1. 正面暗示

暗示有正面暗示和负面暗示之分：正面暗示就是要用鼓励、表扬、喝彩等方式激发人的潜意识；而负面暗示，如批评、侮辱、嘲笑等则能扼杀人的潜能。要多进行正面暗示，实现自我激励。

现代成功学大师拿破仑·希尔说："人与人之间只有很小的差异，但这种很小的差异却往往造成了巨大的差异！很小的差异就是所具备的心态是积极的还是消极的，巨大的差异就是成功与失败。"

案例 罗森塔尔效应

1968年，美国心理学家罗森塔尔和L.雅各布森来到一所小学，说要进行7项实验。他们从一至六年级各选了3个班，对这18个班的学生进行了"未来发展趋势测验"。之后，罗森塔尔以赞许的口吻将一份"最有发展前途者"的名单交给了校长和老师。其实，这份名单上的学生并不是真的优秀，而是随机选取的；罗森塔尔为了进行实验，撒了一个"权威性谎言"。8个月后，罗森塔尔和助手们对那18个班级的学生进行复试，神奇的结果出现了：凡是上了名单的学生，个个成绩都有较大的进步，且性格活泼开朗，自信心强，求知欲旺盛，更乐于和别人打交道。

2. 提高情商

"情商"(EQ)即情绪商数，是相对于"智商"(IQ)而言的。情商是衡量一个人情绪控制能力或情绪智力高低的一个指标。情商包含了自制、热忱、坚持，以及自我驱动、自我鞭策的能力。情商在创新过程中有很重要的作用，诸如求知的欲望、求实的精神、勤奋的态度等这样一些优秀的情商，能使思维主体处于一种更易创新的状态。人们应该有意识地培养良好的情商，以解放潜伏在思维中的创新能力。

案例 伽利略的求知精神

意大利科学家伽利略的故乡比萨城，有一座既庄严又华丽的大教堂。一天下午，伽利略来此参观。一个司事开始给一盏油灯注满油，把灯挂在教堂的天花板上，漫不经心地让它在空中来回摆动。伽利略看到，吊灯开始以一个很大的弧度摆动着，弧度变小时，摆动的速度也变慢了。他觉得链条的节奏好像是有规律的，虽然往返的距离越来越小，但吊灯每往返一次所用的时间似乎都一样长。没有钟表，他用手按住自己的脉搏，默默地数着吊灯摆动一次脉搏跳动的次数。他发现,吊灯每摆动一次所需的时间的确是相同的。

他想到亚里士多德说过的"摆经过一个短弧要比经过长弧快些。"于是他对这一理论产生了怀疑。他回到家里找来材料,做了几个摆。他把短摆挂在屋子里,长摆挂在大树上,然后精确计算一个摆从弧的一头运动到另一头所花的时间。实验结果证明,摆来回摆动一次的时间是由绳子的长度决定的,不管摆的重量如何,都与振幅无关。

但伽利略还有些不明白,因为亚里士多德说过,物体从高处落下时,速度是由重量决定的。物体越重,下落速度也越快。但是,摆不也是从高处落下吗?为什么只要摆的绳长相同,摆落到最低点的时间都相同,而跟重量没有关系呢?

他决定到比萨斜塔上进行下一步的试验。他发明了一个小机关,只要一碰按钮,盒中的物体就能同时落下。试验当天,他让学生们拿着盒子站在二层、三层、五层及塔顶窗口,当他发出信号,二楼的学生打开盒子,把一个1磅重的铁球和一个10磅重的铁球同时从塔上落下。这样一层一层地试验,每一次试验下来,不同重量的铁球都同时到达地面。著名的比萨斜塔成了伽利略推翻亚里士多德错误的落体理论的历史见证者。

3. 幽默感

从创新思维的角度说,幽默的言谈举止所表现出来的就是一种创意。就是说,能引起我们发笑的地方,一定是出乎意料的新东西,对于众所周知的事情,人们是不会发笑的。制造幽默,本身就是对思维潜能的激发并推陈出新的过程。

案例 创意广告

奥尼尔是一家名为"哈布战略交流"广告公司的CEO。他的观念是:这个世界充满了千篇一律、看了上句就能猜到下句的废话,人们已经习惯了乏味和死气沉沉的互动,如果能搞出些新意来,就能起到10倍、20倍的传播效果。

例如,很多单位的洗手间里挂着这样一条标语:"员工在回到工作岗位前必须洗手。"而哈布公司为一家餐厅制作的两条标语是这样的:"员工返回工作岗位前必须洗手。同时,检查一下鞋底有没有粘到厕纸""员工返回工作岗位前必须洗手,哪怕你99%确定自己没有尿到手上"。由于人们的大脑通常不会预料到会在洗手间看到任何有创意的内容,因此当人们注意到它时,就会更倾向于接受它所传达的信息，效果会比较持久。而且，它会再次让受众产生一种"这个地方真懂我"的感觉。如此，人们就会自发地去做。

这则创意广告的成功告诉我们，需要站在独特的角度，特别是竞争对手从没想过的角度，利用幽默让人耳目一新，充分发挥创意的效果。

4. 快乐心灵

快乐是人生追求的重要目标，快乐说到底是心理快乐，是主体自我感觉到的一种自在、舒服的心理状态。快乐可以由物质引起，但是快乐本身却是精神层面的。所谓能引起快乐的事物，不过是能够满足人的某种需要的事物。我们既可以通过外界的事物来获得快乐，也可以通过调整自身的心态、情绪等感受快乐。而内心的调节，就是思维视角的转变。

在快乐的氛围中，人们才能保持良好的精神状态，不断学习和研究，迸发出创新的激情。

案例　快乐创新

著名互联网企业谷歌所推崇的企业文化，就是"快乐创新"。在谷歌，工作就是生活，自由畅快的企业文化造就了无穷的创造力和巨大的财富。谷歌公司员工有着"奢华"的待遇，免费餐点，早中晚餐全包。而员工往来办公室，常用的交通工具是电动滑板，或者平衡车。在谷歌，没有人必须西装革履，巧克力、懒人球、大型积木随处可见，到处散落着健身器、按摩椅、台球桌和帐篷，这里看起来甚至更像托儿所——激发员工儿童般的幻想和创造热情。

谷歌有个"古老"的传统——特殊的周五会议。在这个会议上，员工会提出各种"非分"的要求，两位创始人通常都会予以满足。例如，有人希望带着自己的宠物上班，创始人稍加思索就回答"可以，前提是只要它不叫、不咬人"；有人希望在公司可以打排球，数周后谷歌办公楼中间的草坪就变成了沙滩排球场；有人希望在公司能够游泳，谷歌就建造了一个自己的游泳池，虽然小但是游泳池一端安放了喷水装置，让人有一种置身在水流中的感觉。总之，在谷歌，"非分"的要求都可以实现，还有什么不可能呢？

 思考与实践

1. 培养创新思维有哪些方法？

2. 创新思维有哪些属性？

3. 结合自身经历，谈一谈如何在创新过程中保持积极的心态。

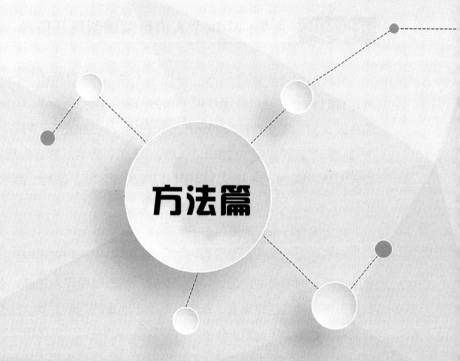

方法篇

第 5 章
创新思维的技法

开篇案例　永久：中国个人出行领域创新开拓者

曾几何时，中国被称为"自行车王国"，自行车的影子常常在大街小巷一晃而过，有时是十字路口红绿灯前"蓄势待发"的自行车大军，有时是弄堂里一人独行的身影，横梁前坐着稚嫩的幼儿……在实行计划经济的票证年代，一辆自行车可谓是"一票难求"，若提起"凤凰""飞鸽""永久"等老品牌，仍能勾起不少人的满满回忆。而我国第一辆26寸（英寸）轻便自行车的诞生地，正是上海永久的前身——上海自行车厂。

1. 上海自行车厂的诞生

作为舶来品的自行车，最晚于1868年就已经在我国出现，1868年《上海新报》刊登的有关上海街道中出现"自行车几辆"的报道可作为佐证。不过，那时出现在国内的自行车是一种人坐在车上、双脚踮地引车而走的娱乐工具，并不能真正帮助百姓解决出行问题。然而，不到四十年的时间里，上海的交通工具使用情况发生了巨大变化。1926年，除了行人、人力车之外，马车、轿子、骑马者皆消失于街头，自行车以仅次于汽车的数量成为人们经常使用的代步工具。

国内自行车的数量变得多起来，但在20世纪三四十年代，大多是从欧洲西方国家进口而来的，并没有出现国产自行车，即使国内开始自己生产自行车零部件，但整车还是由进口零件组装。抗日战争时期，一个日商由北往南，先后在沈阳、天津和上海办起了自行车整车厂"昌和制作所"。1940年，坐落在上海东北角唐山路的昌和制作所开业，成为上海第一家生产自行车的厂。

在历史长河中，上海昌和制作所多次更换厂名，1945年抗战胜利后，改名为"资源委员会中央机器有限公司上海机器厂"；再到1949年上海解放，改名为"上海制车厂"；到了1953年8月，更名为"上海自行车厂"；直到1993年4月，更名为"永久自行车公司"。上海自行车厂这一厂名存在时间最久，长达四十年。经反复讨论，1951

年，厂里最后决定采用"熊球"的上海话谐音"永久"作为产品名称，在最终定稿商标时，加上了"永久牌"三个红字，永久牌自行车的第一个商标由此得来。

2. 走在创新前列的"永久"

当时，国内自行车零部件无论是在名称规格方面，还是在尺寸结构方面，都没有统一标准，自行车零部件难以互换，阻碍的不只是零件厂、配件厂和整车厂之间的协作，还限制着我国整个自行车行业的发展。1955年，第一机械工业部将制造标定车的任务交付给上海、天津、沈阳三家自行车厂。1956年12月，28英寸永久牌标定车在上海自行车厂问世并投入大批量生产。永久牌标定车的诞生为自行车零部件的互换和通用创造了条件，统一了国内标准，也成为我国自行车工业走上自行设计、自行制造的道路的标志。中间横着一道显眼笔直大杠的永久牌标定车很快流行起来，还获得了"永久二八大杠"的俗称。1957年，上海自行车厂又生产新品，一款定名为31型轻便车的自行车诞生，这不仅是我国第一辆26寸轻便车，还开创了男式、女式车款，女式车的横梁不再笔直横着，而是向下弯曲，更便于骑行。

不同人群对自行车的诉求不同，在城市里生活的人们将自行车作为代步工具，对于农民来说，一辆可以载重的农用自行车可谓是干农活的好帮手。1981年，一辆从上海自行车厂运送到湖北农民杨小运手中的永久自行车引起全国关注。当时《人民日报》转载了一篇文章，说的是杨小运卖给国家超额粮，为奖励他，县里询问他心愿，得到的回复是：他只想要一台永久自行车。这台运送到湖北的自行车是永久51型载重自行车，有着"不吃草的小毛驴"之称。为了检验这一型号自行车的舒适性、制动性等性能，上海自行车厂多个部门还对其进行专门的长距离载重骑行试验。试验开始前，他们在自行车网筐里装了30公斤黄沙，后座则装120公斤，除了载货，加上骑行人的体重，车的实际载重已经超过210公斤。

1989年12月，在第十四届亚洲自行车锦标赛赛场上，清一色的意大利赛车中一辆永久SC654型公路赛车脱颖而出，我国运动员骑着它力挫群雄，最终荣获男子四人组100公里团体冠军。

3. 攻克"9改10"难关

20世纪80年代初，中央提出要大力发展10种轻工业日用产品，自行车位列其中。当时，上海自行车厂采用多辊成型焊接一体机对轻便车的硬边车圈进行连续生产，效率高、成品好，但这一设备对材料的要求也高，它需要材料具有稳定的含碳量，稍有波动就容易焊接失败，导致材料报废。而国产车圈材料在性能和供货上往往不尽如人意，频频出现断档现象。

改变材料工艺，成为解决问题的方法。当时，上海自行车厂的材料工艺员邬城钧和电镀车间相关人员商量，如果将原来 102mm 的料宽改为 98mm，那宽 1000mm 的材料就可以开出 10 条料来 (98×10=980mm)，对比下来，一个卷板就大约可以节约 11% 的材料。随后，这一想法得到车厂领导和同志的赞同，技术科便立了一个叫作"轻便车圈材料 9 改 10"的项目，由技术科牵头，电镀车间实施，并共同负责。尺寸减小后，操作的难度加大，能否顺利焊接生产出合格产品成为重点问题，因为车圈的成型需要经过多道精准工序，稍有误差，就要推倒重新调整。在车间里，操作人员争分夺秒，夜以继日地守在轻便车圈成型机旁，反复调试。历经几个月艰难的设备调试，上海自行车厂电镀车间终于迎来了成功。

4. 扬帆起航，书写新篇章

1993 年，上海自行车厂更名为永久自行车公司。永久上市，由此成为中国自行车行业最早实行现代企业制度改革的企业之一。不过，好景不长，率先上市的永久在接下来的几年时间里经历了衰退与重组。20 世纪 90 年代中期，欧美国家对中国实行反倾销、国内取消对五金及家电的统销统购、市场经济改革逐步深入……种种复杂原因，中国自行车行业迎来低谷。1999 年，处境艰难、经营连续亏损的永久公司股票遭遇特别处理。两年后，上海民营企业中路集团入主永久，与永久共渡难关。

经历时间的打磨，"永久"这两个字在消费者心中已成为个人出行领域的金字招牌。永久曾获得"中华人民共和国国家质量奖""中国自行车行业十大知名品牌""上海市著名商标""中国名牌产品""最具市场竞争力品牌"等荣誉，永久的王者地位，实至名归。

2002 年起，永久自行车多年蝉联国内销量第一，其电动车产品也在 2005 年创造了年销售 20 万辆的傲人成绩。如今，永久产品遍布全国各地，并远销欧、亚、非 50 多个国家和地区。2006 年，永久成为产业多元化、产品多样化、经济集约化的上市公司，拥有国内最大规模的两轮车生产基地。其中新建成的分公司占地 560 亩，整体规划 38 万平方米，成为集研究、开发、生产、展示等功能于一体的中高档自行车、电动自行车等系列两轮车大型生产制造基地和国际自由贸易中心。

2018 年是中国个人出行领域动荡不安的一年。曾经风靡一时的共享单车风光不再，电动车则被新国标、3C 认证、电摩资质这三道枷锁紧紧束缚。永久的创新并未盲目追求与时俱进。在共享单车风靡一时之际，永久不仅没有过多涉入这一领域，反而早早将重心放在智能电踏车产品的设计制造上。目前，永久在全国设立了六大电踏车生产基地，已拥有超过 30 款原创的智能电踏车产品，并在设计上，将"国际化、高颜值、个性化、强动力、够轻盈、多功能"的特点展现得淋漓尽致，碾压市场上的同类产品，不仅深受海外市场欢迎,也被国内消费者所青睐。

2019年10月1日,国庆70周年庆祝活动"青春万岁"方阵中,350辆骑永久自行车的年轻人出场,永久人创造的中国制造和"永不言败""敢为天下先"的精神,正由中国年轻一代继承发扬。

永久,作为一个拥有78年历史的中华老字号品牌,以创新为翼,以岁月为尺,不断开拓新的行业领域,在岁月的洗礼下骏业日新。永久,向百年品牌启航!

(资料来源:根据凤凰网文章《永久:中国个人出行领域创新开拓者》和澎湃文章《你是否也曾是自行车王国的"骑士"?一辆"永久"自行车,一个年代故事》整理。)

思考:
1. 永久自行车在进行产品创新、开拓市场的过程中是如何创新拓展的?
2. 你还能将自行车和哪些事物联系起来?

创新思维的技法,是创造学家根据创造性思维发展规律总结出来的一些原理、技巧和方法。它的应用既可直接产生创造、创新成果,也可以启发人的创新思维,提高人们的创造力、创新能力,以及创造、创新成果的实现率。本章将重点讲授常用的创新思维技法,主要包括设问检查法、头脑风暴法、思维导图法、类比法、列举法等。

阅读资料1　　　　阅读资料2　　　　阅读资料3

第一节　设问检查法

思维活动始于发现问题,提问会激发我们观察和思考,并借助想象力把知识和现象联系起来,然而,我们似乎已经习惯了去了解答案,而忽视了问题才是智力的发动机,它将好奇心转变成可控的探寻,它是创新的灯塔。

一、设问检查法的含义

设问检查法就是指导人们在创造活动过程中，从哪些方面提出创造性问题的技法。具体来讲，通过有序地提出一些问题，使问题具体化，缩小了需要探索和创新的范围，从而启发人们系统地思考解决问题的可能性，产生创新方案的创造技法。所以，设问检查法的主要特点是基于不同角度、方面，以提问的方式进行设问检查，进而帮助人们突破固有思维的束缚，更加灵活地以新的视角去观察问题、思考问题。其应用的范围很广泛，除了产品开发，还可以用于服务创新、模式创新、路径创新和管理创新等。在设问检查法中最为经典的就是奥斯本检核表法，另外较常用的技法还有5W1H法、和田十二法、系统提问法等。

（一）奥斯本检核表法

奥斯本检核表法是以该技法的发明者奥斯本命名，又称为稽核表法、对照表法、分项检查法等（夏昌祥、鲁克成，2005）。其方法为引导人们在创造过程中对照9个方面的问题进行思考，以便启迪思路，开拓思维想象的空间，促进人们产生新设想、新方案的方法。

奥斯本检核表法具有设问检查法的基本特征，由于设问形式的表达能使作答者处于较为自然、轻松的状态，给人以可以商量的感觉，往往对人启发较大，特别是对尚不确定的、试探性的内容，用设问的形式更为合理，所以检核表中的各项具体内容较多地采用了设问形式。其核心要旨是，在考虑问题时，将多数人常利用的智慧或办法收集在一起，制成一览表，对每个项目逐一进行检查，以避免遗漏要点。奥斯本检核表的具体形式如表 5-1 所示。

表 5-1 奥斯本检核表的具体形式

序号	检核项目	说明	新设想名称	新设想概述
1	有无其他用途	现有产品有无其他用途		
2	能否借用	能否引入其他领域的创造性设想，或者直接引入其他领域具有类似用途的发明		
3	能否改变	能否对现有产品进行简单改变，如改变形状、制造方法、颜色、音响、味道等		
4	能否扩大	现有发明能否扩大使用范围、延长使用寿命、增加产品特性等		

续表

序号	检核项目	说明	新设想名称	新设想概述
5	能否缩小	现有产品可否密集、压缩、浓缩、聚束，可否微型化，可否缩短、变窄、去掉、分割、减轻，可否变成流线型		
6	能否代用	是否可以找到能够部分或全部代替现有产品及其组成部分功能的产品或零部件		
7	能否调整/变换	产品可否变换，有无互换的成分，可否变换模式，可否变换布置、顺序，可否变换操作工序，可否变换因果关系，可否变换速度或频率，可否变换工作规范		
8	能否颠倒	现有发明可否正负、正反、头尾、上下颠倒，可否颠倒作用		
9	能否组合	现有的几种发明是否可以重新组合，可否混合、合成、配合、协调、配套，可否把物体、目的、特性或观念组合		

夏昌祥、鲁克成 (2005) 提出，检核表法原有的 75 个问题可以归纳为 6 类问题和 9 组提问 (见图 5-1)。

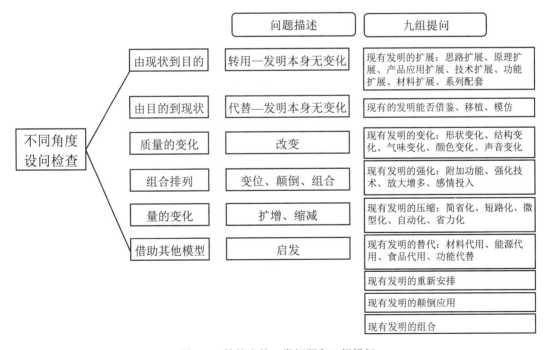

图 5-1　检核表的 6 类问题和 9 组提问

1. 奥斯本检核表法的应用

奥斯本检核表共有 9 类问题，启发我们提出问题和思考问题，使思路沿着正向、侧向、逆向及合向发散开来。因此它的侧重点是提出思考问题的角度而不是步骤，它的核心是启发和发挥联想的力量。奥斯本检核表法的实施步骤如下。

第一步：明确问题，根据创新对象明确需要解决的问题。

第二步：检核讨论，根据需要解决的问题，参照表中列出的问题，运用丰富的想象力，强制性地一个个核对讨论，写出新设想。

第三步：筛选评估，对新设想进行筛选，将最有价值和创新性的设想筛选出来。

例如，可以使用奥斯本检核表法对一系列问题进行创新，如表 5–2 和表 5–3 所示。

表 5–2　保温瓶的检核表

序号	检核项目	新设想名称	新设想描述
1	有无其他用途	理疗保温瓶	利用保温瓶的热气对人体进行理疗，如预防感冒、止痛等
2	能否借用	自加热保温瓶	借用化学反应原理制成自加热保温瓶
3	能否改变	球形保温瓶	按照个性化要求设计球形保温瓶，满足求异心理的需要
4	能否扩大	保温桶	扩大传统保温瓶的容积，发展为保温桶
5	能否缩小	保温杯	缩小体积，开发多种保温杯，如旅游保温杯、中药保温杯等
6	能否代用	不锈钢胆保温瓶	用薄不锈钢材料代替传统玻璃保温瓶瓶胆，还可使瓶胆一体化
7	能否调整/变换	冰盒	调整保温瓶的瓶口、手柄及比例尺寸，使之成为冰盒
8	能否颠倒	倒置式保温瓶	变传统直立式为倒置式，即用旋转式支架使保温瓶口朝下倒水
9	能否组合	智能化净水保温瓶	将保温瓶、水处理系统及电脑控制组合，使保温瓶具有自动净水功能

表 5–3　电池的检核表

序号	检核项目	细分问题	新产品、新方案
1	有无其他用途	• 有无新用途 • 是否有新的使用方法 • 可否改变现有的使用方法	• 电池除了提供电力，还可以储蓄电力

续表

序号	检核项目	细分问题	新产品、新方案
2	能否借用	• 有无类似的事物 • 利用类比能否产生新观念 • 过去有无类似问题 • 可否模仿 • 能否超过	• 电池管理系统 (BMS) 能够密切监视、控制和分配整个电池系统在使用寿命期间的可靠充电和放电
3	能否改变	• 可否改变功能 • 可否改变颜色 • 可否改变形状 • 可否改变外形 • 可否改变维度 • 可否改变运动 • 可否改变气味 • 可否改变音响 • 是否有其他改变的可能性	• 改变电池形状、适配所用设备：圆柱形电池、方块电池、纽扣电池、刀片电池
4	能否扩大	• 可否增加 • 可否附加 • 可否延长使用寿命 • 可否增加频率 • 可否增加尺寸 • 可否增加强度 • 可否提高性能 • 可否增加新成分 • 可否增加难度 • 可否扩大倍数 • 可否放大 • 可否夸大	• 延长电池使用寿命：利用大数据和人工智能预测电池的使用寿命，采用主动均衡技术延长使用寿命
5	能否缩小	• 可否减少 • 可否密集 • 可否压缩 • 可否浓缩 • 可否聚合 • 可否微型化 • 可否缩短 • 可否变窄 • 可否去掉 • 可否分割 • 可否减轻 • 可否变成流线型	• 缩小尺寸：1 号电池→2 号电池→5 号电池→7 号电池→8 号电池→纽扣电池

续表

序号	检核项目	细分问题	新产品、新方案
6	能否代用	• 用什么代替 • 还有什么别的排列 • 还有什么别的成分 • 还有什么别的材料 • 还有什么别的过程 • 还有什么别的能源 • 还有什么别的颜色 • 还有什么别的原理、机制	• 干电池、太阳能电池、锂电池、氢燃烧电池
7	能否调整/变换	• 可否变换模式 • 有无可互换成分 • 可否变换顺序 • 可否变换操作工序 • 可否变换因果关系 • 可否变换速度、频率和维度 • 可否变换工作规范 • 可否变换工作原理机制	• 太阳能电池生产流程：电池检测→正面焊接及检验→背面串接及检验→敷设（玻璃清洗、材料切割、玻璃预处理、敷设）→层压→去毛边（去边、清洗）→装边框（涂胶、装角键、冲孔、装框、擦洗余胶）→焊接接线盒→高压测试→组件测试→外观检验→包装入库
8	能否颠倒	• 可否颠倒正负 • 可否颠倒正反 • 可否头尾颠倒 • 可否上下颠倒 • 可否颠倒位置 • 可否颠倒作用	• 电池提供电力驱动电动机转动，电机转动可以发电，以为电池充电

续表

序号	检核项目	细分问题	新产品、新方案
9	能否组合	• 可否重新组合 • 可否尝试混合 • 可否尝试合成 • 可否尝试配合 • 可否尝试协调 • 可否尝试配套 • 可否把物体组合 • 可否把目的组合 • 可否把特性组合 • 可否把观念组合 • 可否把原理、机制组合	①前5 LED手电筒，后8 LED应急灯　②LED灯开关 ③收音机开关（音量、频率调节）　④AM/FM频率转换 ⑤应急警报开关/应急手机充电开关　⑦应急手机充电接口　⑧外接电源充电接口 ⑥手摇发电柄　⑨干电池仓（需自配）　⑩太阳能充电板 • 手摇发电、带手电筒的收音机、太阳能电池组件评测系统等

针对产品、方案的检核表，其提问的关键问题可以从以下方面重点考虑（见表5-4）。

表5-4　针对产品、方案的检核表提出的重点问题

序号	检核项目
1	现有的产品或方案是否还有别的成本更低、性能更优的方案
2	现有的产品或方案是否还有别的使用性更好、更易用、更耐用的方案
3	现有产品或方案哪些步骤可以调整、替换、简化、去掉
4	现有产品或方案是否可以使用其他原理、材料来实现
5	现有产品或方案还可以用到哪些其他场景、领域
6	现有产品或方案是否可以与其他产品、技术等组合成新的产品

同时，还要加入对顾客的调研访谈、对使用者的行为观察、对员工的生产（服务）的调研和反馈、对合作伙伴的了解等，并考虑下列问题（见表5-5）。

表5-5　结合顾客的检核表提出的问题

序号	检核项目
1	你的客户包括哪些人群，其中谁是核心客户
2	你是否真正了解你的客户，你的客户有哪些需求和痛点
3	你是否与客户进行了反复的有效的沟通
4	你是否有能力生产和交付产品或服务
5	你是否观察到市场的变化，并根据变化对产品或服务进行了相应的调整
6	你是否尽力赋能员工和合作伙伴，共同提高客户价值
7	你是否同所有参与者分享了价值的新模式

2. 奥斯本检核表法的优缺点

(1) 奥斯本检核表法的优点：有助于人们打破各种思维定式，以问题的形式激发人们的想象力；提醒人们从各个角度、观点去看问题，避免单一化的思维方式；奥斯本检核表内容丰富，可启发人们应用于各个方面，如开发新产品，进行设计、销售、广告等，它为解决创造发明问题提供了很好的解决问题的思路；经常使用奥斯本检核表能提高人们的素质，有利于突破不愿提问的心理障碍，会使人们善于提问、思考、想象，善于变换思考角度；奥斯本检核表法的适应性强，不论对象如何和专业如何，都可以相应地列出很多检核问题。

(2) 奥斯本检核表法的缺点：奥斯本检核表中的问题过细、过多，实施起来比较复杂，也有学者认为该技法一般很难取得较大的突破性成果。

3. 使用奥斯本检核表的注意事项

(1) 不应过分依赖于该方法，这样反而会把它变成束缚自己的条条框框，妨碍自由想象，使本来为防止思考漏洞而采用的检核表变成制造漏洞的根源。

(2) 检核的内容可做适当改变，具体使用时应灵活掌握，根据活动的主要目的、检核对象的主要特点、周围的环境来设计检核表。

(3) 该方法主要提供的是一种思路，强调创造发明主体的心理素质的改变，借助克服心理障碍产生更多的思路，因而对检核对象的客观规律性的认识不太重视。所以，在使用本技法解决较复杂的技术发明问题时，仅能提供一个大概的思路，还需进一步与技术方法结合。

课堂练习（产品创新篇）

请以小组为单位，发挥想象，充分讨论，填写对手机进行改进的奥斯本检核表。

名称：奥斯本检核表法训练。

目的：训练学生运用奥斯本检核表进行创新。

学时：15~20分钟。

要求：

1. 训练时先不要考虑结果是否正确，要敢于提出问题。

2. 要借助联想、发散等思维形式。

3. 一旦找不到新的思路，就转入下一个步骤。

4. 详细地记录各种设想。

课堂练习（管理创新篇）

请以小组为单位，发挥想象，充分讨论，填写对"Z世代"员工进行管理的奥斯本检核表，以激发员工积极性，提高员工工作满意度。

名称：奥斯本检核表法训练。

目的：训练学生运用奥斯本检核表进行创新。

学时：25～30分钟。

提示：

1. 结合Z世代员工的特点进行讨论和方案设计。
2. 充分调研Z世代员工的需求，挖掘其真实想法。
3. 可以从人才培训、薪酬福利设计、工作环境、自由度、授权等方面进行方案设计。
4. 充分讨论，详细地记录各种设想。

（二）5W1H法

1. 5W1H法简介

1948年，美国传播学先驱哈罗德·拉斯韦尔（Harold Lasswell）在其文章中总结出新闻的"5W"模式。由于5W模式简洁清晰，遂成为传播经典，在新闻传播学中取得了不可撼动的基础地位。后来这个新闻5W模式被引入管理课程中，成为一种通行的管理方法，或者说成为一种常规性管理工具，并发展出丰富多彩的应用版本。经过不断运用和总结，逐步形成了一套成熟的5W1H分析法，即通过采用英语中的6个疑问词来进行设问，而这些词的英文第一个字母正好是5个W和1个H，5W1H法因此得名，其层次和具体内容如表5-6所示。

表5-6 5W1H法的层次和具体内容

5W1H	第一层次	第二层次	第三层次	第四层次	结论
who	是谁	为什么是他	有更合适的人吗	为什么是最合适的人	确定人物
when	什么时候	为什么在这个时候	有更合适的时间吗	为什么是最合适的时间	确定时间
where	什么地方	为什么在这个地点	有更合适的地点吗	为什么是最合适的地点	确定地点
why	什么原因	为什么是这个原因	有更合适的原因吗	为什么是最合适的原因	确定原因
what	什么事情	为什么做这个事情	有更合适的事情吗	为什么是最合适的事情	确定事情
how	如何去做	为什么采用这个方法	有更合适的方法吗	为什么是最合适的方法	确定方法

5W1H法是一种思考方法，也是一种创造技法，是对选定的项目、工序或操作，都要从原因(何因)、对象(何事)、地点(何地)、时间(何时)、人员(何人)、方法(何法)6个方面提出问题，进行思考。这种看似很简单的问话和思考办法，可使思考的内容深化、科学化。

一般来说，这种方法对于制订计划、工作流程等非常实用。当行为主体是人时，根据职责分工，可以更好地规范工作行为，如图5-2所示。

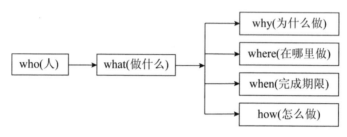

图5-2　个人的工作行为

2. 5W1H法的实施步骤

(1) 以方法中的6个要素对现行的工作、产品或初步发现的问题进行提问和分析，即为什么、做什么、何人、何时、何地、怎么做。

(2) 找出关键点及目前还不能解决的问题及其原因，重点关注疑点和难点。

(3) 对照上述问题，寻找可能的解决办法。

(4) 再次确认这一解决办法的合理性。

3. 5W1H法的注意事项

5W1H法在应用时，问题的性质、对象、环境等不同，设问检查的内容和侧重点也不同，如表5-7所示。

表5-7　5W1H法使用时内容要根据问题进行调整

5W1H	设问的问题因内容、对象等变化
who(何人)	谁能做，谁是核心顾客，谁来决策，访谈谁，谁负责推进方案
when(何时)	何时招聘，何时培训，何时销售，何时安装
where(何地)	哪个市场最适合，从何处采购原材料，何地有资源，何地有合适的人才供给
why(为什么)	为什么发光，为什么是这个形状，为什么必须是新员工，为什么要用人工智能代替人工
what(做什么)	现有资源是什么，现有市场可以做什么，规范是什么，功能是什么
how(如何做)	如何做成本最低，如何做效率最高，如何改进，如何提高满意度，如何扩大市场，如何提高销量

4. **案例分析**

> **案例** 华为人是如何在海外奋斗的

2019年7月,叶辉辉在华为内部分享会上汇报自己的工作经历,引起了任正非的关注,他和科摩罗的故事也由此走进了大家的视野。

2013年年底,24岁的叶辉辉,刚进入华为公司不到一个月,就被派到印度洋上一个叫作科摩罗的小岛担任客户经理,负责华为在科摩罗的海底光缆项目。同时,他也是这个岛国"唯一的华为中方员工"。领导告诉叶辉辉,这个岛国位于非洲大陆与马达加斯加岛之间,是一个人口只有80万的岛国,当地经济落后,基础设施较差,这个海缆项目意义非常重大,有望改变科摩罗"与世隔绝"的状态。

来科摩罗岛之前,就有同事给叶辉辉打预防针,说这边条件很艰苦,每天只有一两个小时有电,而且通信信号很差,还是ADSL网络拨号上网,这里的人们基本处于"失联"状态。第一天,叶辉辉到达住处时已经七八点了,天已经黑了,由于没有电,只能借着手机屏幕的光,摸索到床,准备坐下歇息,刚一落座,只听"轰隆"一声,整个床塌了。床散架的巨大声音,惊动了他的同事还有本地司机,大家帮着拼了个床,然后就出去和当地的中国医疗队吃饭。

科摩罗职业生涯正式拉开序幕,首先摆在面前的难关就是缺电缺水。

白天还好,叶辉辉可以去客户的机房蹭电蹭网。晚上到了,叶辉辉只能回到宿舍。每天晚上有一个小时供电,这一个小时非常宝贵,叶辉辉要烧水做饭,然后洗澡。说到洗澡,就是从水窖打一桶水拎到卫生间,用水瓢舀着浇在身上。这个时间段还要把手机、手电筒都充好电,然后要不躺在床上思考,要不伏案写点东西。当深夜一个人感受着印度洋的海风,看着窗外深邃而闪烁的星空,听着手机里播放的古典音乐,他觉得内心格外平静。记得有天晚上停电的时候,一位本地员工拿出吉他弹了起来,叶辉辉会点口琴,也加入了合奏,其他几个本地的兄弟把手机的闪光灯打开,跟着旋律左右摇摆,大家一起合唱,这个场景一直珍藏在他的心里。

另一个难关是食物的短缺。关于这个,还有一个小趣事,出发来科摩罗的那一天,叶辉辉和交接的同事在马达机场汇合,他们每人拿了一份马达食堂厨师做的盒饭当午餐,但是交接的同事没有吃,而是把盒饭带到了科摩罗。叶辉辉当时以为他不饿，后来才知道，他来过科摩罗，知道当地没有东西吃，是特意留着的。由于这份美味太珍贵，就这一份盒饭，后面管了叶辉辉和他的同事这两个大男人两顿饭。

2013年，科摩罗市场长期被西方厂商垄断，对于华为这样一家中国ICT企业，客户并不买账，觉得还是西方的产品更好更先进。叶辉辉刚来，对当地业务和公司产品缺乏足够的了解，法语水平也很一般，业务开展起来非常难。刚开始，客户甚至不愿意见他。有一次，他在客户门口从下午一直等到凌晨一两点，才终于见到了客户。叶辉辉操着当时还不灵光的法语，夹杂着英语，希望能获得一个坐下来谈谈的机会。客户看了他一眼，摇了摇头，就走了。他又累又饿，看着客户远去的背影，泪水在眼眶里打转，觉得自己太失败了。

外部环境已经如此艰苦，工作进展还不顺利，这让叶辉辉压力很大，十分迷茫和困惑。但是，接下来的遭遇让他转变了想法。

作为一个岛国，科摩罗几个小岛之间的交通工具是9座螺旋桨小飞机和冲锋舟。有一天，叶辉辉陪客户乘飞机去另外一个岛考察站点，路上就遭遇雷暴，飞机螺旋桨一度停止旋转，急速下坠。他当时想，可能飞机要失事了吧！幸好，飞机最后安全着陆了，但是那种剧烈的失重感让他有了阴影。因此，当他再次来这个岛的时候，他和同事选择了冲锋舟。

这一次去程很顺利，客户终于在合同上签字了，他们的心情格外轻松，回程的时候，他们又坐上了船，但是刚出发不久，天空一瞬间就乌云密布了，大风大雨很快就来了。

这是他第一次经历海上暴风雨，非常吓人。风雨越来越大，他根本分不清是海水还是雨水，打在脸上，他连眼睛都睁不开。船本来就小，哪里经受得住这么大的风浪，船被风浪卷着荡来荡去，他感觉船就要被掀翻了。但是，害怕归害怕，他还有一丝清醒，那份重要的合同还在手上，他赶紧把合同夹塞到衣服最里面，此时也只能这样，尽力保护它不被打湿了。如今，这份合同应该收藏在华为总部，上面泛黄的水渍就是这么来的。

幸亏海面上暴风雨来得快，去得也快，他们的绝望和害怕没有持续多久，乌云就散去了，海面恢复了平静，他站在甲板上，被眼前的景象惊呆了：两条壮美的彩虹横跨在大海上。这是他人生中第一次看到如此壮丽的景象，并且刻骨铭心地领悟到生命是如此宝贵，能掌握自己命运是多么幸运！他一定要好好把握自己的命运和未来，遇到困难就迎头面对它！

于是，叶辉辉开始了改变自己的过程。他更加努力地学习法语，每天背大量的单词，大学法语专业那几本书全部都啃完了，还缠着一个本地的兄弟练习口语。白天在客户机房蹭电蹭网的时候，也借机和客户"偶遇"。和客户接触的时候，并没有急于推销华为的产品和服务，而是首先与客户做朋友，真诚地展示了通信发展能带来的改变。就这样，随着客户对叶辉辉、对华为越来越认可，他也越来越离不开科摩罗了，出差变成了常驻，于是他就成了科摩罗"唯一的华为中方员工"。如今，华为已经成为科摩罗最受欢迎和尊敬的中国公司之一，客户在华为经历困难的时候第一时间出来力挺、支持华为，表示华为是他们永远最信任的伙伴之一。

叶辉辉在科摩罗待了6年多，很多人都惊讶他能待这么久，熟识的一个领导也开玩笑说，科摩罗那么艰苦，他肯定待不久，是他的坚持让这位领导刮目相看。

在叶辉辉看来，他一点也不后悔当初的选择，科摩罗的经历对他的人生观和价值观有很大影响，是人生中不可或缺的宝贵经历，这些年他变得更加成熟自信，更加乐观坚韧。而叶辉辉扎根当地6年的情况，不过是华为海外市场开拓的一个小小缩影，还有很多"华为人"在异国他乡默默奋斗，他们是为自己、为公司而奋斗，也是为祖国和世界做贡献。这也是任正非所说的为世界人民做贡献。

（资料来源：根据腾讯网文章《一人一厨一狗，看什么是华为精神》整理。）

阅读案例，按照5W1H法提出问题，并围绕华为精神进行小组讨论（见表5-8）。

表5-8 什么是华为精神

5W1H	设问的问题
who（何人）	案例中的华为人是什么样的人
when（何时）	他何时到华为工作，何时到科摩罗担任客户经理
where（何地）	科摩罗在哪里，有什么特点
why（为什么）	为什么华为的员工能在科摩罗这个地方坚持下来，为什么科摩罗的客户最终认可华为的服务
what（做什么）	华为的员工在进行海外市场开拓时都做了什么
how（如何做）	华为员工是如何赢得客户信任的

课堂练习 1

某航空公司在机场二楼开设了一个小卖部,生意相当冷清。问题出在哪里呢?如果你是开发部门的人员,请运用以下5W1H法提出的问题进行分析,并提出改进建议。

以下问题供参考,你可以尝试从不同角度提出更多更深入的问题。

who:谁是顾客?

when:顾客何时来购物?

where:小卖部设在何处?顾客是否经过此处?

why:顾客为何在此处购物?

what:顾客在此处购买什么物品?

how:如何方便顾客购物?

课堂练习 2

人才是企业最宝贵的财富,代表企业最核心的竞争力,但是对优秀人才的招聘是非常费时费力的工作,许多企业的招聘漏斗甚至超过100:1,即需要筛选超过100个人才入职1个候选人!无论是从财力还是人力的投入来看,这都是巨大的成本。正是由于传统的人才招聘工作的技术手段非常落后,而且通常是基于一些主观经验驱动的手段,因此需要用一些现代化的AI技术来完成招聘。Robot公司首先运用AI技术智能分析简历,然后引入聊天机器人对筛选后的人员进行初试,最后由人力资源部和直线主管负责后续的面试。

请运用以下5W1H法提出问题对AI面试进行分析,并提出改进建议。

以下问题仅供参考,请尝试提出更多样化的问题。

who:谁是公司的潜在求职者?

when:他们一般何时来应聘?

where:公司的招聘启事设在何处能够引起足够多的求职者关注?以往的求职者一般通过什么渠道了解到公司的招聘信息?

why:求职者为什么选择本公司?

what:求职者应聘最关注什么?最希望从公司发展中获得什么?

how:如何吸引足够多的求职者?如何通过AI面试精准识别公司需要的人才?

(三) 和田十二法

1. 和田十二法简介

和田十二法也称为动词提示检核表法、思路提示法，是我国著名创造教育工作者许立言、张福奎提出的。该方法是在奥斯本检核表法的基础上，结合我国实际情况提炼出来的创造技法，是一种有效的发明用检核表。

2. 和田十二法的实施步骤

和田十二法同样也给发明创造者提供了若干种考虑的方向，主要包括如下"十二个一"。

(1) 加一加：加高、加厚、加多、组合等。

(2) 减一减：减轻、减少、省略等。

(3) 扩一扩：放大、扩大、提高功效等。

(4) 变一变：变形状、颜色、气味、次序等。

(5) 改一改：改缺点、改不便之处。

(6) 缩一缩：压缩、缩小、微型化。

(7) 联一联：原因和结果有何联系，把某些东西联系起来。

(8) 学一学：模仿形状、结构、方法，学习先进。

(9) 代一代：用别的材料代替，用别的方法代替。

(10) 搬一搬：移作他用。

(11) 反一反：能否颠倒一下。

(12) 定一定：定个界限、标准。

课堂练习 1

以小组为单位，发挥想象，充分讨论，对自行车进行创新，填写"和田十二法"表格。

名称：和田十二法训练。

目的：训练学生应用和田十二法进行创新。

学时：15~20 分钟。

训练说明：根据相应的检核内容，提出设想的名称，并进行简要的描述和说明。

注意结合自行车的用途、特点、人们的使用需求等进行创新。

课堂练习 2

以小组为单位,发挥想象,充分讨论,对日常学习办公使用的 U 盘进行创新,填写"和田十二法"表格。

名称:和田十二法训练。

目的:训练学生应用和田十二法进行创新。

学时:15~20 分钟。

训练说明:根据相应的检核内容,提出设想的名称,并进行简要的描述和说明。

注意结合 U 盘使用中的问题、使用者的需求等进行创新。

(四) 系统提问法

1. 系统提问法简介

系统提问法是以系统发问为先导的创造技法。这种技法从事物的表象出发,找出它具备的所有特性或属性,将它们归纳后上升为几大类一般的抽象属性,然后再抛开事物已有的特征,进行发散式的想象,得到多种备选属性,最后通过发问的形式找出其中最为合理的属性。

2. 系统提问法的实施步骤

(1) 列出观察对象的主要特征。

(2) 将这些属性上升到一般的属性。

(3) 对一般属性进行发散思考,列出无针对性的一系列具体属性。

(4) 对观察到的属性和联想到的属性进行"为什么"的提问。

(5) 尽可能地寻找理由来回答提问,由此判断哪些属性可以被否定或肯定,将每一个特征对应最佳属性做出记号。

(6) 将所有最佳属性进行组合,得出多种方案。

3. 案例分析

请阅读下列案例和扩展资料,思考:

(1) 为什么云南咖啡能从粗放式管理成功转型升级?

(2) 为什么云南咖啡能推动整个产业链升级?

(3) 云南咖啡的成功实践对其他地方的产业升级、打造精品、产业扶贫有何启发?

案例 "量大质优"助推云咖下个十年飘香

2022年是星巴克中国及亚太地区首个"咖啡种植者中心"在云南落成并投入运营十周年。近日,据有关数据显示,星巴克入滇10年间,在云南累计收购56 433吨咖啡豆,超过43 000吨云南咖啡豆出口至欧美及亚洲国家,其中更是包含99吨高品质的"臻选咖啡豆"……在这些成绩的背后,有付出、有汗水、有收获,见证着云岭大地上万亿特色优势产业的腾飞崛起,也蕴藏着云南咖啡走出国门、香飘世界的成功密码与可持续未来。

火爆"出圈"并非一蹴而就,而是需要厚积薄发。十年前的云南咖啡,主要以大宗商品生豆出口国外,高附加值的精品豆占比仅为8%,精深加工率也不超过30%,本地咖农对咖啡的育种、移栽、剪枝、霜冻等知之甚少,普遍采用粗放式管理,这也导致"重产量、轻质量"在很长一段时间成为云南咖啡的代名词,亟待进行转型升级。2012年,星巴克"慕名而来",在这片拥有生产世界级咖啡豆自然气候资源的云岭大地上,率先提出"优质优价"理念,进而成就这杯"天作之合"。从最早的咖农毫不理会到如今的充分信任,十年间,3位农艺师驾驶行程达到惊人的48万公里,足迹遍布全省68个乡镇,为3万多名云南咖农提供科学有效的培训与指导。现如今,云南咖啡豆收购合格率已从十年前的20%~30%提升至80%以上,"量大质优"正成为云南咖啡的真实写照。

产品是精品,坚持同样值得称赞。无论是咖啡杯测师"黄金舌头"背后所放弃的日常打扮喜好、饮食嗜辣重口偏好,还是六人团队日品咖啡600多杯,十年累计杯测超51万杯,只为追求更好的品质,给消费者带来更优的体验……今天的云南咖啡豆,已成为促进云南农业农村经济发展、农民增收致富和边疆繁荣稳定的特色优势产业,种植面积、产量、农业产值等均占全国的98%以上,正逐渐成为一个产量高、质量优、引起全球咖啡界关注的咖啡豆产地,让更多人品尝到来自中国云南的好咖啡!

十年可以改变一群人,因为种好"优质咖啡"的理念已深深根植于云南咖农的内心;十年可以改变一片土地,因为云南咖啡无限可能的故事正在源源不断地书写。2022年8月,云南省四部门联合印发《关于推动咖啡精品率和精深加工率提升若干政策

阅读资料4
扫码阅读

措施》，明确指出要努力建成全球重要的精品咖啡产区。回溯过往，对云南咖啡而言，"量大"是基础，"质优"才是关键。从田间到车间、从种子到杯子，仅仅依靠"量大"是难以获得话语权的，唯有坚持走精品化路线，在保证"量足"的同时，牢牢把握品质"小切口"，联合高等院校、科研院所聚焦咖啡品种改良、精品加工等方面开展技术攻关，从一粒咖啡生豆开始，全面推动全产业链升级，用高品质产品助推云南咖啡高质量发展。

悠悠远山中国味。喝云南咖啡，品中国味道。让我们同云南咖啡继续一道，奔赴下一个十年之约，以等待和耐心共同见证更高品质的云南咖啡、更响亮的咖啡品牌、更可持续的咖啡未来！

（资料来源：根据云南网文章《彩云网评："量大质优"助推云咖下个十年飘香》整理。）

二、设问检查法的比较

上述不同的方法都是由问题出发，寻找方案的方法。各种方法之间可以相互借鉴，结合使用。奥斯本检核表法，通过设问的方式，启发人的思考，同时也容易吸引大家共同讨论。5W1H法，则是通过提问，不断地对问题、原因等进行追问，在提问中发现关键要素，进而有利于提出合理的解决办法。和田十二法是对奥斯本检核表法的改造、扩展，问题更加具体细致且结合我国实际情况。系统提问法，以系统发问为先导，遵循先收敛后发散，先找到一般特征，然后再对一般特征发散思考后找到具体属性，从而找出解决问题的方案。

第二节　头脑风暴法

一、头脑风暴法的含义

头脑风暴法，是由美国创造学家亚历克斯·奥斯本(Alex Osborn)于1939年首次提出、1953年正式发表的一种激发创造性思维的方法。它是一种通过会议形式，让所有参加者在自由愉快、畅所欲言的气氛中，通过相互之间的信息交流，每个人毫无顾忌地提出自己的各种想法，让各种思想的火花自由碰撞，引起思维共振产生组合效应，从而产生创造性思维的定性研究方法，它是对传统的专家会议预测与决策方法的修正。在各种定性决策方法中，头脑风暴法占有重要地位。此法经各国创造学研究者的实践和发展，至今已经形成了一个发明技法群，如奥斯本智力激励法、默写式智力激励法、卡片式智力激励法等。

头脑风暴法是管理决策中一种非常重要的定性分析方法，它可以有效地克服传统会议决策法的缺陷，让所有参加会议的人在自由愉快、畅所欲言的气氛中，通过相互之间的信息交流引起思维共振，对于提高整个组织的创新水平具有非常重要的意义。

二、头脑风暴法的基本原则

（一）自由畅想

在头脑风暴会议上，人们提出的意见越新颖、越离奇，效果就会越好。奇异的想法不一定切合实际，但它的作用是可激发想象，突破习惯的思维模式，意见本身不一定有价值，但它会激发出有价值的设想。

（二）延迟批判

奥斯本说："如果设想同时从一只水龙头里获得冷水和热水的话，那么得到的是温水。假设你既想批评又想创造的话，结果是你既不能冷静地进行批评又不能创造。"因此，在整个头脑风暴会议期间，应集中精力去提设想，而放弃对设想的批评。批评会使与会者的心理安全、心理自由无法保证，破坏良好的气氛，致使无法提出好的意见。

（三）以量求质

奥斯本发现，头脑风暴会议中，提出设想的数目和设想的质量之间存在着某种正相关性。在开会的前10分钟所提的设想一般质量较低，随着思维的互相启发，特别是大量设想源源不断地提出后，这时所提的新设想往往会带有综合性，并会考虑到各种情况、各种角度。意见越多，产生好意见的可能性越大，这是获得高质量创造性设想的条件。

(四)综合改善

与会者除了提出本人的设想以外,还被要求提出改进他人设想的建议,将几个人的设想综合起来,形成新的设想。评价别人的想法不是批判,而是找出他人意见中的可取之处,在此基础上进行改善、组合,将其变为你感觉更合理、更实用的意见。

三、头脑风暴法的实施步骤

头脑风暴法的实施步骤,如图 5-3 所示。

图 5-3 头脑风暴法的实施步骤

(一)确定议题

一个卓有成效的头脑风暴会议一般从对问题的准确阐明开始。因此,在会前需要明确会议要解决什么问题。问题的设定应注意如下两点。

(1) 头脑风暴法要研究的问题是特殊的,而不是一般性的。集体会议仅能用来解决一些要求探索设想的问题,而不能用来解决那些事先需要做出判断的问题。

(2) 问题要限定范围,使组内每个成员集中一个目标提出设想。例如,一个厂家要求我们给他的新产品提出有关商标、包装及销售问题的设想。如果在会议中我们一会儿讨论商标,一会儿又讨论包装,这样的会议收获肯定不大。所以,应将问题分开,每次会议只讨论一个问题。

(二)确定参加人选

人数以 5~15 人为宜,人数太少不利于交流信息,太多又不利于掌控。与会人员的专业结构要合理。应保证大多数与会者是精通该问题的专家,同时还应有其他行业的有关人员参加,也可有少数外行人员,最好由不同专业或者不同岗位者组成,目的在于既能保证问题讨论的深度,又能突破专业习惯的束缚。与会者中应让对头脑风暴会议有一定经验的人占一定的比例，最好能从设想能力强的人中挑选小组的核心成员。与会者应事先参加过有关培训，并对要讨论的问题有所了解和准备，指定1人为主持人，1人作为记录员，记录员最好不是参加会议的人员，要认真地将与会者的每一个设想、提议，不管听起来是否合理、好坏，完整地记录下来。

如果参加者相互认识，要从同一职位的人员中选取。如果参加者互不认识，可以从不同职位的人员中选取。参加者的专业能力应力求与所讨论的问题匹配。

(三) 会前准备

为了使会议取得较好的效果，可以提前将问题和一些资料分发给参与人员，同时可以对会场进行适当的布置。比如，可以准备一块大的白板，这样主持人可以不断写出所提出的设想并让大家看到。在会议开始时，为使会议活跃，会前可做一些智力游戏、讲幽默小故事、做简单的发散思维练习等活动，主持人要向参与者重点强调头脑风暴法的原则。其主要原则包括以下几点。第一，禁止批评和评论，也不要自谦。对别人提出的任何想法都不能批判，不得阻拦。要保证全体参加者能够在充分放松的心情下，集中精力分享自己的想法和创意。第二，目标集中，设想的数量越多越好。第三，鼓励巧妙地利用和改善他人的设想，参会者可以对他人的设想继续进行补充完善，或者基于他人的设想提出新的设想。第四，参会者一律平等，各种设想全部记录下来。第五，主张独立思考，不允许私下交谈，以免干扰别人。第六，提倡自由发言，畅所欲言。第七，不强调个人的成绩，不以多数人的意见阻碍个人新设想的产生，鼓励个人追求更多更好的设想。

(四) 讨论会议主题

在会议过程中，主持人要鼓励参与者发表看法，并尽力让他们轻松地讨论，以产生尽可能多的思路。在会议中，如有参与者违反原则，主持人可以立即予以制止；如果参与者多次违反原则，主持人要重申原则。记录员在一个简单的表格中记下提出的思路，在会议中不要录音或者录像，以免影响参与者的情绪，抑制他们的思路。主持人要掌控好会议时间，最好安排在30～45分钟，最长不得超过1小时。

(五) 评价与发展

头脑风暴会议后，可组织专门的小组，召开专门的会议来评价头脑风暴会议上形成的各种设想，对其中一些荒诞的设想可暂时放弃，对富于创见的想法可再进行加工完善，以便形成方案。并且，在加工整理过程中还可能形成许多更有价值的设想，这种做法常被称为"二次会议"。

四、头脑风暴法的发展

头脑风暴法经过各国研究者的实践和发展，至今已形成一个发明技术群，除了上面的奥斯本头脑风暴法以外，还衍生出了默写式头脑风暴法、卡片式头脑风暴法，以及三菱式头脑风暴法等。

(一) 默写式头脑风暴法

默写式头脑风暴法的实施步骤如下。

(1) 每次会议由 6 个人参加。

(2) 会议主持人把议题发给与会者，并对与会者提出的疑问进行解释。

(3) 每人发一张设想卡，在每张卡上标注设想编号 1、2、3，在两个编号之间要留一定的空隙，可以让其他人填写新的设想。

(4) 在第一个 5 分钟，每人针对议题在卡片上填写 3 个设想，然后将卡片向左传递。

(5) 在第二个 5 分钟内，每个人从别人的 3 个设想中得到新的启发，再在卡上填写 3 个新的设想，然后将卡片再传给左边的与会者。这样，半个小时后可以传递 6 次，一共可产生 108 个设想。

(6) 将这些卡片收集起来，一并汇总和讨论。

(二) 卡片式头脑风暴法

卡片式头脑风暴法包括 CBS 法[①]和 NBS 法[②]两种，其具体的实施步骤如下。

1. CBS 法

(1) 会前明确会议主题，每次会议由 3~8 人参加，每人持 50 张名片大小的卡片，桌上另放 200 张卡片备用。

(2) 会议大约举行一个小时，最初 10 分钟为"独奏"阶段，所有与会者各自在卡片上填写设想，每张卡片写一个设想。接下来的 30 分钟，由与会者按座位次序轮流分享自己的设想，每次只能宣读一张卡片，宣读时将卡片放在桌子中间，让其他人都能看清楚。

---

① CBS 法是由日本创造开发研究所所长高桥诚根据奥斯本的智力激励法改良而成的卡片智力激励法。
② NBS 法是日本广播电台开发的一种智力激励法。

(3) 在宣读后,其他人可以质询,也可以将新的设想填入空白卡片。余下的 20 分钟让与会者相互交流和探讨各自提出的设想,从而再引发出新的设想。

2. NBS 法

(1) 会前必须明确主题,每次会议由 5~8 人参加,每人必须提出 5 个以上的设想,并将每个设想填写在一张卡片上。

(2) 会议开始后,个人出示自己的卡片,并依次做出说明。

(3) 在别人宣读设想时,如果自己产生了"思维共振",产生新的设想,应立即填写在备用卡上。待与会者发言完毕后,将所有的卡片收集起来,按内容进行分类横排在桌上,在每类卡片上加一个标题,然后再进行讨论,挑出可供实施的设想。

(三) 三菱式头脑风暴法

三菱式头脑风暴法的实施步骤如下。

(1) 提出会议主题。

(2) 参加会议的人各自在纸上填写设想,时间为 10 分钟。

(3) 个人轮流发表自己的设想,每人限提出 5 个,由会议主持人记下每人发表的设想。其他人也可以根据宣读者提出的设想,填写新的设想。

(4) 将设想写成提案,并进行详细说明。

(5) 相互质询,进一步修订提案。

(6) 由会议主持人将个人的提案用图解的方式写在黑板上,让与会者进一步讨论,以便获得最佳方案。

课堂练习 1

请以小组为单位,以头脑风暴法的形式讨论:如何提高学生餐厅伙食的性价比,使得价格公道还好吃?

名称:头脑风暴法训练。

目的:训练学生应用头脑风暴法进行创新。

学时:0.5 课时。

准备:

1. 将学生分成若干组(8~10 人一组),选一名主持人、一名记录员。

2. 每组发放便利贴。

具体步骤：

1. 按照头脑风暴法的原则召开会议。

2. 各个小组围绕主题尽量提出各种设想，记录在便利贴上，越多越好。

3. 会后整理各种设想，如未达到目的再召开会议。

📖 课堂练习 2

请以小组为单位，不同小组选择不同形式的头脑风暴法。

讨论主题：如何经营好校内的创业咖啡馆？

名称：头脑风暴法训练。

目的：训练学生应用不同形式的头脑风暴法并进行对比。

学时：0.5 课时。

准备：

1. 将学生分成若干组（8～10 人一组），选一名主持人、一名记录员。

2. 每组发放便利贴。

具体步骤：

1. 按照头脑风暴法的原则召开会议。

2. 各个小组围绕主题尽量提出各种设想，记录在便利贴上，越多越好。

3. 会后整理各种设想，如未达到目的再召开会议。

第三节　思维导图法

一、思维导图概述

思维导图又叫心智图，是用放射状图形的方式记录创意，同时结合了逻辑思维、发散思维和图形化思维的创新思考工具。它运用图文并重的技巧，把各级主题的关系用相互隶属与相关的层级图表现出来，把主题关键词与图像、颜色等建立记忆链接，如树枝一样伸展开的分支结构，不仅美观简洁，而且逻辑关系清晰，加上色彩和图案的运用，可以帮助记忆，刺激联想，从而开发人类大脑的无限潜能。思维导图的本质是一种思维工具，所以被用在很多地方，如图 5-4 所示。

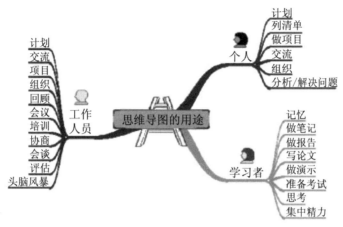

图 5-4 思维导图的用途

┤ 拓展阅读 ≫

思维导图的起源

东尼·博赞(Tony Buzan),英国大脑基金会总裁,世界著名心理学家、教育学家。他曾因帮助查尔斯王子提高记忆力而被誉为英国的"记忆力之父"。他发明的"思维导图"这一简单易学的思维工具正被全世界约 2.5 亿人使用。

20 世纪 60 年代,正在读大学二年级的东尼·博赞想要在图书馆获得一本谈论大脑和如何使用大脑的书籍,以帮助自己提升学习效率,但并未如愿。在这样的情景下,他没有放弃探索,而是自学了心理学、信息理论、感知理论、大脑神经生理学等科目,还广泛阅读伟大思想家的笔记资料。经过大量的学习和研究,他认为,若让人类大脑的各个物理方面和资历技巧彼此协作,会显著提高人们的工作效率和生产效益。比如,在笔记中用一些颜色涂写在重要的内容上,会使得记忆效率提高近一倍。

在此期间,东尼·博赞为一些智力有缺陷的孩子做辅导,并大胆将自己研究的理论应用在教学中,结果是分外喜人的。这种全新的思维理论,帮助一位女孩在一个月的时间里智商大幅提升。东尼·博赞将这种思维理论命名为思维导图(Mind Map)。

随后几年里,他一直在不断完善发散性思维和思维导图理念,并去往全世界,为政府、学校、企业介绍思维导图的价值。1995 年,他撰写并发布了《思维导图》一书。正因为东尼·博赞的研究与积极推广,使全球近 5 亿人得以享受这项成果。

(资料来源:如何利用思维导图进行对外汉语教学 [EB/OL]. (2020-02-25). https://baijiahao.baidu.com/s?id=1659476838106413780&wfr=spider&for=pc;大师陨落 思维永存 | 东尼·博赞先生一路走好 [EB/OL]. (2019-04-16). https://www.163.com/dy/article/ECQSQDG10518BGOU.html.)

二、思维导图的特点

(一) 发散性

每一张思维导图总是从一个中心主题开始的。每个词或者图像自身都成为一个子中心，合起来便形成一种从中心向四周发射的无穷无尽的分支链的形式，就像一只只有着无数触角的八爪鱼。而这种从中心向外无限扩展的放射状思考方式，是大脑的基本运作方式。

(二) 联想性

当一个主题确定下来后，该点引发的、与它有关的联想由此产生，就像一把钥匙，瞬间打开了大脑中千万个信息存储空间。这种通过关联联想不断产生的新思路、新想法，大大提高了我们的创造思维能力。

(三) 条理性

相对于传统线性笔记，思维导图利用本身所具备的逻辑归纳的特点，可以帮助我们从材料中找出重点，选择并提炼关键词，进行全面的逻辑梳理与归纳，锻炼我们的归纳思维能力，从而使材料本身变得条理清晰。

(四) 整体性

尽管思维导图是在二维的纸面上画出来的，但它可以代表一个多维的现实，包含了空间、时间和色彩。

三、思维导图的要素

(一) 中心主题

中心主题，顾名思义就是这张思维导图的总思想、总脉络，思维导图的分支都是围绕这个中心思想展开的。

(二) 图形

思维导图本身就是图形。一张图顶千句话，图形可以使人充分发挥想象力，把不熟悉的东西与自己熟悉的事物联系起来，不仅能刺激创意性思维，同时也会强化记忆。无论是思维导图中的中央图像,还是分支上的关键图像,或者是思维导图整体,越是生动有趣,越有利于人们集中注意力和发挥联想。

(三) 色彩

色彩给思维导图带来活力,避免单调。对色彩的有效利用会极大地刺激大脑,这使思维导图明显区别于其他传统的平面信息。思维导图利用图形、关键词、分支、色彩,以及线条、代码等图文并茂的形式来增强记忆效果,允许学习者产生无限的联想,使思维过程更具有创造性。

(四) 分支

思维导图呈现出一种放射状的结构。分支是由关键词和紧贴在下边的曲线构成。关键词既可以用文字表达,也可以用图形表达。不同分支按照层级关系连接起来。围绕中心主题延伸出来的是一级分支,从一级分支中延伸出来的是二级分支,以此类推。线条要求平滑有弧度,从同一个点出发,保持连续性。同时,线条是从粗到细延伸,目的是让我们的思维畅通无阻。

(五) 关键词

记忆的主体是某些关键概念特征的组合,而不是逐字逐句再现的过程。关键词可以勾起人们的经历与感受,有利于新创意的产生,能够使思维导图更加醒目。一般关键词是以名词为主,动词次之,形容词及副词为辅。这样不仅锻炼了我们归纳总结的能力,还能锻炼我们的发散思维。同时,关键词的颜色最好和线条的颜色保持一致,不仅分类明确,同时有利于记忆。

四、思维导图的绘制

(一) 思维导图的绘制步骤

(1) 将白纸横放,在白纸中间用图像表达问题的核心。中央图像越有趣,越能令大脑兴奋。

(2) 从中央图像向四周拓展绘制一级分支,并在分支线条上使用适当的关键词。画分支时通常从时钟钟面 2 点钟的位置开始。关键词可以是文字,也可以是图像。

(3) 从一级分支向周围拓展绘制二级分支,保证分支线条与上一层级的线条末端衔接，同样在分支线条上使用关键词。以此类推，逐层展开。

(4) 给思维导图的线条增加颜色。上颜色的目的是突出重点，呈现层次，加深记忆。

(5) 根据需要，对思维导图的内容使用连线、箭头、图像、符号、代码、边界等进行修饰和整理，形成个人风格，帮助理解记忆。

(二) 思维导图的绘制规则

1. 顺序的规则

思维导图分支绘制按照顺时针方向，起点一般在 2 点钟方向。这是思维导图绘制的基本常识，我们在阅读自己或他人的思维导图时也是按照同样的顺序。在绘制时，需要合理布局，从白纸的中心开始，周围留出空白，即根据分支及内容的多少，让各分支基本对称，避免出现重心偏移。

2. 图像的规则

图像有利于更好地运用想象力，可以自动吸引眼睛和大脑的注意力，能够有效地突出重点。图像越有趣，越能使人全神贯注地发散、联想，越能使大脑兴奋。因此，思维导图绘制时，一定要用中央图像，在绘制过程中只要有可能就要使用图像，这样可以通过视觉促进理解和记忆，并且触发更多的联想。

3. 线条的规则

思维导图的分支线条是曲线，曲线更容易刺激大脑，由中心向四周是由粗到细变化，彼此相连。因为大脑是通过联想来进行记忆的，如果把中心和四周分支连接起来，就会更容易理解和记住这些要点，也会使自己的思路越来越清晰，思维结构更丰富具体。注意曲线线条的长度与在线条上的关键词长度相匹配。

4. 色彩的规则

色彩是各种思想的最主要的刺激物，使大脑保持兴奋，能够提高使用思维导图的兴趣。在思维导图的绘制中都要使用色彩，主要图像要使用两种以上的色彩，更易于激活大脑。每个主干分支，或内容紧密联系的分支，使用同一种色彩，方便理解和辨别。为了层次分明、便于区分，线条与写在上面的关键词不要使用同样的颜色。如无特殊需要，整个思维导图的关键词可以使用同一种颜色。

5. 文字的规则

思维导图中的文字是我们提炼的关键词，越精练越好，切忌把大段文字都写上去。

每条曲线上只写一个关键词，词在线上。由于大脑更习惯接受横着写的词语，关键词的倾斜角度应有一定限度，以方便阅读。

五、思维导图的使用建议

关于思维导图，有如下 4 个使用建议。

(1) 先从目标开始。在使用思维导图之前，先想清楚你的目标是什么，同时把目标写在白板或纸张的正中间。

(2) 用对地方。思维导图是一种思维工具，它能够帮助我们打破线性思维，使我们找到不同想法之间的联系进行聚合，为创造性思维的出现提供了可能，帮我们捕捉到灵感，获取洞见。所以思维导图通常多用来记笔记、整理信息，但无法满足知识管理的所有需要。

(3) 冲破限制。首先，在绘制思维导图时，只要有想法就立刻写下来，不需要把第一层主题或分支穷尽了，再想第二层，刚开始想法的顺序、对错和重要性不是首要关注的内容；其次，颜色和线条的美观并不重要，过度关注美观会让人忘了真正的重点。

(4) 借助各种工具，互相结合使用。除了手画，还可使用其他软件工具绘制思维导图，如 OneNote、Mind Manager、XMind 等。这些工具可使思维导图的效果更好。

课堂练习 1

请各位同学运用思维导图法进行以下练习，然后小组内进行交流，各组推选出一位同学在课堂上进行汇报讲解。

名称：我的大学。

目的：练习思维导图。

学时：0.5 课时。

准备：白纸、笔（老师可提前为学生准备彩笔）。

提示：

1. 在纸中心绘制主题。

2. 向外扩张分支，并使用关键词、符号、颜色、图画等表达分支内容；在此基础上，不断添加次级分支。

3. 如有必要，用箭头把相关的分支连接起来，显示各分支之间的关系。

4. 发挥创意，使思维导图更具个人风格，比如添加边界线等，完善思维导图。

> **课堂练习 2**
>
> 请各位同学运用思维导图法进行以下练习，然后小组内进行交流，各组推选出一位同学在课堂上进行汇报讲解。
>
> 名称：时间管理。
>
> 目的：练习思维导图。
>
> 学时：0.5 课时。
>
> 准备：白纸、笔（老师可提前为学生准备彩笔）。
>
> 提示：
>
> 1. 在纸中心绘制主题。
>
> 2. 向外扩张分支，并使用关键词、符号、颜色、图画等表达分支内容；在此基础上，不断添加次级分支。
>
> 3. 如有必要，用箭头把相关的分支连接起来，显示各分支之间的关系。
>
> 4. 发挥创意，使思维导图更具个人风格，比如添加边界线等，完善思维导图。

第四节　类比法

一、类比法概述

（一）类比法的含义

类比法就是通过对两个对象之间某些方面的相同或相似之处进行比较分析，从而推断出这两个对象在其他方面的相同或相似的方法。人们通过对各种不同事物进行类比，将会不断产生出新颖的创造性设想，获取更多的创新成果。

（二）类比法的基本原理

类比法的基础是比较，利用未知事物的各种因素与已知事物的各种因素，通过异质同化和同质异化的两个基本创造过程，越过两种事物表面上的无关性，把它们联系和组合起来，求得富有新意的创造性构思。

1. 异质同化

类比法中的比较必然是建立在不同的两个事物之间。所谓的异质就是指这两个不同的事物，其中之一是待创新的事物，另一个是现有的事物；同化就是指找出这两个不同事物的相同点或相似点。异质同化是指在创造发明新事物时，借助现有事物的知识进行分析研究，找出待创新事物和现有事物之间的相同点或相似点的过程，从而达到把陌生事物熟悉化，把陌生问题转为熟悉问题，得到关于新事物的创造构思。

2. 同质异化

同质异化是指把现有事物与待发明事物相同点或相似点的原理、结构、形状或其结合运用于发明创造，创造出具有该相同点或相似点的新事物。

在运用类比法时，异质同化和同质异化两个方面缺一不可。异质同化是前提和基础，同质异化是创造发明的关键环节，一个新事物的创造发明必须把这两个方面结合起来，运用辩证统一的观点，分析解决问题。

案例　二维码的原理

我们的生活中充满了二维码，看网页要扫二维码，加好友要扫二维码，很多交易都支持扫码支付。二维码，到底是什么原理呢？

二维码就是把信息翻译成黑白的小方块，然后填到大方块里，这有点类似于中学考试中用的答题卡，就是把信息变成机器可扫描的图案，一秒钟就能知道你得了多少分。当然，二维码的原理和答题卡还不太一样。

二维码的哥哥——条形码，也就是超市收银员扫的那个黑白条，电脑在水平方向上识别粗细不匀的黑白条，就能找到藏在其中的商品编号信息。相比于只在一个维度上的条形码，携带信息的"二维码"在水平和垂直两个维度上都携带了信息，也就做成了方块状的样子。条形码和二维码这一对好兄弟，其实就是给数字、字母、符号等这些字符换了一身衣服，把它们打扮成了能被手机、相机识别的黑白条或块。

那么，最关键的问题来了，这些字符到底是怎么变成二维码图案的呢？这就要提到一个人类具有划时代意义的伟大发明——二进制。我们平时使用的这些字母、数字、汉字等各种字符，虽然画风完全不同，但是机智的人类发明了一个方法，使它们都可以被统一转换为由0和1组成的二进制数字序列，这个转换的过程叫作编码。字符在被变成只有0和1组成的数字序列之后，再运用一系列优化算法，就得到了最终的二进制编码。在最后这串编码中，一个 0 对应的就是一个白色小方块，一个 1 对应的就是一个黑色小方块，把这些小方块按照 8 个一组填进大方块里，就形成了一个完整的可以被手机、相机识别的二维码图案。所有二维码角上都有三个相同的方块，是用来给相机定位的，这样不管正着扫，倒着扫，还是斜着扫，扫出来的结果都是一样的。

(资料来源：二维码是怎么工作的？[EB/OL]. (2017-06-29). https://mp.weixin.qq.com/s?__biz=MzIyOTUwODE4NA==&mid=2247484794&idx=3&sn=eb4ec8d8903a4807d0068d8aa228a099&chksm=e840d04ddf37595b78a80c02458bfa0b72cfcae688157a4620c929435cb64379297f28e62fa0&scene=27；详解二维码的原理 [EB/OL]. (2020-05-14). http://news.eeworld.com.cn/qrs/ic497132.html.)

二、类比的类型

（一）直接类比

直接类比是针对研究对象，从自然界或已有的成果中寻找与之相类似的事物、技巧、知识和原理等进行比较，从中得到启发，进行联想，提出解决问题的思想、方法、原理等，完成创造。知识、经验越丰富，创造水平越高，类比对象与研究对象的本质特征越接近，则成功率越大。

美国的莱特兄弟以鸟作为原型，发明了飞机，实现了众多梦想飞行者的愿望。

鲁班根据草叶边缘的锋利细齿和大蝗虫板牙上的利齿，发明了带锯齿的铁条，后来又演变成了"锯"。

众所周知，踩到香蕉皮上，很容易摔跤滑倒。20 世纪 60 年代，一个美国学者对这一现象产生了浓厚的兴趣，他通过显微镜观察发现，香蕉皮是由几百个薄层构成，层与层之间很容易产生滑动。他突然想到，如果能找到与香蕉皮相似的物质，则能作为很好的润滑剂。最后，他发现了二硫化铝与香蕉皮的结构十分类似，经过他多次实验，一种性能优良的润滑剂被创造出来了。

（二）拟人类比

拟人类比又称感情移入、角色扮演。在创造发明活动中，发明者把自己设想为创造对象的某个因素，并由此出发，设身处地进行想象。在机器人的设计中，"拟人类比"

就是让机器人模仿人的动作,实现特定的功能。发明的"扫地机器人",就是借助人工智能,自动在房间内完成地板清扫工作。

(三)象征类比

象征类比是借助具体的事物形象和象征符号来比喻某种抽象的概念或思想感情的类比。象征类比是直觉感知的,针对需要解决的问题,用某种概括、抽象的形象、符号或句子来表达和反映问题的本质,使问题的关键显现并简化;寻找具有与象征形象或符号相类似的事物作为类比物,进行类比联想,提出解决问题的方案。从人们向往的,而在表面上看来似乎难以实现的想象中得到启发,扩展想象,如在保密、防盗方面,从阿里巴巴与四十大盗的故事中得到启发,发明了声控锁。

(四)幻想类比

幻想类比实际上是一种直接类比,只是幻想类比是在童话、神话、传说、民间故事、科幻小说等领域寻找类比物,如古代人们幻想登上月球,有嫦娥奔月的神话,而现代人已经能够成功登上月球。

在实际运用中,直接类比是基础,由此可以向拟人类比、象征类比、幻想类比引申发展。4种类比各有特点和侧重,在创造活动中相互补充、相互渗透、相互转化,都是创造过程中不可缺少的方法。

三、类比技法

(一)类比典型技法——综摄法

1. 综摄法的含义

综摄法最初是由美国创造学家威廉·戈登(William Gordon)提出的,是一种理论性和操作性较强的创造技法。综摄法是指从已知的事物出发,将毫无联系的、不同的知识要素结合起来,从不同的角度分析未知的事物,综合利用激发出来的灵感,来发明新事物或解决问题的方法。

2. 综摄法的实施步骤

综摄法的实施步骤如下。

(1) 确定综摄法小组的成员。由不同知识背景的人组成讨论小组,相互启发,集体攻关。小组中的主持人和专家需要具备较强的专业性,必须选择合适的人来担当。小组的其他成员可选择多种学科、多种专业的人士，以拓宽思路，更好地解决问题。

(2) 提出问题。一般由主持人将所要解决的问题向小组的成员宣读。这一问题往往是预先确定的，而且小组成员并不知晓。

(3) 分析问题。专家对该问题进行解释和陈述，目的是让小组成员了解有关问题的背景等信息，使非专业人员对该问题有一个大致的理解。专家对所要解决的问题的陈述不能过于详尽，防止大家的思维囿于一定的范围，而影响问题的展开。

(4) 净化问题。小组成员围绕这一问题进行类比设想，尽可能多地提出解决问题的方法，专家从较专业的领域说出该想法的不足之处，选择两三个比较有利于问题解决的设想，达到净化问题的目的。所选择的设想不应该是显而易见的、合乎情理的，而应该是新奇的、独特的构思。

(5) 理解问题，即确定解决问题的目标。从所选择的设想中的某一部分开始分析，让小组成员从新的问题出发，展开类比联想，陈述观点。这样做可以使小组成员理解解决问题的关键环节，并提出解决问题的方案。

在净化问题和确定解决问题的目标的过程中，既要发挥民主，让小组成员尽可能多地提出设想，又要体现集中，专家要从中选择两三个设想作为进一步讨论的出发点。

(6) 类比灵活运用。确定了解决问题的关键环节，主持人要有意识地抛开原来的问题，让小组成员发挥类比设想作用，把问题从我们熟悉的领域转到远离问题的领域。从各位成员的类比中，选出可以用于实现解决问题的类比，对选出的类比进行分析研究，从类比的例子中找出更详细的启示。

(7) 适应目标。远离问题不是根本目的，是为了到陌生的领域寻找有利于问题解决的启示。把从类比中得到的启示，与在现实中能使用的设想结合起来，从而形成一种新颖独特的解决方法。

(8) 方案的确定与改进。专家对于方案要进行反复论证，并对其中的缺陷进行改进，直到取得满意的结果。

(二) 类比一般技法

1. 原型启发法

原型启发就是通过与假设的事物具有相似性的东西，来启发人们找到解决新问题的途径。能够起到启发作用的事物称为原型。原型可来源于生活、生产和实验，如鱼的体型是创造船体的原型。

原型启发能否实现取决于头脑中是否存在原型，原型又与头脑中的表象储备有关，增加原型主要有三种途径：注意观察生活中的各种现象，并争取用学到的知识予以初步解释；通过课外书、电视、科教电影的观看来获得；重视实验。

2. 移植法

移植法是将某一个领域中的原理、方法、结构、材料、用途等移植到另一领域中，从而创造出新产品的创新方法。移植法也是在科学研究中最有效、最简单的方法之一，也是应用研究最多的方法之一。

3. 仿生法

根据生物界中生物的外形和内在原理创造出新事物，如简易的滑翔机便是根据鸟的外形仿制出来的。仿生法的具体实施步骤如下。

(1) 明确发明创造物的功能。

(2) 选择模仿的对象。根据自然界的生物学知识，通过类比联想，寻找与目标功能相似的生物体，有目的地选择模拟对象。

(3) 研究生物体的结构、功能等。

(4) 将研究所得的生物学资料，运用数学分析抽象成通用的数学模型，再采用机械、电子、化学等手段制成可进行工程技术实验的实物模型。

📖 课堂练习 1

采用类比法讨论以下问题：

1. 利用同质异化的方法提出自行车的新用途；
2. 提出自行车的新式锁具。

名称：类比法训练。

目的：训练学生运用类比法进行创新。

学时：0.5 课时。

准备：

1. 将学生分成若干组 (5~6 人一组)，选一名主持人，一名记录员。
2. 每组发放便利贴。

具体步骤：

1. 各个小组围绕主题采用类比法尽量提出各种设想，记录在便利贴上，越多越好。
2. 会后整理各种设想，如未达到目的再召开会议。

> **课堂练习 2**
>
> 采用类比法讨论以下问题：
>
> 1. 利用拟人类比法提出机器人的各种用途；
> 2. 结合思维导图法绘制机器人用途图表。
>
> 名称：类比法训练。
>
> 目的：训练学生运用类比法进行创新。
>
> 学时：0.5 课时。
>
> 准备：
>
> 1. 将学生分成若干组(5～6人一组)，选一名主持人，一名记录员。
> 2. 每组发放便利贴。
>
> 具体步骤：
>
> 1. 各个小组围绕主题采用类比法尽量提出各种设想，记录在便利贴上，越多越好；
> 2. 会后整理各种设想，如未达到目的再召开会议。

第五节　列举法

一、列举法概述

20世纪30年代初，美国内布拉斯加大学教授罗伯特·克劳福特(Robert Crawford)首次提出了属性列举法的概念，而列举法正是在属性列举法的基础上形成的。列举法利用分解和分析的方法，将研究对象的特点、缺点和希望点罗列出来，提出改进措施，形成创造性的设想。

> **案例　传音：中国 TECNO 手机称雄非洲**
>
> TECNO 的母公司传音控股总部位于中国深圳，在非洲当地，尤其是撒哈拉沙漠以南地区，蓝底白字的 TECNO 商标无处不在。2017年，传音在全球销售了将近1.3亿部手机，在全球市场的手机销量排名第四，在非洲市场的总份额排名第一，被称"非洲之王"。

传音一直以来坚持聚焦非洲，希望做出本土化的产品。非洲一些小地方存在有手机网络但是没有电的情况，所以传音做了超长待机的手机，一次充电可以待机20~30天。非洲人民很喜欢拍照片并在社交媒体分享，但是由于肤色比较深，在光线不够的时候拍照效果就不好，针对这个问题，传音专门开发了针对深肤色的拍照功能。传音非常关心非洲市场，不想通过赚快钱来谋求短期利益，而是为当地人提供真正需要的东西。

（资料来源：传音阿里夫：找准痛点 中国手机称雄非洲[EB/OL]. (2018-10-19). https://www.163.com/money/article/DUFFJN3F00258152.html.）

案例　中科原动力：会学习的农田作业机器人

"眼瞅着农忙时节又要到了，可就是找不到好机手，怎么办？" 2018年，中科原动力创始人韩威接到来自黑龙江省农场朋友的问询电话："能不能让拖拉机变成无人驾驶？" 这通电话让中科原动力初创团队与无人农机结下了不解之缘。

韩威是中国科学院微电子所（以下简称微电子所）副研究员，在微电子所的支持下，中科原动力于2018年正式成立，聚焦在农机无人驾驶领域，希望使农机具备全昼夜、无人化、精准作业能力，解决农业劳动力短缺的问题。

韩威告诉《中国科学报》："我们团队来自清华大学、加利福尼亚大学伯克利分校、早稻田大学等国内外的高校，大家的知识背景均与自动驾驶相关，我们面临的第一个困难就是要懂农业、懂农机、懂种地。"

于是，中科原动力创始团队决定去农田一线开展研发。"向农民和老机手学习如何种地、如何开拖拉机、如何解决耕作过程中遇到的各种各样的问题。" "经过两年的摸爬滚打，我们团队所有成员均具备了一定的耕种经验，同时我们积极吸纳农业背景的研发与生产人员加入，其中团队成员里种田时间最长的已达7年。"

"由于团队长时间扎根在农村，我们既可以光着膀子干农活，又可以干老本行写代码，因此产品迭代速度非常快。" 韩威也发现，"农机无人驾驶与公路无人驾驶不同，前者是生产工具，后者是交通工具，前者着重看作业效果，后者更关注安全舒适。"

据悉，中科原动力已经推出多个系列产品，面向规模化农业生产集团、农业大户等提供农机产品和农机代耕代收服务。

一是"虚拟机手"，可后装于普通农机。通过后装改造，普通拖拉机也具备全昼夜无人化的精准作业能力。该系列产品操作规范简单，能够覆盖大田作业下的耕地、播种、中耕植保、收获、秸秆还田等全流程，适配数十种不同农具；还能够实现一人对多机管理，连续高强度长时间作业，大幅减少作业人员数量。

二是智能农机系列，该系列产品覆盖150～240马力段拖拉机，具有无级变速功能，可大幅度降低燃油消耗。该产品分为有驾舱与无驾舱两个版本，均具备全昼夜无人化精准作业能力。

三是农业机器人系列。该系列产品包括农田精准打药机器人、农田智能除草机器人，在大量减少除草剂施用量的前提下达到精准除草的效果。

中科原动力创始人韩威表示，我们要代替的是一个熟练的拖拉机手。以往人力作业更多地依赖于农机手的经验知识，而中科原动力要做的就是把人的知识经验总结出来，加上计算机的优化，使得无人农机的作业能力可以超过一个老机手。

中科原动力将无人农机要做的事情分解成三大部分：开好拖拉机，操控好车上的农具，监测无人农机作业效果。相应地，中科原动力也为拖拉机装上了摄像头、毫米波雷达等传感器、计算单元及进行线控改造。不同于其他自动驾驶场景，无人农机需要感知的对象并非常见的行人、两轮车、汽车、车道线等要素，而是农田里的电线杆、坟头、独立墙、泥沟等静态障碍物、动态障碍物（人、牲畜），以及车辆自主作业完成的效果。农田里的不确定性比较小，难的反倒是一些确定性的东西，比如说行驶在非铺装、非结构化的路面，因车辆持续震动、冲击，以及作业带来的粉尘遮挡，全昼夜全天候工作……这些对传感器、算法鲁棒性的要求非常高。在车辆路线规划方面，团队还需要了解需作业农田的形状、各种农具、各种作业方式等，比如耕地、整地、播种、浇水、收割等环节的车辆作业轨迹都不一样。

这就要求，中科原动力在具备自动驾驶技术之外，还要有深厚的农业生产知识。据了解，中科原动力所有技术人员都有拖拉机和联合收割机驾驶证，拥有丰富的农业一线生产经验，具备自动驾驶和农业生产的双重认知。目前，中科原动力已经能够在旱田上实现玉米、大豆、小麦、棉花的作业全流程无人化，未来将扩展马铃薯、水稻等全新品类。此外，智能农机的服务范围还会逐步拓展到山丘、园林等领域。

过去都是面朝黄土背朝天地耕作，有了无人农机之后，能够大幅提高农业生产效率。未来我们希望看到机器人种地、人来管理机器的场面，一个人就可以管理成百上千，甚至万亩农田。

（资料来源：中科原动力：无人农机让耕作简单又高效[EB/OL]. (2021-08-10). https://news.sciencenet.cn/htmlnews/2021/8/462904.shtm.）

二、列举法的类型

按照所列举对象的不同，列举法可以分为属性列举法、缺点列举法和希望点列举法。

(一) 属性列举法

1. 属性列举法的含义

属性列举法也称为特征列举法，是一种通过列举、分析特征，应用类比、移植、替代、抽象的方法，是通过变换属性特征获得创新的方法。创始人克劳福特教授认为，创造并不单凭灵感，很大程度上依靠改造和实验，这种改造并不是机械地将不同产品结合起来，而是应针对特点进行改造，改进时应尽量吸收其他物体的特点，要尽量详尽地列举研究对象的属性。

2. 属性列举法的实施步骤

(1) 将改进对象的特征或属性全部列出来，把整体分解成部分。每个部分功能如何、特性怎样、与整体的关系如何都列举出来，制成一览表。

(2) 从三个主要方面进行特性列举：①名词特性，整体、部分、材料、制造方法；②形容词特性，性质、状态、颜色、形状、感觉；③动词特性，功能、作用。

(3) 在各项目下试用可替代的各种属性加以置换，引出具有独创性的方案。进行这一步的关键是要力求详尽地分析每一特性，提出问题，找到缺陷，再试着从材料、结构、功能等方面加以改进。

在运用属性列举法时，对事物的属性分析越详细越好，并且尽量从各个量、各个角度提出问题，以便得到更多的启示。

3. 属性列举法的应用

下面以雨伞为例，对属性列举法进行应用说明。

(1) 确定研究对象：尼龙折叠花伞。

(2) 特征举例 (见表 5-9)。

表 5-9 尼龙折叠花伞特征

名词性特征	伞把、伞架、伞尖、伞面、弹簧、开关、伞套、尼龙面、铝杆、铁架
形容性特征	圆柱形的 (伞把)、曲形的 (伞把)、直的 (伞架)、硬的 (伞架)、尖的 (伞尖)、花形的 (伞面)、圆的 (伞面)、不发光的 (雨伞) 等
动词性特征	折叠、手举、打开、闭合、握、提、挂、放、按、晒、遮雨

(3) 进行特征变换 (见表 5-10)。

表 5-10　尼龙折叠花伞特征变换

名词性特征变换	将尼龙面雨伞变为透明伞边雨伞，伞把变为硬塑料，伞架变为铝杆
形容性特征变换	将直的、硬的、铁的伞架变换为软的、充气管式伞架以便携带
动词性特征变换	将用手举的伞变换为用肩固定的伞、用头固定的伞，以方便骑车者、提物者、抱婴儿者

(4) 提出新产品设想：依变换后的新特征与其他特征组合可得到新产品 (见表 5-11)。

表 5-11　尼龙折叠花伞新产品设想

设想 1	硬塑伞把、铝杆、充气式伞架组成的花面折伞
设想 2	普通型带透明伞边的伞及充气型带透明伞边的伞
设想 3	戴在头上的无杆、普通支架、小伞面伞，带在头上的充气型伞面伞，能背在肩上的伞

课堂练习

以小组讨论的形式采用属性列举法对手机进行创新。

名称：属性列举法训练。

目的：训练学生应用属性列举法。

学时：0.5 课时。

准备：

1. 分组，每组 5~6 人；

2. 每组发放便利贴。

具体步骤：

1. 各个小组围绕主题尽量列举各种属性，记录在便利贴上，越多越好。

2. 进行特征变换，并围绕这些特点提出新产品设想，制定出切实可行的革新方案。

3. 在众多方案中可用投票的方式选出最优方案。

(二) 缺点列举法

1. 缺点列举法的含义

缺点列举法就是一种通过寻找事物的缺点，将其具体缺点一一列举出来，对缺点进行分析定性，或对缺点加以适当有效利用，或对缺点提出改革方案进行创新的方法。在寻找和列举事物缺点的时候，尽可能多地使思维扩散，然后再运用收敛思维对各种创新方案的可行性进行论证，从中选出最优方案。这种方法与属性列举法相比，有其独到之处。属性列举法列出的特性很多，逐个分析需要花很多时间。缺点列举法的特点是直接从社会需要的功能、审美、经济等角度出发，研究对象的缺陷，提出改进方案，显得简便易行。此法主要是围绕着原事物的缺陷加以改进，一般不改变原事物的本质与总体，属于被动型的方法。它一方面可用于老产品的改造上，也可用于对不成熟的新设想、新产品做完善工作，另外还可用于企业的经营管理方面等。

2. 缺点列举法的实施步骤

运用缺点列举法时，可遵循这样的步骤进行。

(1) 运用发散思维找事物或产品存在的缺点，将缺点一一列举出来。

(2) 对列举出的缺点进行分析，将缺点分为两类：一类是可以适当利用的缺点；一类是必须改进和克服的缺点。

(3) 设想和探讨利用或克服缺点的方案。

(4) 选出最优方案。

3. 缺点列举法的应用

某伞厂计划对雨伞进行改进。通过会议方式共找出普通雨伞存在的问题有：雨伞容易刺伤人；拿伞的那只手不能再做其他事情；乘公共汽车时伞会弄湿乘客的衣服；伞骨容易折断；伞布透水；开伞收伞不够方便；样式单调、花色太少；伞具携带收藏时不够方便等。

会上提出的各种新方案有：增加折叠伞品种；伞布进行特殊处理；伞顶加装集水器，倒过来后雨水不会弄湿地面；增加透明伞、照明伞、椭圆形的情侣伞、拆卸式伞布等。还可以制成"灶伞"，除了挡风遮雨外，在晴天撑开伞面对准太阳，伞面聚集点可产生500度的高温，太阳伞成了名副其实的"太阳灶"，用途一下子就增加了许多。

📖 课堂练习

请以小组讨论的形式，采用缺点列举法对新能源汽车进行创新。

名称：缺点列举法训练。

目的：训练学生应用缺点列举法。

学时：0.5课时。

准备：

1. 分组，每组5～6人；

2. 每组发放便利贴。

具体步骤：

1. 各个小组围绕主题尽量列举各种缺点，记录在便利贴上，越多越好；
2. 从中挑选出主要的缺点，并围绕这些缺点制定出切实可行的革新方案；
3. 在众多方案中可用投票的方式选出最优方案。

（三）希望点列举法

1. 希望点列举法的含义

希望点列举法是发明者根据人们提出来的种种希望，经过归纳，沿着所提出的希望达到的目的，进行创造发明的方法。希望点列举法不同于缺点列举法。后者是围绕现有物品的缺点提出各种改进设想，这种设想不会离开物品的原型，因此它是一种被动型的创造发明方法，而希望点列举法则是以发明者的意愿为基础提出各种新的设想，它可以不受原有物品的束缚，因此它是一种积极、主动型的创造发明方法。

现在，市场上许多新产品都是根据人们的"希望"研制出来的。例如，人们希望茶杯在冬天能保温，在夏天能隔热，就发明了保温杯。人们希望有一种能在暗处书写的笔，就发明了既可照明又可书写的"光笔"。在设计服装时，人们希望不要纽扣，冬天暖夏天凉，免洗免熨，可变花色，两面都可以穿，重量轻，胖瘦都可以穿，脱下来可作为提物袋等，现在这些意愿大多数都变成了现实。

2. 希望点列举法的实施步骤

希望点列举法的实施主要分为如下三个步骤。

(1) 激发和收集人们的希望。
(2) 仔细研究人们的希望，形成希望点。
(3) 以"希望点"为依据，创造新产品以满足人们的愿望。

3. 希望点列举法的应用

一家企业想开发一种新型雨伞，于是便召集人员，想让他们说说自己的想法。

员工 A：如果天气好了，就可以把伞扔掉，那才方便呢。

员工 B：我倒希望有一把伞，和朋友一起走能变大些，自己走能变小些。

员工 C：能搞出像空气那样的东西，围裹着身体，不让雨淋湿才好。

员工 D：淋湿了马上就干也不错。

员工 E：伞能够把雨水都吸收了。

员工 F：最好有一种像隧道似的东西，向前延伸着使人淋不到雨。

> **课堂练习**

请以小组讨论的形式采用希望点列举法对眼镜进行改进。

名称：希望点列举法训练。

目的：训练学生应用希望点列举法。

学时：0.5 课时。

准备：

1. 分组，每组 5~6 人；
2. 每组发放便利贴。

具体步骤：

1. 各个小组围绕主题尽量列举各种希望点，记录在便利贴上，越多越好；
2. 将提出的各种希望进行整理，从中选出目前可能实现的若干项进行研究；
3. 制定出具体的创新方案，并且在众多方案中可用投票的方式选出最优方案。

第六节　TRIZ 创新方法

TRIZ 是通过大量的专利分析，从中找到并浓缩技术问题的解决方案，即发明问题的解决理论。TRIZ 国内翻译为"萃智"，意为萃取智慧，就是从已经解决的发明问题和答案中"萃取"未知问题的解决方法和理论。

在 TRIZ 理论中，共有 5 种克服思维惯性的方法，分别是九屏幕图法、小矮人法、最终理想解法、金鱼法和 STC 算子法 (尺寸—时间—成本算子法)。

一、九屏幕图法

（一）九屏幕图法的含义

九屏幕图法是由技术系统、子系统、超系统及这三个系统的过去和未来组成 9 个屏幕，也称为"多屏幕法"。九屏幕图法是一种系统思维的方法，它是把问题当作一个系统来研究，关注系统的整体性、层级性、目的性，关注系统的动态性、关联性，即各要素之间的结构。

(二) 九屏幕图法的基本框架

九屏幕图法是按照时间和系统层次两个维度进行思考。九屏幕图法基本框架如图 5-5 所示。任何一个具体问题都是系统的当前状态,往后看是系统的未来,往前看是系统的过去,往下看是子系统的当前,子系统当前的前后,分别是子系统的过去和子系统的未来,往上看则是超系统的当前,超系统当前的前后分别是超系统的过去和超系统的未来。九屏幕也可以做成九宫格的形式。

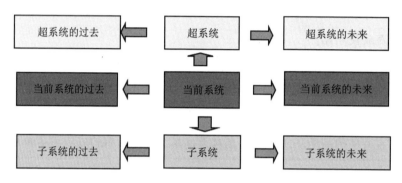

图 5-5　九屏幕图法基本框架

(三) 九屏幕图法的类型

1. 基于技术系统进化的九屏幕图

TRIZ 理论的核心思想之一是任何技术系统都是按照一定的客观规律向前进化的,在九屏幕图中也得到了体现。基于技术系统进化的九屏幕图是以当前系统及过去与未来的一种进化关系而形成的。根据实际解决技术难题的经验和培训心得,通常基于技术系统进化的九屏幕多为图 5-5 所示箭头的逻辑关系。此类九屏幕图主要用于系统宏观层面的分析,寻找资源解决问题和开展产品技术预测。

2. 基于工艺和操作流程的九屏幕图

基于工艺和操作流程的九屏幕图是以产品的工艺或操作流程为逻辑关系组成的,因此系统的过去并不是指完成当前系统功能的过去的替代品,而是指前道工序或产品。当前系统存在问题的解决办法是,除考虑子系统和超系统中的可用资源外,还要考虑前道工序或操作是否可以提前采取措施进行预防,后道工序或操作是否可以采取措施补救,或者在现有前道工序和后道工序间再增加一个工艺或一个操作流程,来保证当前系统的稳定运行,而不是直接考虑采用措施替换当前系统。此类九屏幕图主要用于系统微观层面的分析,更适合分析产品的生产和现场的管理及相关操作。

3. 基于技术系统状态的九屏幕图

基于技术系统状态的九屏幕图是以系统的状态为逻辑关系所组成的，因此系统的过去和未来，也就是系统过去的状态或者下一个状态。通过利用状态间的差异来寻找解决问题的可用资源。比如在制药中通常都需要涉及干燥的问题，在药品或半成品干燥过程中，对干燥的程度、时间等要求较高，在利用免费资源空气进行干燥时，需要分析空气的状态，即空气是冷气、热气、温度是多少的空气等，通过此类分析，可以更好地确定整个技术系统的状态，为解决问题奠定良好的基础。此类九屏幕图主要用于分析系统微观层面，多用于制药、发酵、化工等领域。

（四）九屏幕图法使用步骤

九屏幕图法对情境进行系统的思考，不仅要考虑当前，还要考虑过去和未来；不仅要考虑本系统，还要考虑相关的其他系统和系统内部，系统地、动态地、联系地看待事物。它系统地思考问题的产生与发展，系统地分析资源，从资源的视角探究解决问题的可能性，选取最佳方案解决问题。

九屏幕图法的使用步骤如下：

(1) 画出三横三纵的表格（见图5-6），将要研究的技术系统填入格1；

(2) 考虑技术系统的子系统和超系统，分别填入格2和格3；

	3	
4	1	5
	2	

图5-6　九屏幕图法示意图

(3) 考虑技术系统的过去和未来，分别填入格4和格5；

(4) 考虑超系统和子系统的过去和未来，填入剩下的格；

(5) 针对每个格子，考虑可用的各种类型资源；

(6) 利用资源规律，选择解决技术问题。

九屏幕图法帮助创新人员多角度看待问题，分析当前系统；突破原有的思维局限，从多个方面和层次寻找可利用的资源，更好地解决问题。

二、小矮人法

（一）小矮人法的含义

小矮人法，又称聪明的小矮人(smart little people，SLP)，是用小矮人模拟系统中问题或冲突的发生，建立问题模型，激发人们的思维，进而找到解决问题的方法。

(二)小矮人法的解题思路

按照常规思维，在解决问题时通常选择的策略是从发现问题到提出解决方案，而这个过程采用的手段是在原因分析的基础上，利用试错法、头脑风暴法等得到解决方案。这种策略常常会导致形象、专业等思维惯性的产生，解决问题的效率较低。而小矮人法解决问题的思路是将需要解决的问题转化为小矮人问题模型，利用小矮人问题模型得出解决方案模型，最终得出待解决问题的方案，有效规避了思维惯性的产生，克服了对此类问题原有的思维惯性。

(三)小矮人法的解题流程

小矮人法在解决问题时通常采取以下步骤，应当指出的是，TRIZ 理论中各个工具的使用都有较为严谨的步骤或者"算法"，为学习和应用者提供了清晰的流程。

第一步：分析系统和超系统的构成

描述系统的组成，"系统"是指出现问题的系统，系统层级的选择对于分析问题和解决问题有很大的影响。系统层级选择太大时，系统信息不充分，为分析问题带来了困难；系统层级太小时，可能遗漏很多重要的信息。这时需要根据具体的问题，做具体分析。

第二步：确定系统存在的问题或者矛盾

当系统内的某些组件不能完成其必要功能，并表现出相互矛盾时，找出问题中的矛盾，分析并确定矛盾产生的根本原因。

第三步：建立问题模型

描述系统各个组成部分的功能(按照第一步确定的结果描述)，将系统中执行不同功能的组件想象成一群一群的小矮人，用图形的形式表示出来，不同功能的小矮人用不同的颜色表示，并用一组小矮人代表那些不能完成特定功能的部件。此时的小矮人问题模型是当前出现问题时或发生矛盾时的模型。

建立问题模型：用小矮人来代表这些不能完成特定功能的部件，可"动"的用一组小矮人表示，不可"动"的用一组小矮人表示。

第四步：建立方案模型

研究得到的问题模型，将小矮人拟人化，根据问题的特点及小矮人执行的功能，赋予小矮人一定的能动性和"人"的特征，抛开原有问题的环境，对小矮人进行重组、移动、剪裁、增补等改造，以便实现解决矛盾。

通过能动的小矮人，实现预期功能，消除矛盾，找到解决方案模型。

第五步：从解决方案模型过渡到实际方案

根据对小矮人的重组、移动、剪裁、增补等改造后的解决方案，从幻想情景回到现实问题的环境中，将微观变成宏观，实现问题的解决。

三、最终理想解法

(一) 最终理想解法的含义

TRIZ 理论在解决问题之初，首先抛开各种客观限制条件，通过理想化来定义问题的最终理想解 (ideal final result，IFR)，以明确理想解所在的方向和位置，保证在问题解决过程中能够始终沿着此目标前进并获得最终理想解，从而避免了传统创新设计方法中缺乏目标的弊端，提升了创新设计的效率。

最终理想结果是在最低限度地改变系统的条件下实现技术系统最大限度的自服务。最终理想解具有以下 4 个特点：保持了原系统的优点；消除了原系统的不足；没有使系统变得更为复杂；没有引入新的缺陷。当确定了待设计产品或系统的最终理想解之后，可用这 4 个特点检查其有无不符合之处，并进行系统优化，以确认达到或接近最终理想解为止。

(二) 确定最终理想解的步骤

最终理想解的确定是问题解决的关键，很多问题的最终理想解被正确理解并描述出来，问题就直接得到了解决。设计者的惯性思维常常让自己陷于问题当中不能自拔，解决问题大多采用折中法，结果就使问题时隐时现，这让设计者叫苦不迭。而最终理想解可以帮助设计者跳出传统设计的怪圈，从最终理想解这一新角度来重新认识定义问题，得到与传统设计完全不同的问题根本解决思路。

最终理想解确定的步骤具体如下。

第一步：现有问题描述。设计的最终目的是什么？

第二步：问题解决的最终理想解描述。最终理想解是什么？

第三步：分析现有的所有可利用资源。达到最终理想解的障碍是什么？

第四步：出现这种障碍的结果是什么？

第五步：不出现这种障碍的条件是什么？

第六步：创造这些条件存在的可用资源是什么？得到接近最终理想解的技术方案。

四、金鱼法

(一) 金鱼法的含义

金鱼法的名称来自于《渔夫和金鱼的故事》，故事中描述了渔夫的愿望通过金鱼变成了现实。金鱼法是从幻想式解决构想中区分现实和幻想的部分，再从幻想的部分继续分出现实与幻想两部分，反复进行这样的划分，直到问题的解决构想能够实现时为止（见图5-7）。

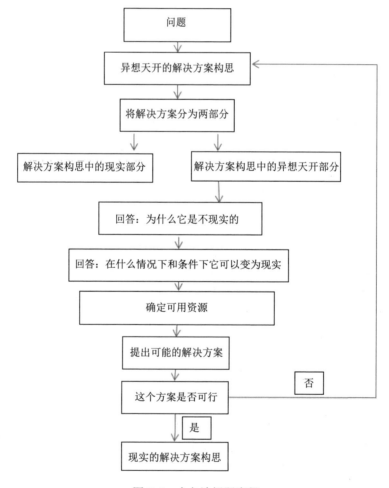

图5-7 金鱼法解题流程

(二) 金鱼法的应用步骤

(1) 将问题分为现实和幻想两部分。精确界定什么样的想法是现实的,什么样的想法看起来是不现实的。

(2) 解释为什么非现实部分是不可行的。尽力对此进行严密而准确的解释,否则可能会得到一个不可行的想法,即问"问题 (1)":幻想部分为什么不现实?

(3) 找到在哪些条件下想法的非现实部分可变成现实的,即问"问题 (2)":在什么情况下幻想可以变为现实?

(4) 列出子系统、系统、超系统的可利用资源。

(5) 从可利用资源出发,提出可能的构想方案,即定义相关想法,应怎样对情景加以改变,才能实现想法看似不可行的部分。将这一新想法与初始想法的可行部分组合为可行的解决方案构思。

(6) 得到现实的解决方案构思。如果无法得到可行途径,再次回到第一步,重复。

案例 金鱼法的解题案例:怎样用四根火柴棍摆成一个"田"字呢

由于思维惯性的影响,大家可能觉得组成一个"田"字至少需要 6 根火柴棍,而现在只有 4 根火柴棍,该怎么办呢?大家也许都会想将其折断来组合,即通过将火柴棍折断组成任何一个字,这就失去了游戏的趣味性。

(1) 首先将问题分解为现实部分和不现实部分。

现实部分:4 根火柴棍、组成一个"田"字的想法。

幻想部分:4 根火柴棍在不损折的情况下组成一个"田"字。

(2) 幻想部分为什么不现实?

因为思维定式的影响,4 根火柴棒只是 4 条线段,而组成一个"田"字至少需要 6 条线段,并且火柴棍不能折断。

(3) 在什么情况下,幻想部分可变为现实?

借助他物;火柴棍上自身含有组成"田"字的资源。

(4) 确定系统、超系统和子系统的可用资源。

系统:4 根火柴棍。

超系统:火柴盒、桌面、空气、重力、灯光等。

子系统:火柴棍的横断面和纵断面。

(5) 利用已有的资源，基于之前的构思考虑可能的方案：

4 根火柴棍借助火柴盒或者桌角的两条边就能摆成一个"田"字；火柴棍的横断面是个矩形，而 4 个矩形就能组成一个"田"字。

(6) 得到现实的解决方案构思。

五、STC 算子法

(一) STC 算子法的含义

STC 算子法就是对一个系统自身不同特性单独考虑，来进行创新思维的方法。STC 算子是一个序列化的心理试验，帮助人们克服对物体的传统意象，即从物体的尺寸 (size)、时间 (time)、成本 (cost) 3 个方面来做 6 个智力测试，重新考虑问题，以打破固有的对物体的尺寸、时间和成本的认识。

- 尺寸：一般可以考虑物体都有 3 个维度，即长、宽、高。
- 时间：一般可以考虑是物体完成有用功能所需要的时间。
- 成本：一般可以理解为不仅包括物体本身的成本，也包括物体完成主要功能所需各项辅助操作的成本。

(二) STC 算子法的分析步骤

STC 算子法的分析步骤主要包括以下 6 个维度的思维尝试：

(1) 设想逐渐增大对象的尺度，使之无穷大 ($S \to \infty$)；

(2) 设想逐渐减小对象的尺度，使之无穷小 ($S \to 0$)；

(3) 设想逐渐增加对象的作用时间，使之无穷大 ($T \to \infty$)；

(4) 设想逐渐减少对象的作用时间，使之无穷小 ($T \to 0$)；

(5) 设想增加对象的成本，使之无穷大 ($C \to \infty$)；

(6) 设想减少对象的成本，使之无穷小 ($C \to 0$)。

课堂练习

以小组讨论的形式采用九屏幕图法对自行车进行创新。

名称：九屏幕图法训练。

目的：训练学生应用九屏幕图法。

学时：0.5课时。

准备：

1. 分组，每组5~6人；

2. 每组发放大白纸。

具体步骤：

1. 各个小组围绕主题画九宫格；

2. 充分考虑自行车系统的子系统和超系统、过去和未来、超系统和子系统的过去和未来，填入到九宫格中；

3. 针对每个格子，考虑可用的各种类型资源；

4. 利用资源规律，找出解决方案。

思考与实践

1. 2019年5月30日，北京市第十五届人大常委会第十三次会议召开。会议提出本市下一步将推动学校、医院等公共机构，以及商业办公楼宇、旅游景区、酒店等经营性场所垃圾强制分类逐步全覆盖，通过对小区垃圾桶、转运车辆加装身份识别和称重计量设备，对各类垃圾实施全流程实时监管，探索建立全市统一的积分管理制度、居民垃圾分类的信用账户等方式鼓励垃圾分类。请以小组为单位，运用头脑风暴法，讨论如何让市民熟知垃圾分类，并配合做好垃圾源头分类、正确投放等工作。

2. 进入夏季，下雨概率增加，雨伞成为出行的必备工具。请分别运用奥斯本检核表法和分析列举法对雨伞进行创新，并说明两种方法的应用特点。

3. 请运用思维导图，绘制本章的知识体系，不仅要美观简洁，而且要逻辑关系清晰，同时注意色彩和图案的运用。

4. 图书馆是大学期间学生学习和自习的主要场所之一，但是图书馆经常会发生占座现象，甚至会因为占座引发冲突。请使用列举法说明如何解决图书馆的占座问题。

第 6 章
设计思维创新

开篇案例 以海盗为主题的卡通特色 CT 扫描机

2013 年 8 月 25 日，英国《每日邮报》发布了一篇报道，主要介绍了美国纽约摩根士丹利儿童医院购买的一台以海盗为主题的卡通特色 CT 扫描仪。该 CT 机身披卡通海盗船图案，同时在检查室结合墙绘，打造了一个趣味性的体验场景，一时间吸引了众多媒体的关注，成为儿童医院形象设计的典型案例。

海盗船 CT 机的推出并非设计者的一厢情愿或者心血来潮，动机的产生来自社会性的现实需求。有过 CT 检查经验的成人都能理解，在一个环绕的机器空间里，多少有些陌生感、神秘感，甚至恐惧感。对于成年人来讲，一般都可以通过一定程度的自我安慰消除不安感，因为这个过程既不会产生疼痛又不会有任何不良反应。但是对儿童来说就完全不是那么一回事了，儿童对陌生事物的恐惧感是与生俱来的，在他们看来，CT 机环绕着他们的身体，还伴随隐隐而来的机器运作的声音，这些会给不明就里的孩子带来未知的恐慌。孩子的年龄越小，就越容易产生不安感乃至恐慌感，轻则会哭闹，影响检查进行，重则会给孩子带来一定的心理阴影，影响孩子的心理健康。

海盗船 CT 机的发明者是通用电气公司的医用成像设备设计师道格·迪兹 (Doug Dietz)，他一直为自己的工作能拯救生命而感到骄傲，但他在医院观察机器的实际使用时却看到了让他吃惊的一幕：一个接受检查的小女孩被吓哭了，神秘的 CT 机意味着"未知的恐慌"，她难以独自认知并克服这个挑战。令道格非常沮丧的是，这种情况非常普遍，医院近 80% 的儿科患者需要服用镇静剂才能做 CT 检查。带来的直接问题是一方面医院需要人力、物力去解决儿童不配合检查的问题，另一方面服用镇静剂的方法也会给孩子带来不良的影响，特别是对于发育期的儿童来说更是不得已而为之，这让家长异常担忧。

幸运的是，道格掌握了丰富的创新方法论，对于设计思维创新的同理心、原型设计等核心概念有非常深刻的认识，他运用这些核心概念与原理重新设计了扫描检查的全部体验，把 CT 检查变成了孩子们的冒险历程。他请专业人员在墙上和机器上画上儿童普遍喜欢的图案，还请儿童心理专业人员对医务人员重新培训，用孩子能听懂的语言为孩子们解释噪音和检查舱的运行，并配合设计的场景指导检查流程。在孩子进入 CT 机时他们会对孩子说："好了，你现在要潜入这艘海盗船，别乱动，不然海盗会发现你的。"被大多数大人看作幼稚的情景设计对孩子来说却非常适用，几乎八成的儿童患者会主动选择海盗船 CT 机。通过墙面、地面、道具与游戏化的引导语言配合，CT 机检查房变成了"海盗船体验馆"，形成主题化的趣味场景。对儿童而言，严肃、恐怖的医疗检查变成了一次游戏、一次探险之旅。最为戏剧化的结果是，一个做完检查的小女孩跑到妈妈那儿问："妈妈，我们明天还能来吗？"

通过设计，孩子们把一直被认为是严肃、恐怖的医疗检查当成了一次游戏，他们以更为主动和愉快的心态积极配合医疗检查程序。放射科的主任医生在提及海盗船 CT 机带来的变化时说道："这里没有恐怖的海盗，而是可爱的海盗，看上去就像《好奇的乔治》里的世界，小病人也反响热烈，医院对他们来说就不那么可怕了。"海盗船 CT 机的案例充分体现了以用户为中心的解决问题的思路，在满足了儿童患者需求的同时，提高了医院的检查效率。

由此可见，成功的产品或服务创新设计应从客观受众的心理、喜好出发，以"同理心"为指导，客观地评价设计的合理性，避免一味寻求艺术性及迎合个人喜好。这个过程中，以用户为中心，贯彻以人为本的理念尤为重要。

(资料来源：海盗船 CT 机，给儿童带来全新的就医体验 [EB/OL]. (2015-05-15). http://www.yibochuanren.com/info_xshdmaq.html.)

思考：
1. 初期的 CT 机为什么成年人可以适应，儿童却会产生不适感而难以顺利完成检查？
2. 改进后的 CT 机非常成功，其做法的关键有哪些？

第一节　设计思维创新概述

设计思维 (design thinking) 创新并不是一个新名词，一直被业内作为一种方法论所采用。在我国，设计思维真正引起关注并大力推广，是自 2015 年我国提出"双创战略"后，商界、教育界、政府机构和社会服务公益组织等开始重点探索创新的方法论，设计思维创新方法论、TRIZ 创新方法论等各种创新工具，得到相关业界人士的重点关注。设计思维创新有着其独有的起源和发展脉络。

一、设计思维创新的起源与发展

（一）设计思维创新的发展历史

从历史的角度看，设计思维创新方法的形成有着较长时间的理论发展过程，设计思维逐渐发展成为一种系统的方法论，既是诸多鲜活的设计创新实践活动的集合，也是一个理论研究不断深入丰富的过程。

顾名思义，设计思维创新方法论必然是由诸多设计理论家奠基，设计与创新本身就是一对不可分割的概念。早在 20 世纪 60 年代，设计理论家霍斯特·瑞特 (Horst Rittel) 提出，极端复杂与多维度问题的解决必须透过整合其他方法及深入了解"人"的观点。20 世纪 80 年代初，就有学者将设计界定为"创新中的核心工作，其目的是产生一个能够表现对象视觉效果、装置和外形的原型"，并认为"设计的作用是将技术引入社会结构中去"。诺贝尔经济学奖得主赫伯特·西蒙 (Herbert A. Simon) 在其 1969 年的著作《人工制造的科学》中提出"在语义丰富的任务领域，可以用结构模型作为设计过程原型"的观点。罗伯特·维甘提 (Robert Verganti) 和詹姆斯·奥特拜克 (James Utterback) 进一步补充说明了设计的概念，指出设计可以理解为一种创新整合过程，其整合对象包括技术、市场需求和产品语言三方面。1982 年，英国开放大学的教授奈杰尔·克罗斯 (Nigel Cross) 发表的一篇名为《设计师式认知》的论文中指出设计师式的认知是有别于科学式或是人文式的认知的。美国认知科学家唐纳德·诺曼 (Donald Norman) 从认知心理学的角度探讨了许多设计的问题，是 20 世纪 80 年代第一位提出"使用者中心设计"的学者。哈佛大学城市设计课程主任罗伯特·罗韦 (Robert Rowe) 在 1987 年出版了他的《设计思维》一书，重点介绍了建筑设计师通过调查完成任务的方式。

随着众多理论研究成果的推出，同时诸多创新成果的实现，越来越多的研究机构和商业企业聚焦这种基于设计思维的创新方法，并逐渐发展成了一套系统的方法论。设计思维创新方法崇尚将人放回故事的中心、放在首位，贯彻以人为本的设计理念，强调解决问题要从人的需求出发，多角度地寻求创新解决方案，并创造更多的可能性。

（二）设计思维创新方法论的形成

斯坦福大学被公认为是设计思维创新方法论的发源地。2004 年，斯坦福大学机械工程系的教授戴维·凯利 (David Kelley) 创办了斯坦福大学设计学院，该学院位于斯坦福大学校内的一座两层红色小楼，虽然看上去并不是那么宏伟，但是却催生了大量影响深远的创意产品和解决方案。该学院以设计思维创新课程为主要课程，面向该校研究生和大学生。另外，戴维教授除了在斯坦福大学设计学院教授关于设计方法论的课程以外，同时也是世界著名的创业设计与咨询公司 IDEO 的创始人，该公司主要提供创意产品和服务方案创新业务。

知名设计顾问公司 IDEO 在戴维·凯利等教授的引领下，主要以设计思维创新方法论为核心，成功地通过企业辅导与学校教育等方式推广其方法与精神，催生了大量成功的有创意的和卓越的企业，该组织也成为设计思维创新最具代表性的组织之一，他们的成功故事及案例出现在许多主流媒体上，比如《哈佛商业评论》《商业周刊》等。

设计思维，最直观的解释为"像设计师一样地思考"，或者更精确地说"以设计师的思考逻辑与方法来解决问题"。随着实践的发展和有关学者的不断研究，这种运用设计师的思维模式来探索创意产品和服务方案的设计开发的方法，在斯坦福大学设计学院及 IDEO 公司等众多组织的不断推动下，形成了一些富有特色的创新课程，并在不少创新孵化项目中得到充分实践检验和优化，逐渐形成了"设计思维"的创新模式和方法论。

设计思维从最初作为艺术设计和工业设计的有效工具，在 DIEO 公司和斯坦福大学等各种机构和爱好者的推动下，已不断被应用到诸多领域，成为众多商业产品成功的支撑力量，被用来提升消费者体验，甚至已应用到公司战略和组织制度建设领域。

二、设计思维创新的内容

设计思维创新以深刻把握用户需求并提供颠覆式的创新产品或服务为目标，学术界和实践界一般将其分为用户研究、提出需求假设和方案验证三个阶段性核心内容。

（一）用户研究

在这一阶段，创新实践者的主要工作包括确定创新领域及主题、明确研究对象及其利害相关者、制定研究方案与用户洞察方法、开展调查与访谈、进行数据分析与同理心洞察等内容，这些工作的主要目的在于对用户的需求进行深入的洞察，探寻用户的潜在需求，这些需求在很多情况下是用户自身都没有意识到或者无法表达出来的，这就使得设计思维创新方法论能从根本上更理解消费者。

设计思维创新方法论在用户研究过程中所采用的调查研究方法与传统的市场调查方法存在很大不同。传统的市场调查一般采用问卷调查、面谈等方式，而设计思维创新方法论在调研中会采用沉浸式体验、角色扮演等方式，目的在于真正以用户为本，体察用户的痛点和需求。

(二) 提出需求假设

在通过深入访谈观察获得一手数据后，设计思维创新方法采用丰富多彩的结构化工具，如族群分析、人物志、情景故事、逐字稿、同理心地图等，按照用户逻辑推导出用户需求假设。当然这种假设存在一定主观成分，会受到创新实践者自身因素的影响，但其基本逻辑是严格地遵守了以人为本、以用户为中心的理念，并且会在后续流程中回到用户场景中进行多次检验修正。

(三) 方案验证

在初步识别出用户需求后，设计思维创新采用团队创意的方法，融合不同领域的创新者，基于用户文化脉络探索满足用户需求的创造性产品或解决方案，进而通过快速原型模型将概念、创意、解决方案予以表达和呈现，并推广到用户场景中，征求目标用户的意见，并根据反馈进一步修订完善，直到让用户满意甚至超出想象。

三、设计思维创新的特征

设计思维已经发展成为一套科学系统的方法论，在创新实践过程中主要表现出以下特征。

(一) 遵循人本主义原理，贯彻以用户为中心的理念

设计思维创新的核心精神是人本主义原理，强调将人放在首位，追求以人为本的设计，因此也叫作以用户为中心的设计，坚持解决问题要从人的需求出发，多角度地寻求创新解决方案，并创造更多的可能性。

设计思维创新作为一套以人为本的解决问题的方法论，传承以人为本的精神，深入洞察消费者和市场需求，充分发挥设计者的潜力来满足人们的需求，并采用技术上和商业上都可行的手段将需求转化为客户价值和市场机会。

（二）从问题出发，以目标为导向的方法

首先，设计思维创新总是从问题出发，具有明确的目标，因此也可以说是一个发现问题、解决问题的过程。这些问题可以有多重来源，诸如社会领域的挑战和问题、公司战略安排、市场需求错位等，并借由对实际问题的深入洞察探索解决方案。

其次，设计思维创新根据自身限制对问题本质不断推演。比如我们用电动汽车解决了碳排放的问题，但是生产锂电池的时候却带来了河流污染，这就使得我们在解决一个问题的时候，连带产生了一个新问题，有的时候需要对问题重新进行定位。因此，设计思维创新从问题出发，明确待解决的问题，始终关注目标，直至提出符合乃至超越用户需求的产品或解决方案为止。

（三）快速高效，持续接近用户

基于用户需求的复杂性和多样性，为了使成本更低、风险更小且效率更高，设计思维创新选择通过快速设计原型及反复测试来寻找有效解决方案。也就是说，在经过洞察客户需求、创意设计与开发后，将概念、创意或解决方案通过快速构建原型的方式，呈现到最终用户场景。

在用户场景中，创新实践者通过自身演示、用户体验等方法，贯彻其应用行为，询问相关人员的应用体验并征求反馈意见。在征求用户反馈意见并持续优化的基础上，设计思维创新还会使用商业模式画布等工具，广泛征求并分析各利益相关方的意见，整个过程会全面考虑人文价值、技术可行性和商业可能性，以期达到真正有效的商业创新。

（四）结构化思维和创新工具的集合

设计思维创新广泛吸收各类结构化的思维和创新工具。结构化思维工具包括同理心地图、思维导图等；创新工具包括九宫格、卡诺分析、头脑风暴等。在实际创新催化过程中，有经验的创新设计师还会广泛使用各类团队共创的工具，以提升团队士气和激发团队创造力。

（五）思维发散与收敛的反复迭代

设计思维创新是一个思维发散与收缩过程多次迭代的过程。人的大脑构造决定了我们不擅长同时发散与收缩，这就是在开头脑风暴会议时规定不许评判他人方案的原因。设计思维创新离不开发散与收缩。在用户调研的收集数据和二手资料阶段，需要收集尽

可能全面的信息，这时发散思维是极为重要的；在对数据的整理和分析过程中，需要提取关键信息，摒弃无关信息，以找到并定义真实的问题，所以要运用收敛思维；在对问题寻求解决方案的过程中，又需要征求各方建议，尽可能多地探索可能性，发散思维又一次派上用场；而在打造原型的过程中，既需要充分发挥创造性，又需要集中，因此可以说是发散和收敛思维并存；最后的用户体验测试则是要根据用户反馈，进行方案的凝练与收缩，以筛选出最合适的解决方案。

（六）非线性的逻辑过程

尽管国内外主流理论学者和创新实践者都给予设计思维创新以不同的步骤，但事实上，这些步骤本身也存在较大的争议。另外，在创新实践中设计思维创新往往是一个非线性与重复的过程，允许多次否定与迭代，这也是设计思维创新的魅力所在。

实践界目前较为推崇的设计思维创新步骤是斯坦福大学的五步法，包括用户洞察、问题界定、创意发想、原型打造和体验测试等步骤。但是事实上，没有任何一个项目所应用的步骤是一样的，不一定第一步就是进行用户洞察，然后去界定问题。这不是一个线性的过程。我们可以以任何一个阶段开始并以任何一个阶段结束。而且这些过程是可以重复的，比如可以经历两个或者更多的识别并界定问题的阶段。例如，设计师根据用户反馈，画了一个产品草图作为原型，觉得很好，然后去做了用户测试，得到的反馈不好，就可以去安排深入的调研访谈；或者在后期发现重大问题时，进行再一次的调研等。因此，设计思维创新过程是非线性且持续迭代创新的过程。

（七）整合不同事物为一个系统的过程

设计思维创新作为一个创意与设计的方法论，为各种议题寻求创新解决方案，并创造更多的可能性，需要创新者从不同的角度去看这个世界，用过去不知道的方法来思考问题，强调突破性和颠覆性创新思维模式。

因此，当我们谈到创新或者设计的时候，任何的思考都不能单独关注创新或者设计本身，我们要观察涉及这个创新的整个生态系统。例如，设计医疗器械的时候，不能单独考虑用户的需求，还需要考虑诸多利益相关者的因素，包括医生患者的心情、医院的空间、其余器械的情况、设备的生产者、政府的医疗保险等，这些因素都需要在创新的范围内考虑，应该把这个产品及其周围的系统一同纳入考虑范围。

(八) 整合教练引导技术，激发团队共创成果

在设计思维创新实践中，来自不同专业领域的力量是必不可少的。因此，除了在组建创新团队时必须吸收不同领域的参与者，在创新推进过程中提升团队成员能力、激发团队成员的创造力更是核心的工作之一。

团队管理和激励的理论成果和实践方法较为丰富，有经验的创新团队负责人会积极地将这些工具方法灵活地嵌入设计思维创新实践过程中。在不同的阶段，可以采用相应的工具和方法。比如，在用户洞察阶段，可以采取工作坊的模式与思路，帮助创新实践者扩展视野，教会其使用欣赏式探询(4D模型)、焦点讨论法(ORID)等沟通交流方法；在问题界定阶段，采用世界咖啡、漫游挂图等团队交流方法；在创意发想阶段，可以引入冥想等方法；在原型打造的阶段，可以在选用各种模型制作手段的同时，辅助采用一些即兴表演、角色扮演等方法。采用团队共创方法的目的在于提升创新团队成员的参与度和士气，激发出灵感和创造力，最终提升创新成果的质量。

课堂练习

名称：心意快邮。

目标：站在对方的角度思考，尽量理解对方的观念、规范、思考习惯和处事方式，促进学生理解他人、尊重他人。

时间：约10分钟，不做具体限制，达到目标为止。

具体步骤：

1. 以两人为一组，分成若干组，两人一组面对面坐下或站立，选出一人做主导，控制节奏与时间。

2. 主导者在协调并稳定两个人的姿态后，两人对视，由主导者倒计时，3、2、1后两人异口同声地各说出一个词语(建议以两个字为准)。目标是两个人未经沟通，反复进行相同的步骤，直到说出相同的词语为止。

3. 不得采用任何其他沟通方式，包括肢体语言，只能直接表达。过程中，任何人不能重复两者前面已经说过的词语。

案例　华为鸿蒙系统——以人为中心的设计

华为鸿蒙系统(HUAWEI Harmony OS)，是华为公司在2019年正式发布的操作系统。该系统是一款全新的面向全场景的分布式操作系统，旨在创造一个超级虚拟终端互联的世界，将人、设备、场景有机地联系在一起，将消费者在全场景生活中接触的多种智能终端实现极速发现、极速连接、硬件互助、资源共享，用合适的设备提供场景体验。

Harmony OS 的设计理念是：One Harmonious Universe，其中"One"指的是"万物归一，一切设计回归人的原点"。Harmony OS 追求统一的全场景设计语言。色彩、形状、动效、创意等灵感都源于鸿蒙和宇宙。所有的视、听、触等感受基于人因研究，尝试在数字世界为用户还原真实感受。在色彩上，Harmony OS 引入了三种主色：宇宙蓝，代表宇宙初开的纯净与宁静；星空黑和雪域白是偏向自然的颜色，使整个系统色彩显得更为和谐和舒适……Harmony OS 始终探索以人的诉求为中心的新可能，以科技手段解答人、设备、环境三者之间的关系。

北京时间2021年6月2日晚上8点，华为正式发布新一代智能终端操作系统 Harmony OS 2 及多款搭载 Harmony OS 2 的新产品。这也意味着"鸿蒙系统"已经变成面向市场的正式产品，而不仅仅是一个概念。据业内人士评价，鸿蒙系统是目前世界上第一个，也是目前世界上唯一一个微内核的操作系统，所以它的优势也是微内核的优势。

为促进商业生态圈的构建，与众多企业一起成长，让所有厂商都能平等地使用代码发展自身的产品，华为将鸿蒙 OS 系统最核心的基础架构全部捐出，做好了底层系统。其致力于在万物互联时代，联通各类终端，实现万物互联。鸿蒙 OS 系统被不少人评价为真正的大生态，真正的大格局，大手笔。

鸿蒙 OS 系统的横空出世，不仅是华为的另一利器，也将成为国之重器。

Harmony OS 2 的发布，代表着一个属于中国人自己操作系统的时代正式来临。

(资料来源：根据网络资料整理。)

第二节 设计思维创新流程

设计思维创新方法论有着清晰的创新目标和实现路径,尽管在实践中差异比较大,但基本都是在斯坦福大学的传统模式下所做的因地制宜的调整优化。

一、设计思维创新的目标

根据前文所做的论述,结合笔者的创新实践经验,设计思维创新的目标可以概括为如下几个方面。

(一)洞察问题,界定需求

创新实践者依据来自社会、有关机构、组织、市场或个人的意愿等初步确定创新领域和创新主题,通过访谈对象研究及其利害关系人分析,制定访谈观察的方案并实施,在用户研究的基础上,深入洞察问题的实质,理解用户的深层次需求并加以识别表达。

这一工作是决定设计思维创新能否真正挖掘创新价值的基础,能否真正把握问题和精准识别需求是关键。

(二)集思广益,创意发想

在识别出目标用户及其深层次需求后,能够提出真正满足用户需求的产品创意和解决方案是重中之重。用户需求能否满足受到科技和商业环境的制约,提出科技上现实、经济上可行性的创意决定了能否把满足用户需求的产品或服务方案商品化,也就决定了是否可以市场化获取经济利益。

实践中,需要组织不同业务领域、不同专业类别的人员开展跨界协作,发挥各自特长,贡献自己的想法,使得有价值的创意产生。

(三)快速打造原型,价值实现

设计思维创新追求快速高效地识别和引领市场需求,但是任何创新都不能保证一次就能真正成功,走弯路是难免的。因此采取快速打造原型的方法,争取在第一时间把产品或解决方案呈现到用户面前,进而通过用户的体验测试,持续迭代优化,实现价值创新,占领市场先机。

二、设计思维创新的步骤

伴随设计思维创新理论研究和实践的发展,这一方法论广泛吸收各领域的成果,因此也使得设计思维创新具有较大的差异性。本节根据已有理论研究成果和个人实践经验,以斯坦福大学设计学院的典型做法为蓝本,把设计思维创新分为几个步骤加以介绍。

斯坦福大学设计学院把设计思维创新分为 5 个典型步骤:用户洞察、问题界定、创意发想、原型打造、体验测试。

(一)用户洞察

用户洞察 (empathize) 是设计思维的第一个步骤,这一步骤的主要目的是寻找生活中的痛点,或者说是人们生活之中习以为常的不舒服或者不习惯的事情。这一步骤的完成需要很大投入和方法的运用。现实生活中,存在许多的痛点,人们都有很多未被满足的需求,不少需求是很迫切强烈的,但是也有不少需求限于条件,长期被压抑,尽管这种未被满足的需求会给人带来不愉悦的感觉,但由于短期无法改变,已成为人们不得不承受的一种习惯,比如快递送达时间慢或者容易损坏的问题、银行或者超市结账排队拥挤的问题等。

这一环节的主要工作是确定创新主题和创新价值,确定设计挑战,并制定科学的用户研究方案加以贯彻实施。过程中需要采取用户访谈、观察等各种用户研究方法,获取一手数据并进行分析整理。

(二)问题界定

问题界定 (define) 的主要工具包括族群分析、同理心地图等,以获得用户的痛点和期望为目标。

族群分析主要是对上一步骤所获得的访谈观察数据进行综合分析。首先需要对所访谈的对象编制复合人物志,把对象的主要特征描述清楚,以区分用户的不同类型,进而对各用户的数据按照既定原则进行分类分群,可以根据需要进行删减合并或扩增。然后针对复合的人物志,描述出相应的情景故事,以还原访谈对象到故事中心,有助于我们深入把握用户信息。随着实践的发展,也有不少组织为了更全面地了解用户,会对访谈进行全程录音,并形成逐字稿,再做相应的分析。

同理心地图是设计思维洞察用户所需的核心工具,它主要包括用户所说 (say)、所

做 (do)、所想 (think)、所感 (feel)，以结构化的方法来理解用户，以获得用户焦点需求。这 4 个方面其实被分成了显性和隐性两个范畴。第一个是从显性的方面去看，被采访或做问卷调查的人说了什么和做了什么，这是从表面可以看到的；第二个方面是从隐性来看的，我们需要思考他们想了什么和感觉是怎样的，需要推理出来。显性和隐性共 4 个方面的原始数据集合，帮助我们探索出用户情绪与渴望，尤其是把握其重要而又迫切的情绪渴望，并将其转换成现实性的用户客观需求。

(三) 创意发想

在创意发想 (ideate) 阶段，首先需要在前一阶段所给出的用户焦点需求的基础上，也就是针对所界定的用户需求，采用 HMW(how might we) 的方式加以提问，为探索更多的想法和点子打下基础，进而针对已识别的问题和需求，利用集体智慧探索解决方案。可以通过头脑风暴法来讨论问题，这一过程中需要遵循一些最基本的团队创意开发原则，包括延迟批判、重量不重质、利用图像、精简地表达想法、延续他人的想法、疯狂想象等。

(四) 原型打造

原型打造 (prototype) 阶段主要是通过原型设计，把解决方案展示出来。主要目的在于通过制作原型，让创意、理念、方案能够看得到、听得见、摸得着；保持低分辨率，以便快速修改与响应，原型设计是交互设计师与艺术总监、项目主管、网站开发工程师沟通的最好工具。原型有助于降低成本和失败的风险。打造原型一般包括仿真设计、文具原型、故事版剧本展现、实体产品的手工打造、即兴表演等。原型打造一般遵循一些基本原则：不需要追求艺术美化，甚至看上去可以比较丑陋；不需要精雕，粗糙的原型有助于推进探索优化；快速高效表达，避免精雕耽误时间；就地取材降低成本，能实现让目标用户体验就好；用手思考甚至用身体思考（肢体表演）以提升目标用户体验的真实感。

(五) 体验测试

发展出多个设计方案后，便可进入体验测试 (test) 阶段，小组成员在本阶段将思考该设计方案如何落实，以及协助相关利益关系人了解，取得他们的支持进而达成永续发展的目标。这一阶段的主要工作包括：研拟一套可维持的获利模式、确认实行该项设计方案所需具备的能力、评估设计方案的创新与风险强度、建构实行设计方案的时间表、规划小规模试行并不断修正。

人们很容易被自己过去所学知识或是经验所限制，一个团体或公司也是很容易被既成文化或价值观所限制，同构型越高，越不容易产生新的点子。因此对于创意的测试反馈，应以目标用户及其利害关系人为对象，至少是跨界非本单位人士为宜，以尽可能获得中立客观的意见，避免敝帚自珍现象的发生，提升创新的成功率。

案例　IDEO公司重新设计超市购物推车

美国广播公司《晚间在线》(Nightline)节目与IDEO公司合作，用摄像机带领观众"亲眼见证创新的产生"——IDEO设计师要在5天内重新设计超市购物推车。

第一天，跨学科创新团队成立。团队中，有人观察消费者的采购行为；有人钻研购物推车和相关技术；有人跑去请教采购和维修购物推车的专家；有人则到超级市场考察购物流程；有人甚至刺破了十几个儿童座椅和娃娃车，研究其内部构造。团队最终锁定三个创新目标：设计更适合儿童的购物推车，规划更有效率的购物方法，提高购物车的安全性。

第二天，针对创新目标实施创意，头脑风暴过程百无禁忌。上午11点，天马行空的点子写满白板。之后大家进行投票，决定产品原型的方向。下午6点，一部可供测试的原型车出炉，其具备了以下功能：车体外形优雅，购物篮可堆置在车架上，有一支可向客服人员询问的麦克风，以及配备可节省结账排队时间的扫描器等，产品雏形如图6-1所示。

图6-1　购物车雏形

第三天上午，灵巧、漂亮的购物推车车架已经由资深焊工制作完成。负责制造模型的设计师则辛苦地改良车轮。

第四天，大家开始组装车体，团队成员拿来几张树脂板，制作全新的购物篮，并将购物篮放入购物推车。同时，每个环节的组装测试工作已完成。

第五天上午，在欢呼声中，一台创新购物推车揭开了神秘面纱：车体结构的两侧倾斜成弧线，有流线型跑车的味道；采用开放式的车架设计，可在上下两层整齐排放5个标准购物篮；推车上的儿童座椅配备安全扣、儿童趣味游戏板；购物推车还配备了扫描装置（可直接结账）、两个咖啡杯架等，最终样式如图6-2所示。

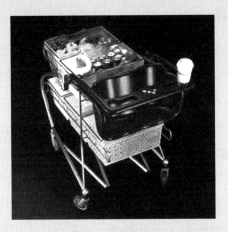

图6-2 购物车最终样式

设计师们在节目中表示："其实我们并不是任何特定领域的专家，我们所擅长的是一套设计流程，不管产品是什么，我们都设法利用这套流程来进行创新。"

（资料来源：佚名.IDEO的创新法则[J].时代经贸，2012(21)：70-72.）

第三节 设计思维创新应用

一、设计思维创新应用范围

（一）创意开发与创新活动

设计思维最大限度地站在客户的角度考虑问题，以发掘洞见客户的潜在需求为基础，通过采取各种科学合理的方法和手段推进卓越创意和高水平创新的产生，其目标是开发出真正符合消费者需求的、极富竞争力的产品和服务。众多公司被设计思维的这一特征所吸引，纷纷引进其理念、原则与方法。

随着设计思维创新的不断深入发展，已扩散到社会的各个领域，被广泛应用到组织战略创新、产品开发与创意设计、服务设计等诸多领域的创意开发与创新活动中。这些活动中，更多的是企业基于业务开发所进行的产品开发和解决方案的创新孵化工作。通过采用设计思维创新方法论，催生出具有独特创新价值、满足用户深层次需求的产品，以提升企业在市场上的竞争力。

（二）学校创新教育

创新精神和能力是学校教育的核心目标之一，我国自 2015 年推进实施创新创业战略以来，各大高校、中小学都纷纷引入各种创新课程。设计思维创新作为一个系统的方法，本身就发源于知名高校斯坦福大学，而且在美国、英国、德国等欧洲国家的高校被广为采用，作为学生的必修课程。在我国，其也顺理成章成为众多教育机构的选择。

中小学引入设计思维创新教育，可以通过各种创新活动激发和培养学生的创新精神、团队合作精神和动手能力，全面提升青少年的思维能力和综合素质。高等学校引入设计思维创新课程，尤其是如果能配备相应的创新实验室，则更为青年学子参与创新创业实践，全面提升创新创业精神、冒险精神、团队合作能力与领导能力提供了物理空间，也有助于将理论成果转化为商业产出。

二、设计思维创新工作坊

设计思维创新工作坊是基于设计思维创新方法论所组织的规范化创新活动，科学合理地组织工作坊，需要重点关注以下几个方面。

（一）跨界组织

设计思维活动主要通过跨界活动进行。跨界组织是指组织不同社会地位、不同身份及阶层的人在一起集思广益，进而开拓创新的一种创新方法。其主要原因在于在群体决策中，群体成员心理相互作用影响，易屈于权威或大多数人的意见，形成所谓的"群体思维"。群体思维削弱了群体的批判精神和创造力，损害了决策的质量。而相同的阶层及身份地位的人容易形成一个群体，不利于集思广益，损害群体的创造力与创新力。

（二）共创环境

环境包括物理环境和人际软环境两个方面。物理环境指的是创新需要制度、资源、场所与工具、人才等。创新往往会伴随一些打破常规、突破现有流程和利益格局的行为，如果现有的制度限制了这些行为，当然就会降低创新的效率甚至会破坏创新；创新往往需要重新组织资源，需要对资源，尤其是当前不具备的资源进行协调安排，如果相应的资源不具备，就会使得创新缺乏必备的基础；而场所与工具则是创新人员开展探索和实验必需的活动场所，俗语"巧妇难为无米之炊"揭示的就是这个道理，再优秀的创新人员，如果没有场所和工具，那就很难将点子付诸现实；高水平的人才则是创新最关键的要素，人的智慧是创新性解决问题的关键。人际软环境则包括组织文化、人际关系、人员结构等，软环境尽管不提供直接有形的资源支持，难以具象化地表达，但这些要素却极大地影响着创新过程中人员的积极性和创造性、活动进程、响应速度等，关系着创新的效率和效果。

设计思维创新特别重视创新活动的共创活动建设。在物理环境建设上，强调建设专业的创新实验室，比如斯坦福大学的设计学院，IDEO 公司的内部专门开设的工作间和休息区，清华大学的基础工业训练中心 i-center，北京联合大学的创意工坊和创新思维实验室等。在软环境建设上，不少组织引入了组织行为学、心理学等社会科学领域的方法论和工具，强调创新创业要注重改变人才的思维模式，重视对创新成员的思维开发和整体素质的提升。

（三）方法论和工具

创新的产生既需要个体成员具有较为全面的综合素质和能力，也需要经验丰富的教练。同时，整个创新活动过程更需要科学系统的方法论作为指导。设计思维发源于斯坦福大学，后来在世界各知名大学和创新机构得到深入发展，现在已作为众多大学、创意机构和企业广为应用的一种创新方法论和工具集。

（四）创新教练

任何活动都需要管理，创新活动属于探索性的过程，面临较大的不确定性及风险，失败和犯错是比较常见的事件。为了降低不确定性和失败所带来的负面影响，尽量提高成功率，富有经验的创新教练是一个不错的选择，也有人把创新教练称为孵化师、催化师、引导师等，不管怎么称呼，其职能应该是一样的。

创新教练一般应当掌握较为科学规范的创新方法论和综合的创新工具，同时也具有丰富的创新活动经验，尤为重要的是创新教练应当对组织行为学、心理学有较为深入的理解，以便对创新人员进行引导和帮助。

案例　清华大学 i.Center 创客空间

2014年开始，清华大学的工程实践教学基地被打造为清华的"i.Center"——专属于清华人的"众创空间"。实际上，从"基础工业训练中心"到"i.Center"的升级并非换个名字这么简单。这个"i"包括多层含义，它指 i.Center 面向学生提供工业级 (industry-level) 的技术孵化条件，鼓励学生创新 (innovation)，开展国际化 (international)、学科交叉 (inter-disciplinary)、资源整合 (integration) 的协作，更强化学生的自主性 (I)。i.Center 率先引入"驻校创客模式"，并建设了创客活动室，成为清华创客空间社团等学生团队钟爱的活动场地。这背后是清华创新创业教育理念指引下的全方位和大规模资源整合，也响应了近年来清华学生创业创新不断高涨的热情。

数控车床、铣床、精雕机、3D打印机，这里有。

国内外的创客明星、知名的创客导师，这里有。

不同学科的思想碰撞、忽然冒出的创意火花，这里有。

更重要的是，在这里，梦想可以变成现实，创意可以变成产品。

i.Center 已经诞生了很多奇妙的东西，比如"方听音乐盒子"，这个成本只有百元的木制方盒子，只要与 iPad 连接，就能变成钢琴、沙锤、吉他、架子鼓等不同乐器；"城市树邻"是一款会移动的花盆，通过多种传感器采集阳光数据，指引花盆移动，寻找充足的阳光。i.Center 孵化的幻腾智能、紫晶立方、众清科技、穿墙人公益项目平台、八度阳光柔性太阳能电池、天空工场等团队，正在"创客"的路上不懈追求着。

作为清华的工程实践教学基地，i.Center 在提供实体加工制造资源的同时，还规划建设云桌面服务，在校园局域网中将常用设计工具、计算资源、素材资源等提供给在校学生；并通过互联网，引导学生积极获取全球创客资源，包括可共享的产品设计、模型素材、在线知识库、开源软件等。按照规划，跨地域的分布式协作系统可联络校外资源，经由物联网、互联网支撑的信息化平台，将加工制造、设计咨询等服务带入校园，带到学生的计算机或移动终端，进一步缩短创客产业链，加快项目迭代速度。

"在校园中开展与创客相关的课内外教学活动，能够培养学生承担项目任务的独立意识、以目标为导向的契约精神，以及对自身负责的企业家精神。学生在产生想法之后，以负责任的态度将其逐步实现并获得社会认可，从而全面提升综合能力。"清华大学教授李双寿说。

在清华，为学生提供创意创新创业条件的单位众多，规模有大有小。除了 i.Center，还有 x-lab、创+平台、未来兴趣团队、美术学院工作坊等，它们都是"众创"与清华精神碰撞的火花，培育出各具特色的团队。

青年愿创业，社会才生机盎然；青年争创新，国家就朝气蓬勃。……清华正在形成鼓励"三创"的生态系统，让更多同学能够参与到创新型的学习活动中。

（资料来源：据网络资料和新闻媒体资料整理。）

第四节　设计思维创新实验室

设计思维创新往往需要特定的物理空间，以有利于创新活动的正常开展，保证创新团队的互动空间和氛围。最具代表性的设计思维创新实验室当属美国斯坦福大学的设计学院，当然其他高校、企业组织和事业单位也建有规模和水平不同的创新实验室。

一、斯坦福大学设计学院简介

斯坦福大学(Stanford University)位于加利福尼亚州，临近硅谷，是美国面积第二大的大学，被公认为是世界上最杰出的大学之一。2004年，斯坦福大学哈索普莱特纳设计学院成立，教授关于设计方法论的课程。斯坦福大学的设计学院在世界上享有盛名，据《华尔街日报》报道，斯坦福大学设计学院的名声早已超过商学院，成为斯坦福最受欢迎的学院。斯坦福大学设计学院的教学楼是一座不大的两层红色小楼，一层主要是以公共区域为主，开会、展览、讲座都在一楼，二层主要是很多大大小小的公共空间，提供给学生和老师讨论方案，由教师组织学生开展各种创新活动，因此可以说设计学院就是斯坦福大学的公共设计空间。另外，在地理位置上，设计学院位于硅谷，与硅谷各种传奇故事有着千丝万缕的联系，许多成功的企业都有创意来自设计学院。苹果公司包括手机在内的诸多电子产品都在一定程度上采用了斯坦福大学的设计思维创新方法论。

正是因为其功能定位,不少业界人士认为它的名字更应该叫作"创新学院"。其实设计学院只是一个研究中心性质的组织,不授予学位,也不附属于任何一个院系,只面向斯坦福学生开设课程。这些课程经过多方传播、吸收和再创新,已经被全球各大知名企业参考。许多企业在内部倡导"设计思维",以设计作为产品创新的驱动,也更加重视设计师的地位。

二、设计思维创新实验室建设

设计思维创新实验室作为设计思维创新活动的物理空间载体,能够为创新活动的顺利开展提供应有的环境氛围和相应硬件设施,不少教育培训机构和企业组织都建设有专门的创新实验室。

(一)建设意义与目标

对于企业而言,创新工作坊是创新实践和教育培训紧密结合的场所,通过动手实践来解决现实问题和实际社会需求,将优质创意落地成为创新产品,最后演化为企业内部创业的孵化场所。建设专业的创新实验室有助于组织构建自身系统的创新体系、培养专业的创新人才、打造全员创新的空间。

对于高等学校而言,建设专业的创新实验室有助于达成多个目标。一是实践教学目标。实验室的建设有助于配合理论教学,完成实践教学的改革与创新,真正实现以学生为主体、教师为主导的建构主义教学理念,从传统的模拟式实践教学转换成真正的实操体验式教学,实现课堂的翻转;充分体现学生的个性,挖掘学生的潜能,调动学生的积极性和创造性,真正实现对学生的个性化培养;与现实接轨,体现应用型大学的教学特色。二是多元化人才培养目标。设计思维创新提倡跨界、跨专业合作。创新工作坊将为全校的文史类、理工类、经管类、艺术类学生提供创意思维训练平台,使他们有机会实地亲手设计和制作创意产品,锤炼专业交叉、能力互补的跨界人才。三是培养学生的创新思维、创新精神和企业家精神。通过系统的设计思维创新训练,可以开发学生的想象力和创新思维能力,拓展学生的思维空间,提高学生将现实的问题和需求转化为真实产品的能力;同时,培育学生的创新精神,在创新理论的指导下,挖掘创新潜能,通过创新思维训练,把学生培养成为社会需要的创新型人才;还可以培养学生的企业家精神,鼓励学生积极寻找创业机会,承接校园及社会的真实项目。四是社会服务目标。创新工作坊为学生的科技活动和创业工作提供必要支持和保证,包括申报"挑战杯"创业计划大赛、启明星大学生科技大赛、申报国家发明专利或实用新型、培育创业团队、承接社会上的文化创意项目，为有需求的政府机构及企业提供服务。

(二) 空间及硬件需求

1. 空间需求

空间包含大小、形状、采光等多个方面。设计思维创新的空间需求主要取决于该实验室的建设目标。对于企业而言，主要考虑自身创新活动的目的、性质及人数；对于高校而言，则需主要考虑同时参与课堂学习的学生人数。在采光方面，则要考虑冷暖搭配，以构建轻松、舒适的活动环境。

2. 硬件需求

基于设计思维创新活动的过程，需要配备相应的硬件。最基本的硬件需求应该包括诸如团队研讨标准基础材料、团队共创展示材料、创新实操训练工具、访谈观察实践操作工具、创新思维同理心工具、创意发想平面工具、创新团队共创材料、创意引导卡片、团队共创专业引导布、原型制作保护工具、创意产品原型基础工具、创意产品原型基础材料、创意开发模型材料、定制创意展示板、可移动工具挂件、塑料板材、劳保用具、涂料和黏合剂、原型手动材料、工具箱、储物组合柜、材料组合架、创意研讨桌椅等，还需要进行必要的装修、色彩搭配等工作。

(三) 实验室核心功能

一般来讲，根据设计思维创新的基本流程，创新实验室主要包括如下功能。

1. 用户研究与创意开发

借助团队的力量，组织开展用户研究方案的制定与实施，用户访谈观察的数据整理分析，以及组织开展人员跨界创新活动，探索产品创意与服务方案设计。

2. 快速原型打造与体验测试

利用实验室的硬件设施，快速将产品创意和方案设计呈现出来，并在用户场景中进行体验测试工作，获取用户的反馈，进而进行持续迭代创新，直到获得用户满意为止。

3. 产品展示与宣传

通常来说，原型产品是至关重要的，它能够帮助创新项目团队讨论和优化出最好的产品。它是一个试验学生们想法的机会，并将其转化为有形的状态，还可以继续测试或者展开。当项目团队的原型产品失败之后,团队也可以及时调整策划,利用这一机会去迭代和改进。基本定型的原型产品在这个阶段就可以用更好的工艺技术做出来,进行展示和宣传了。

4. 商业模式展示与宣传

在创新产品出来后,如何将产品的价值最大化也摆上了议事日程。这个阶段的重点是设计与产品配套的商业模式。商业模式,就是如何实现从产品到商业的重要一步。学生们通过多次讨论和优化,将达成一致的商业模式进行展示和宣传,吸引潜在客户和投资人的关注。

5. 创业项目路演

好的商业模式和商业计划让人眼前一亮,但再好的商业计划若不被别人所知也是没有意义的。因此,让更多人了解自己的商业计划和商业模式是这个阶段的主要工作。通过创业团队的路演,可以帮助团队成员进一步优化产品,并获得投资人的关注和商业机会。

> **案例** 北京联合大学创新空间(i-space)
>
> 北京联合大学是1985年经教育部批准成立的北京市属综合性大学,其前身是1978年北京市依靠清华大学、北京大学等创办的36所大学分校。经过40多年的建设与发展,学校的综合实力显著增强,形成了经、法、教、文、史、理、工、医、管、艺等多个学科相互支撑、协调发展,以本科教育为主,研究生教育、高职教育、继续教育和留学生教育协调发展的完备人才培养体系,是北京市重点建设的应用型人才培养基地,也是北京市规模最大的高校之一。
>
> 北京联合大学创新空间位于北四环校区综合实验楼,为学校管理学院所主管,由两个专业创意空间(创意工坊+创新思维实验室)、一个蜂巢创客空间、一个"Space+"成果展示空间协同分工组成。其中创意工坊位于A座3楼,主要承担创新创业实践孵化职能;创新思维实验室位于实验楼B座6楼,主要承担创新创业课程的理论授课和实践课程授课职能。创新空间建设始于2015年,学院借助赴斯坦福大学、哥伦比亚大学、纽约大学等国际高等院校及国际设计思考学会(ISDT)、IDEO公司芝加哥公司等知名机构交流合作的机会,并依托与国内清华大学、浙江大学等知名高校学者开展学术与教育交流各种契机,综合社会各方面力量、历时三年筹建而成。

创意工坊秉承国际前沿创新理念，吸收国内外最新成果，建设面向全校、跨专业、整合社会资源、跨界协同创新的开放式创新空间，以充分利用资源，构建良好育人环境，培养学生创意思维与创新能力。创意工坊定位于大学生创意思维教育与训练，以激发主体的创造力，开发可创造潜在财富和就业机会的活动，促进创意与创新、创业的有机衔接，成为创新及创业的动力源泉。创意工坊总体占地220平方米，包括创意开发、原型设计、产品呈现等功能区，主要用于承办在校大学生创新创业实践活动及满足社会各界创新研讨需求，开展产品或服务开发、创新项目孵化、创业项目研讨与路演、为技术创新和创业公司孵化提供创意源泉及产品原型等。创新思维实验室总体占地100平方米，主要负责在校大学生创意开发与创新思维方面的教学与实践(包括：理论教学、课内实践、综合实践、创新项目等)，使学生在创意开发、原型设计、产品呈现等设计思维创新关键流程与步骤获得系统化教学训练。

蜂巢创客空间主要承担在校大学生创新创业项目的孵化功能，即为那些较为成功的优秀创意和创新项目提供办公硬件环境、实践指导等孵化功能，为创新项目保驾护航。"Space+"空间秉承管理学院"双创"育人理念，以最大限度的空间自由，激发大学生的创造力和想象力，让创意得以萌芽，让创新得以展示，让经历得以铭记，去创造无限可能。Space+空间分为4个区域，分别为"Space+"双创成果展示区、"Idea+"互动体验区、"Innovation+"创意路演区，以及"Glory+"荣耀时刻区。

北京联合大学创新空间在硬件建设上参照国际顶尖高等院校和知名创新公司的先进理念与前沿做法，在合理布置空间职能分工的基础上，配备了联动机床、工业级3D打印机、无人机、陶泥转盘机、VR系统、除尘机等设备用以原型制作与呈现，也配套了乐高玩具、彩色胶泥、各类彩纸、PVC板等种类繁多的手工材料。同时，基于教学研讨和创新实践的需要，其还购置了包括视觉引导卡、同理心洞察卡、需求洞察与功能呈现图等各种创新引导教具。在软件建设上，创新空间一方面购置了专业的设计思维创新教学模拟软件，以帮助学生随时随地掌握自身创新进度、保存阶段性成果并撰写报告；另一方面在师资配备上组织专业教师出国交流学习、在国内参加系统的设计思维课程培训并通过跨校交流不断提升教师的理论素养与教学水平。

创新空间在功能上与校院现有的创业广场、孵化基地等有明确功能区分，又相互有机衔接——在创新坊生成的具有发展前景的创意方案和产品原型，由工坊采取方案及产品遴选、择优、转让等方式向校院创业广场、孵化基地等推荐，使创新空间成为学校大学生创意思维教育基地、创意作品展示中心和对外交流的窗口，成为在校大学生创新创业梦想启航的港湾，也致力于服务北京市乃至全国各类社会机构的创新创业孵化实践，为社会做出应有的贡献。

思考与实践

1. 设计思维创新方法论的核心概念有哪些？如何在创新实践中加以贯彻？

2. 请结合你在日常生活中所接触的产品或服务创新进行分析，讨论其能够贯彻设计思维创新方法论原理或实践要求的内容，并对不足之处提出建设性意见。

应用篇

第7章
企业创新

开篇案例　**便利贴**

便利贴——最常用的、不起眼的小物件之一。可谁能想到,它在创新领域却大名鼎鼎。

1966年,史宾斯·西尔弗以资深化学研究员的身份进入3M公司研究实验室工作。在某项实验中,他研发出一种黏合度较低的胶。对于一个意在生产出强力胶水的公司,这种胶没什么用。

然而西尔弗坚信它必然有用武之地,只是暂时还不知道到底能用在哪里。起初,他以为这种胶能以喷雾胶的形式出售——喷在短期展示的纸张或海报背面。后来他又换了个思路,思考是否有可能做个大公告栏,上面覆一层这种胶,可以在上面贴短期有效的便条或通知。

3M公司的另一位工程师亚瑟·富莱在公司胶带部门工作。工作之余,富莱还是当地唱诗班的成员。不过他在练赞美诗的时候常常会遇到一个困扰,他用来标记赞美诗集页数的纸条总是掉落。他听到西尔弗关于弱性胶水的研讨后,突发奇想,想用这种弱性胶水把书签固定在书中。他去找西尔弗,要了一些这种胶的样本,把胶涂在纸条后面当书签用,果然效果很好。

有一天,富莱在办公室准备报告。他想给上司写个便条,便拿了一张书签,匆匆写下几个词,贴在报告封面上。就在此时,弗赖伊突然"灵光乍现",便利贴由此诞生。

尽管富莱已经为西尔弗的胶水找到了用武之地,但这款产品在公司内部还是得不到支持。不过,富莱相信自己的创意可行,便在地下室着手制造生产便利贴的机器,并做出了新产品的样品。

虽然有了样品,但是如果没有亲眼见过或亲自用过便利贴,没人会觉得它有什么用处。幸运的是,富莱的老板杰夫·尼克尔森相信便利贴会成功,鼓励他继续努力,并帮助他将便利贴样品分发给各部门的同事。一段时间之后，3M 的员工蜂拥到尼克尔森的秘书那里，索求更多的便利贴。尽管如此，公司的营销总监还是不相信便利贴的商业价值，他认为人们有纸片可用，真会花钱买吗？随着越来越多的员工申请领取样品，秘书招架不住了，尼克尔森便让她把这项工作转给营销总监。很快，营销总监也招架不住了，只好承认产品的潜力。

但是，在 1977 年产品试发行期间，便利贴在 4 个城市全军覆没。尼克尔森去了其中一个试销市场，寻找问题所在。他得到的问题答案是：人们要试用过样品之后才会购买。1978 年，公司开展活动，分发出大量样品，此后有 90% 的试用者表示愿意购买这款产品。最终于 1980 年，便利贴在美国全国范围内展开宣传活动。

便利贴全国发售后，也就是距西尔弗发明胶水 12 年后，便利贴大获成功，富莱和西尔弗后来也被选入 3M 公司的名人纪念堂。

(资料来源：[英]詹姆斯·沃德. 文具盒里的时空漫游 [M]. 张健，译. 重庆：重庆出版社，2016.)

思考：

1. 从便利贴的发明事件中你得到什么启示？
2. 便利贴发明后，人们很快就接受了吗？为什么？你得到什么启示？
3. 在一项新产品从诞生到被大众接受的这段时间，公司要做哪些工作？

第一节 企业治理创新

企业创新是一套整合企业创意管理、研究与开发管理、制造管理和营销管理的新型整合化企业管理模式，它运用战略、组织、资源和制度（文化）等学科逻辑，系统地推动创新的产生、发展和应用，有效地调控创新的程度与频率，是一类复杂的企业管理理论与方法体系。其中，最为重要的是企业治理创新。

一、企业的治理问题

(一) 企业的演进

从企业制度发展历史看，它经历了两个发展时期：古典企业制度时期和现代企业制度时期。古典企业制度主要以业主制企业和合伙制企业为代表；现代企业制度主要以公司制企业为代表。

1. 业主制企业

业主制企业是企业制度早期存在的形式。业主制企业具有以下特点：一是企业归业主所有，企业剩余归业主所有，业主自己控制企业，拥有完全的自主权，享有全部的经营所得；二是业主对企业负债承担无限责任，个人资产与企业资产不存在绝对的界限，当企业出现资不抵债的情况时，业主要用其全部资产来抵偿。业主制企业的缺点是规模小，业主承担无限责任，资金筹集困难，企业存续受制于业主的生命。

2. 合伙制企业

合伙制企业是由两个或多个出资人联合组成的企业。在基本特征上，它与业主制企业并无本质区别。在合伙制企业中，企业归出资人共同所有，共同管理，并分享企业剩余或承担亏损，对企业债务承担无限责任。与业主制企业相比，合伙制企业的优点是扩大了资金来源，降低了经营风险。其缺点是合伙人对企业债务承担无限责任，风险较大，合伙人的退出或死亡会影响企业的生存和寿命。

3. 公司制企业

公司制企业是现代经济生活中主要的企业存在形式。它使企业的创办者和企业家们在资本的供给上摆脱了对个人财富、银行和金融机构的依赖。在最简单的公司制企业中，公司由三类不同的利益主体组成：股东、公司管理者（或经营者）、雇员。与传统的企业或古典企业相比，股份公司具有三个重要特点：一是股份公司是一个独立于出资者的自然人形式的经济、法律实体，从理论上讲是一个永续的生命；二是股份可以自由地转让；三是出资人承担有限责任。

公司制企业的产生与发展，对自由竞争经济的发展，尤其市场效率的提高有着非常积极的意义。它在很大程度上克服了业主制、合伙制企业经济上的局限性。同时，市场的扩大和生产、经营技术的复杂化，越来越需要专业化的职业经理人经营管理企业。

(二) 企业治理问题的产生

1. 股权结构分散

现代公司的第一个特征是股权结构的分散化。公司的股权结构，经历了由少数人持股到社会公众持股再到机构投资者持股的历史演进过程。在公司制企业发展早期，公司只有少数的个人股东，即股权集中。但是，伴随着规模的扩大，也伴随着资本市场的发展,公司的股权逐步分散化,大量的公司股票分散到社会公众手中。例如,在美国的有些企业中,最大股东所持有的公司股份在 5% 以下。

高度分散化的公司股权结构,有利的方面是明确、清晰的财产权利关系为资本市场的有效运转奠定了牢固的制度基础。个人产权制度是现代公司赖以生存和资本市场得以维持和发展的润滑剂。

公司股权分散化也有不利的一面:首先,公司的股东们无法在集体行动上达成一致,从而造成治理成本的提高;其次,对公司经营者的监督弱化,特别是存在大量小股东的情况下,他们缺乏参与公司决策和对公司高管人员监督的积极性,而且不具备相应的能力;最后,分散的股权使股东和公司其他利益相关者处于机会主义行为损害、掠夺风险之下。

2. 所有权与控制权分离

现代公司的第二个重要特点是所有权和控制权分离。1932 年,美国学者伯利和米恩斯在其所著的《现代公司与私有产权》一书中提出,公司所有权与经营权出现了分离,现代公司已由受所有者控制转变为受经营者控制,并直言,管理者权力的增大有损害资本所有者利益的危险。正是 20 世纪 30 年代开始出现的公司所有权和控制权的分离,引起了人们对公司治理问题的注意。

20 世纪 60 年代以来,公司所有权与控制权的分离日趋严重。在美国,许多公司董事会中公司经理占了多数,一些公司首席执行官 (CEO) 同时担任董事长,受聘于公司所有者的经营管理者反过来最终控制公司的现象比比皆是,由此导致的偏离企业利润最大化目标所造成的各种弊端也越来越引起人们的关注。于是在 20 世纪 70 年代中后期到 20 世纪 80 年代早期,美国拉开了有关公司治理问题讨论的序幕。

二、企业治理的概念

一般认为,企业治理的概念最早是由奥利弗·威廉姆森 (Oliver Williamson) 于 1975 年提出的。此后,不同的研究者和实践者对此有不同的观点,归纳起来大体有如下几种。

(一) 制度安排说

我国学者费方域 (1996) 认为,公司治理是一种合同关系或制度的安排,它给出公司的各个利益相关者间的关系框架,主要功能是用于对经营者进行评价,以更好地对"内部人控制"现象加以控制、监督、激励和约束。

斯坦福大学教授钱颖一 (1995) 提出，公司治理结构是一套制度安排，用于支配在企业中有重大利害关系的团体间的关系。

(二) 组织结构说

我国学者吴敬琏 (1994) 指出，公司治理结构是由所有者、董事会和高级经理人员三者组成的一种组织结构。在这种结构中，上述三者形成一定的制衡关系。通过这一结构，所有者将资产交由董事会托管；董事会是公司最高决策机构，负责聘用、奖惩及解雇经理人；经理人组成董事会领导下的执行机构，在董事会授权范围内经营企业。

(三) 决策机制说

奥利弗·哈特 (Oliver Hart)(1995) 认为，公司经理分配公司非人力资本的剩余控制权，即资产使用权如果在初始合约没有详尽设定的话，公司经理将决定其如何使用。

张维迎 (2005) 在《产权、激励与公司治理》一书中指出，公司治理是指有关公司控制权和剩余索取权分配的一整套法律、文化和制度性安排，这些安排决定公司的目标，谁在什么状态下实施控制、如何控制、风险和收益如何在不同企业成员之间分配等问题。

(四) 治理机制说

我国学者李维安认为，公司治理可以从狭义与广义两方面理解。狭义的公司治理特指股东对经营者的一种监督与制衡机制。广义的公司治理不仅需要通过股东大会、董事会和监事会发挥作用的内部监控机制，而且需要一系列通过证券市场、产品市场和经理市场来发挥作用的外部监控机制。公司治理应是一个动态持续的过程。

三、企业治理的创新方法

(一) 企业治理目标的创新

传统的企业治理目标可以简称为"股东利益最大化"，即所谓的股东至上。但是，这种企业治理的目标在于保护主要所有者的利益，该目标适用于一定的工业时代经济背景，但其自身也有一定缺陷，如容易导致经营者的道德风险，忽略企业的社会性责任，也与团队生产理论相违背。

随着社会经济和技术的发展，尤其是随着环境污染问题、社会文化和道德问题越来越受到关注，"利益相关者"思想开始出现，引起了企业治理目标的创新。

这种新的企业治理目标是"兼顾企业利益相关者的利益"。玛格丽特·布莱尔(Margaret Blair)(1995)认为，公司治理是指有关公司控制权或剩余索取权分配的一整套法律、文化和制度性安排，这些安排决定公司的目标，谁拥有公司，如何控制公司，风险和收益如何在公司的一系列相关组成人员之间分配等一系列问题。公司的职工、债权人、供应商都是企业剩余风险的承担者，那么也应当对公司的剩余利益拥有索取权。这一模式以 OECD 公司治理准则为代表，准则充分考虑了各个相关利益者，强调公司治理应平等对待所有股东，保护利益相关者的合法权益，并且鼓励各方为健康的公司治理进行积极努力的合作。

(二) 企业治理机制和结构的创新

无论是个人独资企业，还是合伙企业，抑或是公司企业，对于企业治理问题而言，核心都是指企业所有者、经营管理者和员工群体间的权利和利益的分配。对于个人独资企业和合伙企业，由于是由企业所有人直接经营企业，企业治理的问题没有那么突出和典型。因此，企业治理更多的是指公司组织中的治理问题，故企业治理也被称为公司治理。

1. 传统的公司治理

以日本为例，传统的公司治理是指股份公司的公司治理模式。

(1) 股东大会：日本公司法律中规定股东大会是公司的最高机构。其实在日本真正起到股东大会作用的是企业集团之间的"经理会"，这种经理会实际上是大股东会，他对管理层有很强的制约力和控制力。日本的公司法中规定股东大会的权利与公司治理有关的有两项：①选任、解任董事和监事；②决定董事和监事的报酬。

(2) 董事会：日本董事会是公司权力的中心，负责公司事务的经营和决策。董事会下设置了各种专业委员会。日本董事会中的执行机构实际上控制着公司。日本公司治理的任务就在于对董事会掌握经营权的主体进行监督和制约。

(3) 监事会和独立董事：2002 年公司法修改之前，日本公司只存在监事会，而且对于小型的公司只要求有一名以上的监事即可。大型公司在监事会中应当有外部独立监事，以增强监事的独立性。在 2002 年修改法律之后，日本公司法引进了美国式的外部独立董事制度，试图通过外部力量来制约管理者，且规定设置独立董事的公司不得同时设置监事会。

(4) 职工参与公司治理：日本公司实行终身雇佣制和年功序列制。前者是指即使企业面临困难也不会解雇其正式聘用的员工；后者指个人工作年限、工作成绩和能力决定晋升机会。由于存在这两种制度，日本公司中的精英员工长期保持稳定。职工参与公司治理成为日本公司治理中的一大特色。

(5) 设置委员会的公司治理结构：2002年，日本引入了设置委员会的公司治理结构。设置委员会的公司与其他公司治理模式的显著区别在于执行机关和监督机关的设置方面。法律规定此类公司应设置提名委员会、审计委员会、薪酬委员会及执行经理，同时取消董事会中代表董事和执行董事的设置，把经营权利交给执行经理，通过三个职能委员会对经理的经营活动进行监督和约束。

2. 数字经济时代公司治理的创新

人类正在进入知识经济和数字经济时代，企业要想在这样的环境中保持持续的竞争力，就必须拥有、开发和培养源源不断的、具有创造力的人才。因此，在公司治理方面，必须从以关注资本、关注资本的保值增值为重点的传统公司治理，向以关心人才、给人才赋能的数字经济时代的公司治理转变。这蕴含了许多创新元素。

传统的公司治理是以董事会为权力中心、以经理为执行中心、以监事会为监督中心的"三权分立"式的权力和利益的分类和分享机制。可以看出，这套治理机制和结构是以资本和权力为中心、以实现资本的保值增值为根本目的的，它体现的是资本的意志和意图。在数字经济时代，随着知识、人力资本重要性的增加，资本的重要性相对下降。相应地，公司治理机制也出现了许多创新。

(1) 阿里巴巴的"合伙人制度"。阿里巴巴在发展的过程中，根据企业的业务和实际状况，创造性地设计了"合伙人制度"。在这个治理机制中，"合伙人"共有28名，包括22名管理层和6名关联公司管理层人员。阿里巴巴合伙人有权提名过半数董事，提名董事需要经股东会过半数支持方可生效。阿里巴巴"合伙人"的董事提名权安排，实质是公司主要股东和管理层之间达成了协议，并在公司章程中做出了相应的规定，实行一种特别的分类董事制度。

所谓分类董事制度，是将董事会成员分成不同类别，赋予其不同的身份属性。常见的分类方法为：按董事任职期限分类和按股东或股份类别分类。按董事任职期限分类，就是把董事任职到期时间错开，年度股东大会选举不能将原任董事全部换掉，比如每年只能换掉1/3的任期届满的董事。这种安排的主要含义是对付并购威胁，在有新大股东出现的情况下也可以保持董事会层面上公司控制权的相对稳定。按股东或股份类别分类，是在公司具有明显不同利益诉求的股东时采用的方法，对每一类别的股东分配具体数目的董事席位，该类别董事的提名、聘任和解聘均需该类别股东投票决定。

(2) 万科的"事业合伙人"：员工间接持股。万科是国内房地产领域的优秀企业，业绩多年高速增长，为了理顺万科股东和管理层的责权关系，吸引、留住和激励优秀人才，万科在核算经济利润的基础上，提取经济利润作为集体奖金，封闭运行三年，期间不得进行分配，以让核心人才持有万科股份，分享万科成长收益。2014年4月25日，有限合伙企业盈安合伙创立。包括万科总裁郁亮在内的全部8名董事、监事、高级管理人员，以及几乎所有的中层管理人员，其中有1320位被称为事业合伙人的万科员工，签署《授权委托与承诺书》，将其在万科公司集体奖金账户中的全部权益，委托给盈安合伙的一般合伙人进行投资管理。

这里的责任利益链条是，盈安合伙只是万科公司的一个与其他股东一样只承担有限责任的股东，被称为万科"事业合伙人"的这些进入盈安合伙的万科员工，是盈安合伙的有限合伙人。他们与万科公司的关系是在原来员工的基础上，又增加了一个通过盈安合伙间接持有万科股份的"事业合伙人"关系。员工与企业的关系超出原有雇佣关系的范畴。

第二节　企业产品、技术、工艺和服务创新

一、产品创新

创新可以从不同角度进行分类。按内容，创新可分为产品创新、技术创新、工艺（流程）创新、服务创新和商业模式创新等。本节将重点论述产品创新、技术创新、工艺创新和服务创新。

(一) 产品创新的概念

产品在传统意义上的定义是有形的、物理的物品或原材料，从日用品（如牙膏）到工业材料（如钢管），所有这些都可以称为产品。近年来，服务行业的公司（保险、金融、通信等）也开始把他们提供的服务业务称为"产品"。例如，2013年天弘基金与支付宝公司合作推出"余额宝"这一互联网理财产品并大获成功，这就是一个典型的服务产品创新。

为了打破传统行业边界，越来越多的产品制造商开始围绕产品向顾客提供服务。例如，汽车制造商为顾客提供路边紧急援助服务。尽管服务行业倾向于使用"产品"这个名词来描述它们提供的内容，但它们与一般产品还是有一定区别的。服务往往是无形的，而一般产品是有形的。服务性产品的生产和消费是同时进行的。此外，服务性产品很难或者根本不可能通过专利法等法规来抵制模仿行为。而且，通常在以产品为主的创新模式中，服务多以辅助的形式来提升顾客所购买产品的附加价值，从而提升产品的市场竞争力。

为了与服务创新区别，本书所指的产品创新就是指提出一种能够满足顾客需要或解决顾客问题的新产品，如苹果公司推出的 iPhone 手机、海尔推出的"环保双动力"洗衣机（一种不用加洗衣粉的洗衣机）等都是产品创新的例子。

(二) 产品创新分类

产品创新又可分为元器件创新、架构创新和复杂产品系统创新三类。

1. 元器件创新

大部分产品和工艺是分级嵌套的系统，也就是说，不管用怎样的分析单位，该实体都是一个由元器件构成的系统，并且每一级元器件都是一个由次一级元器件组成的系统，直到某一级的元器件是不可再分的基本元器件为止。举例来说，自行车是一个由车架、车轮、轮胎、车座和刹车闸等元器件组成的系统。这些元器件里的每一个也都是一个元器件系统，例如车座可以看作由包括金属和塑料框架、填料，以及尼龙封皮等元器件组成的系统。

创新可能导致个别元器件的变化，也可能导致元器件运转所处的整个结构的变化，或者两者都发生变化。如果创新导致一个或多个元器件发生变化，但是并不严重影响整个系统的结构，那么这样的创新称为元器件创新。例如，一项自行车车座技术的创新（例如，添加灌有凝胶的材料从而增强减震效果）并不需要对自行车的其余结构做任何改变。

2. 架构创新

与此相反，如果创新导致整个系统结构或者组件之间作用方式发生变化，就称为架构创新。一项严格的架构创新可能改变系统中组件互联的方式，却并不改变这些组件本身。但是，大部分架构创新不仅改变组件的互联方式，还改变了组件本身，即从整个设计上改变了系统。因此，架构创新对产业内竞争者和技术用户会产生深远和复杂的影响。举例来说，从功能手机到智能手机的转变是一种架构创新，这项创新会使许多手机组件发生变化(并使这些变化可行)，包括人们使用手机的方式也会发生改变。

要发起或者采用一种元器件创新，仅要求企业具备该元器件的专业知识。然而，发起或者采用一个架构创新，则要求企业掌握元器件之间如何连接并整合为整个系统的结构知识。企业必须了解各种元器件的特性，各元素器件间如何相互作用，以及一些系统特性的改变如何触发整个系统或者个别元器件的许多其他结构特性发生变化。

3. 复杂产品系统创新

复杂产品系统指的是研究与发展投入大、技术含量高、单件或小批量定制生产的大型产品、系统或基础设施。它包括大型电信通信系统、大型计算机、航空航天系统、智能大厦、电力网络控制系统、大型船只、高速列车、半导体生产线、信息系统等，与现代工业休戚相关。它们虽然生产产量小，但由于规模大、单价高，所以整个复杂产品系统产业的总产值占 GDP 的份额比较高，在现代经济发展中发挥着非常重要的作用。

英国萨塞克斯大学 SPRU 中心研究人员通过调查英国多种产品数据资料，发现复杂产品系统至少占 GDP 的 11%，至少提供了 140 万～430 万个工作岗位。研究进一步指出，英国之所以能够维持其在世界经济中的地位，复杂产品系统创新功不可没。

从技术扩散的角度来看，复杂产品系统由于涉及的技术种类多，技术含量高，其开发成功能够直接导致内嵌在复杂产品系统的各种模块技术可以应用到其他领域，这种技术扩散的速度远远快于普通产品创新，从而引起整个相关产业链的技术升级，带来国家竞争力的提升。

案例　大疆无人机

对于美国来说，大疆是比华为还要让人恐惧的对手，针对大疆无人机的封杀，从来没有停止过。

早在 2017 年，美国陆军司令部就宣称：大疆无人机窃取数据。后来，哪怕科研机构出了报告，证明不存在窃取数据的问题，美军还是坚持封杀大疆。结果是，制裁了一年，大疆的市场份额居然又提高了 2 个百分点，占据了全美 74% 的市场。

因为大疆的产品太好用了，在被封杀的一年里，美军没有找到替代品。

2014 年的大疆整年营收大概在 27.2 亿元，2015 年、2016 年、2017 年分别是59.8亿元、97.8亿元、175.7亿元，占领了消费级无人机全球70%的市场份额，难有公司与之匹敌。短短几年内，大疆便更新了十几代，成为全球垄断巨头。

2006年，还没毕业的汪滔就和同学来到深圳，在一间不足20平方米的仓库里——大疆诞生了。他们都清楚，像无人机这种门槛极高，没什么市场竞争者的领域，只要做好了，就能创造巨大的机会。这个4人团队白手起家，靠的就是以下两个强大的优势。

1. 人人都玩得起的低价

2012年，大疆推出了"大疆精灵1"，让众人眼前一亮。第一批用户试玩之后一致表示："从没想过无人机会这么简单！"当时，其他公司的产品价格在1.5万美元左右，而操作简便的大疆售价仅为679美元，这款无人机很快打开了市场。

2. 出新必颠覆，把自家产品逼上绝路

真正奠定大疆连年胜局的优势是——大疆的迭代速度太快了，而且根本不管前几代的死活，每一次新品都要把自己逼上绝路。

2014年，大疆推出了精灵2。与精灵1相比，精灵2拥有强大的照相功能，成为2014年美国《时代》杂志评选的年度十大科技产品中唯一的中国产品，且评价极高：智能手机、高科技照相机让我们从各种角度欣赏和拍摄世界，但是它们都没有像装载摄像机的无人机那样，拓宽拍摄的空间。在无人机中，少有像大疆创新的精灵2做得这么好的。

2015年3月，大疆推出精灵3，这是真正意义上的一体式四旋翼无人机。在前两代产品中，大疆并没有搭载自己的相机，使用其他公司的图传技术，而在精灵3中，大疆研发了自己的相机，而在图传方面，也开始使用自己研发的数字图传技术，加上三轴云台，大疆把无人机做成了集成度极高的产品。

然而，不到一年，精灵4的推出又颠覆了人们对无人机的认识。精灵4最大的亮点就是自动避障、指点飞行和视觉追踪，这三大创新功能把竞争对手的产品远远甩在后面。

事实上，2014年到2015年这两年时间里，除了大疆，整个无人机市场居然没有一个像样的产品。

没有对手，大疆疯起来就把自己的前一代产品当对手——距离精灵4的发布仅隔半年，大疆就发布Mavic系列，继承了精灵4所有的技术并进行了升级，精灵系列的市场也被严重挤压。

仅仅5年的时间，大疆凭借着技术上的碾压，实现了市场上的垄断，从2017年的市场占有率看，在全球民用无人机市场中，大疆占了85%的份额，其他品牌通通被归到了"其他"。

只有掌握了核心技术，才能扛得住一切封杀。由于广泛地涵盖了军用和民用市场，要压制大疆，对于美国而言是一件很头痛、很无奈的事情。大疆强悍到无人机被封禁一年后，2018年5月，美国空军特种部队在采购时，用很小的字号写了一段话："由于作战任务紧急又缺乏美国本土的替代品，希望能特批采购35架大疆无人机。"迫于无奈，美军只能又用起了大疆。

大疆为什么如此硬核？答案是：对技术和用户的极度敬畏。

大疆通过技术进步来拉升行业门槛，在短短几年内便更新了十几代。从2012年开始，大疆就拥有了完整的无人机软硬件设施，从软件研发，到螺旋桨、支架、平衡环、遥控器，每一个零件都是自主产权，都是中国制造。正是由于掌握了这些核心技术专利，才让大疆在国际市场上更加游刃有余，在核心技术上对美国没有任何依赖。

可以说，大疆是近年少有的，没有抄袭、通过自主设计努力成长为世界一流企业的中国公司。尊重技术，敬畏用户，在竞争中永远保持进化，这是大疆走向成功的模样。

（资料来源：华为之外，最坚强的中国企业：被美国封杀数次后，赚走美国人几百亿[EB/OL].(2020–08–24). https://maimai.cn/article/detail?fid=1520935959&efid=yjhmgyRtqFXRDfTHSTEvmQ.）

二、技术创新

（一）技术创新的概念

技术是人类为了满足自己的物质生产、社会生活和精神生产的需要，运用自然规律所创造出来的，并能动地改造客观世界的一切物质手段及其方法的总和。技术的存在方式多种多样，如果按照在生产中的作用和地位的不同，可将其分为原理技术、方法技术、使用技术和管理技术等。

技术创新一直是经济发展和生产率增长的基本驱动力。在竞争日益激烈的当今世界，技术创新作为企业的核心竞争力，日益成为经济增长的源泉。

经济学家约瑟夫·熊彼特 (Joseph Schumpeter) 在其《经济发展理论》一书中首先提出了"创新"这个概念。其1939年所著的《商业周期》一书标志着技术创新概念的真正形成。熊彼特对技术创新的定义侧重于强调这一术语的经济含义，他认为创新是指"建立一种新的生产函数"，也就是"生产要素的重新组合"，而新组合的目的是获得潜在的利润，也就是最大限度地获取超额利润。熊彼特也强调了技术创新的突破性、跃进性和革命性。创新既是一个自然科学与技术的活动过程，又是一个经济与管理的活动过程。

1962年伊诺思 (J. L. Enos) 从行为集合角度来定义技术创新，认为技术创新是几种行为综合的结果，这些行为包括发明的选择、资本投入保证、组织建立、制订计划、招用工人和开辟市场等。林恩 (G. Glynn) 则首次从创新时序过程角度定义，认为技术创新是始于对技术的商业潜力的认识，而终于将其完全转化为商业化产品的整个行为过程。曼斯费尔德 (M. Mansfield) 认为，产品创新是从企业的构思为起点，以新产品的销售和交货为终结的探索性活动。费里曼 (C. Freeman) 认为，技术创新是技术的、工艺的和商业化的全过程，其导致新产品的市场实现和新技术工艺与装备的商业化应用，后来他又修改为技术创新就是指新产品、新过程、新系统和新服务的首次商业性转化。缪尔塞 (R. Mueser) 认为，技术创新是以构思新颖和成功实现为特征的有意义的非连续性事件。傅家骥认为，技术创新是企业家抓住市场的潜在盈利机会，以获取商业利益为目标，重新组织生产条件和要素，建立效能更强、效率更高和费用更低的生产经营系统，从而推出新产品，升级新工艺，开辟新市场，获得新原材料或建立企业的新组织。

虽然技术创新的提法各不相同，但比较统一的一点是，技术创新是以其市场实现程度来度量的，这是区别于发现、发明、技术进步等概念的重要标志。

(二) 技术创新的分类

1. 根本性技术创新和渐进性技术创新

按照创新的新颖程度，创新可分为根本性技术创新和渐进性技术创新。

根本性技术创新是世界上首创的与现有产品和工艺完全不同的创新。

渐进性技术创新是在已有的根本性技术创新所提供的技术下，根据提供的技术机会和外部的需求压力所形成的，与其所依据的根本性技术在原理上没有质的变化和发展。

2. 资本节约型技术创新和劳动节约型技术创新

按照创新替代的生产要素划分，创新可分为资本节约型技术创新和劳动节约型技术创新。

资本节约型技术创新是指生产一定数量的产品，需要投入一定的生产要素；最大产量与一定数量的各生产要素之间的关系就是生产函数，它与一定的技术条件相适应。技术决定投入量与产出量的转换比例、资本密集度或劳动密集度，以及资本与劳动之间相互替代的比例变动关系。

劳动节约型技术创新是指由于技术创新缩小了生产要素构成中物化劳动的投入比例，导致生产向劳动密集型方式转移，这种技术创新属于资本节约型技术创新。劳动节约型技术创新是由于技术创新减小了生产要素中劳动的价值构成比例，促使生产向资本密集型方式转移。

3. 产品创新和工艺创新

根据创新对象和创新内容划分，创新可分为产品创新和工艺创新。

产品创新是指产品技术上出现具有新价值的发展和变化，包括新产品和现有产品的改进。

工艺创新是指工艺技术上出现具有新价值的发展和变化，包括生产工艺流程、加工技术、操作方法、生产技术设备等方面的生产技术的开发和改进。

4. 自主创新、模仿创新和合作创新

按创新战略和创新技术源的角度划分，创新可分为自主创新、模仿创新和合作创新。

自主创新是企业通过自身努力和探索，攻克技术难关，并完成技术商品化，获取商业利润。

模仿创新是通过学习模仿率先创新者的思路和行为，引进购买或破译率先创新者的核心技术和技术秘密，进而改善和进一步开发产品的性能和质量，获得商业利润。

合作创新指企业间，或企业、高校、科研机构间的联合创新行为。

案例　技术创新，贯穿万和发展的灵魂

万和电气成立于1993年8月，目前已发展成为国内热水器、厨房电器、热水系统专业制造先进企业，在顺德、中山、高明、合肥等地拥有七大生产制造基地，占地面积超过100万平方米，年产能超过1500万台。

"技术创新"是贯穿万和发展的灵魂，至今，万和在厨卫电器领域拥有36项行业先进技术，多次主导或参与燃气热水器、燃气灶具、消毒柜国家标准的起草和修订，拥有1400多项专利，代表中国燃气具技术前沿方向。"国家级企业技术中心""清洁能源院士专家工作站""博士后科研工作站"等七大创新平台均落户万和。

　　万和共有5款产品入选工信部2018"能效之星"，从入选的5款产品中，可以看出万和以产品品质为先、以技术创新为魂的发展理念。

　　以燃气快速热水器JSLQ28-16SV78为例，该产品是1级能效，具备碳氮双防安全防护、三芯短焰燃烧、智能氧护等技术特点，在2018年度同类产品中属于技术领先型产品。

　　在节能水平上，该产品为一级能效，热效率在98%以上，对比普通燃气热水器可节省燃气用量20%；该产品还特别采用了"一键节能"技术，在夏秋季节自动降低热水器最大火力至额定负荷的80%，保证热水恒温的同时又省气省水。

　　在安全环保方面，该产品采用双燃气浓度燃烧技术，可有效减少氮氧化物的产生，减少量可达70%，既保护用户人身安全，又不污染环境空气。在智能方面，该产品内置第三代智能AI芯片，搭配高转速变频风机，全程监控机器燃烧状态，一旦发现有不充分燃烧倾向，热水器会主动调整风机转速，增加供氧量，确保充分燃烧。

　　同时，该产品也注重用户体验，大幅降低产品工作噪声。所使用的直流变频风机，运行噪声可低至40dB，较普通交流风机低了15dB。此外，它的流沙金外观，磨砂质感，彰显产品优雅高贵的气质；面板一体成型设计，背部进风设计，可以防止灰尘、杂质进入热水器；采用加厚冷轧钢板搭配金属拉丝防爆玻璃，让产品品质更可靠。

　　正因为万和在技术水平上一直保持领先，因此取得了不俗的市场业绩。万和燃气热水器市场综合占有率连续15年在行业创领新高，是工信部公布的第三批制造业单项冠军培育企业，消毒碗柜、燃气灶、吸油烟机、电热水器的市场占有率均处于行业前列，万和燃气热水器和燃气炉具的出口量连续多年在行业同类产品中名列前茅。

　　(资料来源：技术创新，贯穿万和发展的灵魂[EB/OL]. (2019-09-10). https://www.fx361.com/page/2019/0910/9882874.shtml.)

案例 宁德时代以创新领跑动力电池发展

动力电池即为工具提供动力来源的电源,多指为电动汽车、电动列车、电动自行车等提供动力的蓄电池。动力电池是新能源整车的动力来源,是该行业发展的最重要的技术基础。

2022年一季度,全球新能源汽车销量达203万辆,其中中国独占120万辆,远超"外国"的83万辆。欧洲位居第二,却"仅有"54万辆。整个欧洲数十个发达国家,加起来不到中国的一半。

在动力电池领域,中国企业的头部效应同样明显。2021年中国企业动力电池产量占世界比例约为54%,2022年一季度全球动力电池装车量95.1GWh(亿瓦时),同比增长93.3%。

动力电池的市场份额主要由中日韩三国企业占据——2022年1—4月全球动力电池前十名企业市场占有率高达92%,全部都是中日韩的企业。

第一名是中国宁德时代,一家独占全球市场份额的1/3,达到33.7%。2022年一季度比亚迪动力电池装车量同比增长224.5%,市占率也大幅提升至12.1%。根据SNE数据,2022年一季度仅排名前6的中国企业的动力电池市占率就高达55.3%,同样超过了"外国"。

2022年6月23日,宁德时代正式以一段不满4分钟的视频发布了其第三代CTP技术。官方将这种技术命名为"麒麟电池"。虽然视频本身非常简短,而且充满了各种动力电池技术名词,但"麒麟电池"的出现再次证明了一个事实——中国动力电池企业的技术实力已经稳居全球第一梯队,不仅在生产规模上,就连技术上也开始超越日韩。宁德时代官方在视频中将"麒麟电池"与之前动力电池领域的"国外标杆"4680进行了对比,从电池关键的5大性能(能量密度、快充性能、导热效率、系统集成效率、安全性)来看,"麒麟电池"高了不是一星半点。

全球锂电池技术的发展,中国一直是"后来者"。目前全球动力龙头之一的松下从1970年(至今已超50年)就已经开始生产锂电池;而宁德时代的起点即便算上消费电子时代,顶多只能追溯到1999年,两者相差近30年。

"后来者"的劣势,也逼迫宁德时代从一开始就走上了更"艰难"的创新发展路线。电池外形,在普通人看来只是大小和形状的不同,但它会显著地影响电池的性能表现。日韩系厂商从消费电子时代就牢牢占据圆柱电池赛道,先天就拥有一致性更好(电池单体差异小)、力学结构强(更安全)、能量密度高(电池单体容易卷绕填满)等特点。也正是因为这些优点的存在,让特斯拉在最开始进入新能源车领域,就选择了松下的 18650(直径 18 毫米、高度 65 毫米)电池。

相比之下,为了避开圆柱电池赛道专利等的重重"阻碍",宁德时代不得已只能走大体积方形电池的技术发展路线。

通过不断地实验、测试,原料创新、结构创新和工艺创新,宁德时代克服了电池在装进电池包组合成模组过程中的一系列难题(能量控制、导电连接、塑料框架、冷却装置排布等),终于发明了以"麒麟电池"所代表的 CTP(cell to pack)技术。

以目前动力电池行业的实际产品表现来对比,有模组的动力电池体积利用率大概是 40%,2019 年宁德时代的第一代 CTP 技术已经将体积利用率提升到了 55%,而到了第三代的"麒麟电池",宁德时代已经将体积利用率提到了惊人的 72%。

简单来说,跟有模组的普通电池比起来,"麒麟电池"在同样的体积内足足可以塞下 1.8 倍的电池容量,让最终的车辆续航里程增加了近 80%。

作为一个复杂的汽车子系统,动力电池包不只是把过去多余的东西全部去掉,直接把电池"堆"进去了。宁德时代在"麒麟电池"中引入了一项名为"多功能弹性夹层"的技术,通过单个结构完整解决了电池单元隔热(隔热垫)、散热(水冷系统)、结构强度(横纵梁)的综合需求,成为提升"麒麟电池"系统能量密度的最大功臣。宁德时代于 2022 年 4 月对这项技术申请了发明专利,丰富了其动力电池领域的知识产权矩阵。

按照宁德时代官方公布的规划,"麒麟电池"于 2023 年量产,装备这种电池的全电新能源车不仅在容量上有 40%~50% 的提升,还能拥有 15 分钟快充、更大车内空间等优势,极有可能在全球新能源产业掀起动力电池的新一波变革。

最近几年,锂电领域"中国追逐日韩"的态势已经转变为了"日韩追逐中国"。以宁德时代为代表的中国企业在乘用车锂电池市场中获得了长足发展,并逐渐从"追赶"到"并跑",再到"领跑"。

截至 2021 年,宁德时代已经连续 5 年保持全球最大动力电池企业地位。2021 年装机量达到 96.7GWh,同比增加了 167.5%,全球市场份额也进一步增长,从 2020 年的 24.6% 增长到了 32.6%。

多增长的 8% 市场份额,主要来自日韩"老二""老三"的 LG 和松下。2020 年,宁德时代和 LG 化学对特斯拉上海工厂的供货比为 2∶8,这个数字到了 2021 年,直接"倒"过来变成了 7∶3。特斯拉的这一"倒戈"行为,显然是宁德时代综合竞争力的最好体现。

在已经在全球、国内动力电池市场占有宝座的前提下，宁德时代其实还在进行着自己的扩张计划，下一步的目标之一就是直接在欧洲设厂。宁德时代在德国图林根州设立了第一座海外工厂，并于2022年4月获得了当地政府发放的生产许可证。这座工厂生产的动力电池，大概率将供应给德国境内三家全球车企龙头：奔驰、宝马、大众。

宁德时代以无畏的勇气、坚毅的精神和对创新的执着，多年耕耘，终于在动力电池领域谱写了一曲"自主创新"的优美旋律，体现了中国企业在以创新促进发展中的实力和追求。

（资料来源：该轮到中国动力电池被国外追赶了[EB/OL]. (2022-06-28). https://www.huxiu.com/article/593400.html.）

三、工艺创新

（一）工艺创新的概念

工艺创新又称为过程创新，是指企业通过研究和应用新的生产技术、新工艺、新设备、新管理方式，以及新的操作程序、方法和规则体系等，提高企业产品制造技术水平、质量，从而达到提高效率、降低能耗、减少排放目的的各项活动。工艺创新与提高产品质量，降低原材料和能源的消耗，以及提高生产效率密切相关。

工艺创新的概念较多是与产品创新结合在一起被提出来的。英国学者斯通曼(P. Stoneman)等认为，工艺创新是将科技发明引入生产中，通过实践商业化的过程。英国学者达夫特(Daft R. L)提出，技术创新与企业的主要生产活动息息相关，并将之分为产品创新和工艺创新。美国学者厄特巴克(Utterback)和艾伯纳西(Abernathy)将工艺创新和产品创新相结合进行研究，提出A-U理论模型，认为企业在技术不同生命周期中对工艺创新和产品创新的侧重程度是不同的，即在技术发展不稳定的初期，注重产品创新，工艺创新频率不高，随着技术慢慢发展，逐渐向工艺创新倾斜，前者创新频率降低，后者频率则不断提升，当技术进入稳定阶段后，工艺创新占据主导，升高至峰值后开始下降。A-U理论模型较为完整地反映了产业工艺发展的一般规律，为后面的研究奠定了基础。

傅家骥把技术创新分为产品创新和工艺创新，并指出了工艺创新是指产品生产技术的革命，包括新工艺、新设备和新的组织管理方式。吴贵生扩大了工艺创新的对象范围，指出工艺创新是在生产技术变更的基础上，改良原先的工艺或引入全新的工艺。

(二) 工艺创新的分类

工艺创新是企业创新的一个重要组成部分，与企业生产技术、设备设施和组织生产管理模式有着密切的关系。对于如何界定工艺创新，可从狭义和广义这两个角度来进行分析。

1. 狭义的工艺创新

狭义的工艺创新，是指改良生产技术和生产方法。譬如《经济发展理论》一书中提到的新的生产方法，其既可以是出现在制造环节的新工艺，也可以是出现在其他商务环节的新方式。

2. 广义的工艺创新

广义的工艺创新应包含三个层次：一是改进生产设备设施，生产设备设施是企业生产的载体，影响着产品质量；二是重组或改进工艺技术，主要是引入新的或改进的生产工艺，改善工艺流程，用于提高生产率；三是改革组织管理模式，包括革新生产管理模式，这一阶段的创新活动，代表着创新企业的工艺生产方式的改革。

案例 汉江机床通过工艺创新实现滚动功能部件高效生产

近年来，陕西汉江机床有限公司 (以下简称汉江机床) 持续进行工艺技术创新，不断加大对产业技术、人员、设备和资金的投入，建成了滚珠丝杠副生产线，并采用"硬旋铣＋高效精密磨削"等滚珠丝杠先进制造技术及"车铣复合中心＋内螺纹磨削中心"的滚珠螺母先进制造技术，配套建成了滚珠丝杠生产线、螺母生产线、滚珠丝杠副产品装配和检测生产线等，满足了滚珠丝杠副的高效精密加工、精密装配和检测技术要求，提升了国产滚动功能部件的技术水平，增强了市场竞争力，在一定程度上缩小了与世界先进水平的差距。汉江机床主要在两个方面实现了新突破。

1. 无心车技术在生产车间成功应用

在汉江机床滚珠丝杠从毛坯到淬火的粗加工阶段，其一直沿用调质、半精车、除应力、精车、外磨等工序，切除量大，加工过程费时且材料利用率低，严重制约滚珠丝杠高效规模化生产进程。为了提高滚珠丝杠粗加工阶段加工效率，汉江机床成立了技术攻关小组，主要针对丝杠粗加工特点，通过技术调研论证，借鉴钢厂银亮材精整线生产技术，经过探索实验，在行业内首次将无心车应用到丝杠粗加工，形成了"调质—无心车—精车"全新滚珠丝杠粗加工工艺。推广应用以来，无心车粗加工工艺将丝杠材料利用率从83%提高到96%，不仅极大地降低了生产成本，而且使粗加工切除量减少，整根6m调质料毛坯无心车生产线仅用3分钟，整根跳动仅0.05mm，表面光洁度达到0.8，既保证了质量，又提高了加工效率。

目前，无心车生产线经前期调试已实现批量化生产，现已进入创建仓储阶段，后期随着无心车技术及其他新技术的应用，汉机公司滚珠丝杠"批量加工"的能力将进一步得到提升，为产品后期的尺寸一致性打好基础，从而满足滚珠丝杠副"互换性"要求。

2. 端面返向结构螺母加工技术

滚珠丝杠副作为数控机床的关键部件，随着切削技术的发展，滚珠丝杠副朝着精密、高速化方向发展。近年来，加工中心对高速滚珠丝杠副的需求量越来越大，端面返向结构作为高速滚珠丝杠副的主要结构形式，其加工技术日益受到功能部件生产厂家的重视。但是，由于端面返向结构螺母反向器孔及回珠孔加工精度严重影响滚珠丝杠副性能，如何提高螺母反向器孔及回珠孔加工精度，实现高效加工成了端面返向结构螺母加工的关键。

运用现有设备在加工回珠孔时需要配备大量工装，通过人工多次装夹，加工误差大且加工效率低。为了快速响应市场需求，破解生产技术难题，公司技术人员经过研究分析，最终决定采用专机"一次装夹，多工位联动"的加工方案，消除了传统加工手段依靠人工多次装夹造成的误差，既保证了螺母反向器孔及回珠孔加工的精度，又极大地提高了生产加工效率。据了解，该技术应用在国内属行业首创。

随着汉江机床最新购置的两台专机成功实现数种规格端面返向结构螺母批量加工，标志着端面返向结构螺母加工关键技术成果已在公司生产线上推广应用，为企业进军滚珠丝杠副高端市场，打造滚珠丝杠副高效生产线奠定了坚实的基础。

（资料来源：汉机通过工艺创新实现滚动功能部件高效生产[EB/OL]. http://www.cmtba.org.cn/level3.jsp?id=3411.）

四、服务创新

(一) 服务的基本特性

1. 无形性

首先，与有形的消费品或产业用品相比，服务的特质及组成服务的元素往往是无形的，让人不能触摸或凭肉眼看见其存在。这一特性还使得服务不易于评价和验证。其次，随着企业服务水平的日益提高，很多消费品或产业用品是与附加的顾客服务一块出售的。对顾客而言，更重要的是这些载体所承载的服务或者效用。

2. 不可分离性

服务的生产和消费无法清晰地分开，服务的生产过程与消费过程同时进行。也就是说，服务人员为顾客提供服务时，也正是顾客消费服务的时刻，二者在时间上不可分离。服务的这种特性表明，顾客只有而且必须加入服务的生产过程中才能最终消费到服务产品。这使服务业的运作与制造业不同，其更为分散和本地化。

3. 差异性

差异性是指服务的构成成分及其质量水平经常变化，很难统一界定。服务行业是以人为中心的产业，由于人类个性的存在，服务的质量检验很难采用统一的标准。一方面，由于服务人员自身因素（如心理状态）的影响，即使由同一服务人员所提供的服务也可能会有不同的水准；另一方面，由于顾客直接参与服务的生产和消费过程，顾客本身的因素（如知识水平、兴趣和爱好等）也会直接影响服务的质量和效果。

4. 不可贮存性

不可贮存性的特征要求服务企业必须解决由缺乏库存所导致的产品供求不平衡问题，以及如何制定分销策略、选择分销渠道和分销商，如何设计生产过程和有效地灵活处理被动的服务需求等问题。

5. 缺乏所有权

在服务的生产和消费过程中不涉及任何东西的所有权转移。服务是无形的又不可贮存的，服务在交易完成后便消失了，消费者并没有"实质性"地拥有服务。

(二) 服务创新的概念

服务创新是企业为了提高服务质量和创造新的市场价值而发生的服务要素变化，对服务系统进行有目的、有组织的改变的动态过程。服务创新的理论研究源于技术创新，两者之间有着紧密的联系。但是服务业的独特性，使得服务业的创新与制造业的技术创新有一定的区别，并有其独特的创新战略。服务创新可能是技术的创新，但是更多的是非技术或者社会性的创新，所以服务创新不能狭隘地从技术决定创新的观点来理解。

(三) 服务创新的特点

1. 渐进性多于根本性

服务创新通常是流程的微小变动，因此更多的是渐进式创新，很少有突破性创新。服务创新的目的包括减少成本、实现产品差异化、提高应变能力和灵活性、开拓新市场等。

2. 产品和过程创新经常连在一起

服务创新可以是新的服务产品，新的服务生产交付流程，或者新技术的推广。由于服务具有不可存储性，所以服务流程不能完全与产品分开，服务产品的创新不能脱离服务流程的创新。

3. 以客户定位为中心

服务创新主要以顾客为导向。服务的标准化程度越低，即定制程度越高，服务创新中顾客决定的程度就越高，服务创新可能形成新的知识或信息。

4. 创新组织灵活

由于服务企业没有或很少有研究与发展部门，创新组织一般为非正式的组织，在项目成立时从企业各个部门抽调人员组成项目小组，负责开展创新工作。在创新项目开始实施或者已经融合到平常业务流程中后，小组即解散。

(四) 服务创新的分类

服务创新可以分为如下几种类型。

1. 服务产品创新

服务产品创新是指服务内容或者服务产品的变革。创新重点是产品的设计和生产能力。例如，优步(Uber)在中国推出"人民优步+"等新项目、小米公司推出"小米漫游"等。

2. 服务流程创新

服务流程创新是指服务产品生产和交付流程的更新。流程创新可以划分为两类：生产流程创新,即后台创新;交付流程创新,即前台创新。服务流程创新和服务产品创新有时是很难区分的。在供应商和顾客的关系比较密切的服务企业,顾客需要参与到服务过程中,服务由供应商和顾客共同完成,那么产品与过程就很难区分,所以在这些企业中区分产品创新和过程创新是比较困难的。

3. 服务管理创新

服务管理创新是指服务组织形式或服务管理的新模式,例如服务企业引入全面质量管理,海底捞火锅以其独特的服务体系为顾客提供人性化的服务等。

4. 服务技术创新

服务技术创新是指支撑所提供服务的技术手段方面的创新,如支付宝推出"刷脸支付",华为推出智能手机指纹识别,民航系统推出自助值机服务,电影院推出网上订票选座服务等。

案例　制造业的服务化

服务创新不仅仅是服务业的专利。20世纪80年代以来,服务化已经成为世界制造业发展的主要趋势。在工业产品附加值构成中,纯粹的制造环节占比越来越低,研发、工业设计、物流、营销、品牌管理、知识产权管理、产品维护等服务占比越来越高。以汽车产业为例,当汽车工业进入发展时期,单纯的汽车制造投资回报率约为3%~5%,而围绕汽车的服务投资回报率高达7%~15%。优秀的制造企业由"以生产为中心"向"以服务为中心"转型。

制造业服务化就是制造企业为获取竞争优势,将价值链由以制造为中心向以服务为中心转变。发达国家服务业占GDP比例达到70%左右,在服务业中生产性服务业占了近六成。

生产性服务业主要包括研发设计、第三方物流、融资租赁、信息技术服务、节能环保服务、检验检测认证、电子商务、商务咨询、服务外包、售后服务、人力资源服务和品牌建设等。

通用电气是世界最大的电器和电子设备制造公司之一,它除了生产消费电器、工业电气设备外,还是一个巨大的军火承包商,但通用电气却有一半以上的收入来自服务。目前,通用电气已经发展成为集商务融资、消费者金融、医疗、工业、基础设施于一体的科技、媒体和金融服务公司。

第三节 企业组织创新

一、组织概述

(一)组织的概念

组织,一般有两种含义,一种是动词,就是有目的、有系统地集合起来,这是管理的一种职能;另一种是名词,指按照一定宗旨和目标建立起来的集体,如工厂、学校、医院等。

人类为了生存,在与大自然搏击的过程中结成了群体。只要有群体的活动,就需要管理,也就产生了组织。

组织的含义可以从不同角度理解,许多管理学家也对此做出了各种不同的解释。切斯特·巴纳德(Chester Barnard)认为,组织是有意识地加以协调的两个或两个以上的人的活动或力量的协作系统。理查德·达夫特(Richard Daft)认为,组织是具有明确的目标导向和精心设计的结构与有意识协调的活动系统,同时又同外部环境保持密切的联系。综合起来,组织是两个以上的人在一起为实现某个共同目标而形成的正式协同系统。

(二)组织的特点

1. 一定数量的成员

组织是由两个或以上的人组成的系统。组织成员是相对固定的,成员明确地意识到自己属于某一组织;组织如无固定成员,就失去了存在的基础。

2. 相对明确的目标

组织目标一般是明确、具体的,人们围绕某一特定的目标才形成从事共同活动的社会组织。目标是组织的灵魂,它可以是单一的,也可以是具有内在联系的目标体系。

3. 相对固定的分工

为实现特定目标并提高活动效益,组织一般具有职位分层与部门分工结构。通过权力结构体系,协调各职能部门或个人的活动,以顺利开展组织活动并达到目标。

4. 相对稳定的规则

组织的行动规范是每个成员都必须遵守的，它通过辅助的奖惩制度制约组织成员的活动，以维护组织活动的统一性。

二、传统的企业组织结构

随着英国工业革命的发展、公司法的施行，企业的组织结构也逐渐发展、完善起来。梳理工业革命以来的企业组织结构，大体上有如下几种。

（一）直线制组织结构

直线制组织结构的主要特点是，命令系统单一直线传递，管理权力高度集中，实行一元化管理，决策迅速，指挥灵活，但要求最高管理者通晓多种专业知识。这种形式适用于规模较小、任务比较单一、人员较少的组织。直线制组织结构如图 7-1 所示。

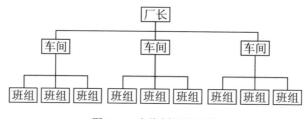

图 7-1　直线制组织结构

（二）职能制组织结构

职能制组织结构的特点是，在组织中设置若干职能专门化的机构，这些职能机构在自己的职责范围内，有权向下发布命令和指示。其优点是能够充分发挥职能机构的专业管理作用，并使直线经理人员摆脱琐碎的经济技术分析工作。其缺陷是多头领导，违背了统一指挥原则。这种组织适用于任务较复杂的社会管理组织，以及生产技术复杂、各项管理需具有专门知识的企业管理组织。职能制组织结构如图 7-2 所示。

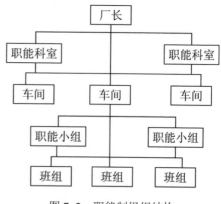

图 7-2　职能制组织结构

(三)直线职能制组织结构

直线职能制组织结构是一种综合直线制和职能制两种类型组织特点而形成的组织结构形式。这种组织形式保持了直线制集中统一指挥的优点,又具有职能分工专业化的长处。但这种类型的组织存在着职能部门之间横向联系较差、信息传递路线较长、适应环境变化差的缺陷。直线职能制是一种普遍适用的组织形式,我国大多数企业和一些非营利组织经常采用这种组织形式。直线职能制组织结构如图 7-3 所示。

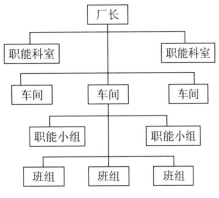

图 7-3 直线职能制组织结构

(四)事业部制组织结构

事业部制组织结构的特点是,组织按地区或所经营的各种产品和事业来划分部门,各事业部独立核算,适应性和稳定性强,有利于组织的最高管理者摆脱日常事务而致力于组织的战略决策和长期规划,有利于调动各事业部的积极性和主动性,有利于公司对事业部的绩效进行考评。其主要缺陷是,资源重复配置,管理费用较高,且事业部之间协作较差。这种形式主要适用产品和市场多样化和从事多元化经营的大型和巨型企业。事业部制组织结构如图 7-4 所示。

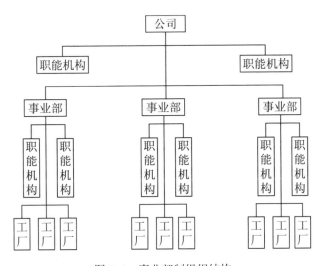

图 7-4 事业部制组织结构

(五)矩阵型组织结构

矩阵型组织结构是一种按职能划分的部门同按产品、服务或工程项目划分的部门结合起来的组织形式。在这种组织中,每个成员既要接受垂直部门的领导,又要在执行某项任务时接受项目负责人的指挥。可以说,矩阵结构是对统一指挥原则的一种有意识的违背。这种结构的优点是灵活性和适应性较强,有利于加强各职能部门之间的协作和配合,并且有利于开发新技术、新产品和激发组织成员的创造性。其缺陷是组织结构稳定性较差,双重职权关系容易引起冲突。这种组织形式主要适用于科研、设计、规划项目等创新性较强的工作或单位。矩阵型组织结构如图7-5所示。

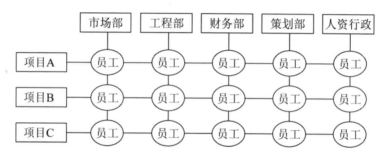

图 7-5 矩阵型组织结构

(六)网络型组织结构

网络型组织是利用现代信息技术手段而建立和发展起来的一种新型组织结构。网络型组织与独立的制造商、销售代理商及其他机构达成长期协作协议,使它们按照契约要求实现相应的生产经营功能。由于网络型组织的大部分活动都是外包、外协的,因此公司的管理机构就只是一个精干的经理班子,负责监管公司内部开展的活动,同时协调和控制外部协作之间的关系。网络型组织结构的优点是具有更大的灵活性和柔性,可以更好地结合市场需求来整合各项资源,而且容易操作;另外,这种组织结构扁平化程度高,效率较高。网络型结构的缺点是可控性差,由于存在道德风险和逆向选择,一旦组织所依存的外部资源出现问题,如质量问题、提价问题、及时交货问题等,组织将陷入非常被动的境地;另外,外部合作组织都是临时的,若网络中的某一合作单位因故退出且不可替代,组织将面临解体的危险;此外,员工对组织的忠诚度也比较低。网络型组织结构如图7-6所示。

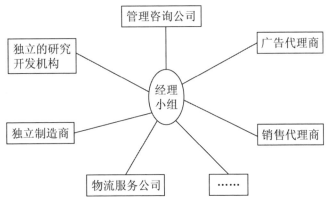

图 7-6 网络型组织结构

三、企业组织结构的创新

(一) 组织结构创新的背景

近些年,随着移动互联网、云计算、大数据、物联网和人工智能等技术的发展,使用互联网、移动互联网的人数飞速增加,基于以上技术的各种应用和场景越来越多,互联网和大数据能做的事情也越来越多。互联网和大数据深度地渗透到人们的日常生活中,已经彻底改变了人的生活方式和交往方式,引起了人类社会的根本性改变。

(1) 互联网。移动互联网技术,使人们能够随时随地地连接到网络,获取海量资讯和与别人交流。

(2) 大数据技术。通过大数据采集技术、预处理技术、存储及管理技术、大数据分析及挖掘技术的使用,对纷繁复杂的海量数据价值加以提炼,进行预测性分析,即可以通过数据可视化、统计模式识别、数据描述等数据挖掘形式帮助数据科学家更好地理解数据,根据数据挖掘的结果得出预测性决策。大数据存在的价值在于经过逻辑性的精密分析得出对路的应用举措,释放数据价值。

(3) 云计算。云计算是分布式计算的一种,指的是通过网络"云"将巨大的数据计算处理程序分解成无数个小程序,然后通过多部服务器组成的系统处理和分析这些小程序,得到结果后返回给用户。云计算已不单单是一种分布式计算,而是分布式计算、效用计算、负载均衡、并行计算、网络存储、热备份冗杂和虚拟化等计算机技术混合演进并跃升的结果。

(4) 物联网技术。物联网指的是通过射频识别、红外感应器、全球定位系统、激光扫描器等信息传感设备，按约定的协议，将任意物品与互联网相连接，进行信息交换和通信，以实现智能化识别、定位、追踪、监控和管理的一种网络技术。"物联网技术"的核心和基础仍然是"互联网技术"，是在互联网技术基础上的延伸和扩展的一种网络技术，其用户端延伸和扩展到了任何物品和物品之间，进行信息交换和通信。

（二）组织结构创新的模式

1. 基于数字化工具的扁平化

随着互联网工具，尤其是移动互联网工具在企业生产经营中的应用，例如钉钉协同工作系统，使企业的信息收集、整理、传递、沟通和经营手段变得全时、全员、全方位和全局，传统的类似金字塔式的层级结构正在向少层次、扁平式的组织结构变革。

在数字化工具普遍应用之前的20世纪八九十年代，减少中间层次，加快信息传递的速度，实现直接控制就是企业组织结构变革的一个基本趋势。一些跨国公司，如美国通用电气公司，过去从基层到最高层有十几个层次，到杰克·韦尔奇上任后，层次精简为5～6个，大大提高了管理的效率，降低了管理费用。

随着数字化工具，如邮箱、微信、微博、QQ、电子地图、第三方支付、电子签名、加密等工具和技术的广泛使用，以这些工具为基础，拉近了管理者与一线员工的距离，在移动端上进行组织设定和管理的组织形态正在变成现实。例如，很多企业利用阿里生态系统中的钉钉数字化管理工具，将各种沟通工具整合在一起，将支付、电子地图、社区、流程连接等功能整合在一起，以符合企业目标的最优方式整合在一起，形成了基于各种计算机端和移动端应用程序的数字化管理体系。

这个体系真正意义上打破了传统的多管理层级，实现了"管理者——一线员工"的扁平化模式。

2. 阿米巴组织

阿米巴组织，是将企业分成一个个独立核算的小组织，小组织之间进行内部交易定价，每个小组织由自己的"巴长"经营。这种组织形式具有如下优势。

首先，阿米巴组织形式不仅可以激发员工的主动性，老板也可以从繁杂的事务中抽身，只做协调者，能有更多的时间去考虑公司的战略、方向等高层次的问题。

其次，实现利润最大化、费用最小化。一般来说，一个集研、产、销为一体的制造企业，在传统金字塔式的组织架构下，利润增长30%算很高了。但如果导入阿米巴组织形式，研发、生产、销售可单独成"巴"，各自成为一个独立核算的"小公司"，在满足内部交易的情况下，可对外接单（非同行业），形成自己单独的业务，并且非常有可能形成公司没有想过的新的收入来源。

再次，培养公司具有经营意识的人才，形成人才梯队。导入阿米巴经营模式，公司的责、权、力都充分地下移了，每个组织要独立核算，这就要求"巴长"不仅要懂得管理，还要看得懂报表（阿米巴报表与传统财务报表有很大的区别），并且可以随时根据组织的经营状况做出决策。此外，阿米巴组织可分可合，企业还可通过阿米巴组织的合并，培养更高级别的人才，形成有层次的人才梯队。

3. 赋能型组织

赋能，顾名思义即赋予能力或能量，它最早出现在积极心理学中，旨在通过言行、态度、环境的改变给予他人正能量，以最大限度地发挥个人才智和潜能。

赋能是双向的，它包括了自我赋能和赋能他人。在人力资源管理中，组织内的自我赋能是人才个体的自我驱动、自我激励、自我升华；而赋能他人就是组织通过去中心化驱动组织扁平化，组织自上而下赋予人才开放创新的思想、锐意进取的动能、自主决策的权力、主动工作的态度、勇敢积极的行动，以及心情愉悦的氛围，以充分发挥人才的个人才智和潜能。

企业赋能就是充分满足人才的个性诉求、自我实现等需求，人才获取了能量，就能在企业运作过程中将能量转化成企业价值，即企业的产出。这与传统的激励有很大的区别。阿里巴巴集团学术委员会主席、湖畔大学教育长曾鸣指出：未来企业的成功之道，是聚集一群聪明的创意精英，营造合适的氛围和支持环境，充分发挥他们的创造力，快速感知客户需求，愉快地创造相应的产品和服务。

在建立赋能型组织方面，要遵循如下几点。

(1) 建立健全任职资格管理体系或机制。对于"任职资格"，任即胜任，职即职责，资格即资格资质，也就是能力素质，其对应"胜任标准、关键职责、能力素质"三部分内容。"任职资格管理体系"也包括三部分内容：人才职业发展通道、任职资格标准、任职资格认证体系。任职资格管理体系是基于战略与能力的人力资源管理（人才运营）系统的基石，是确定企业培训开发需求的基本依据之一，为企业设计分层分类的培训课程体系及确定课程的培训目标提供基本思路，同时，它还为人才的等级晋升及职业生涯发展提供制度支持。总之，任职资格管理体系为人才的企业内部赋能，包括授予人才自主工作的权力和人才发展空间，提供了制度保障。在这方面，往往大企业做得比较好；中小企业受限于资源，不能建立如大企业般完备的任职资格管理体系，但还是要有基本框架。

(2) 在既定任职资格管理体系基础上，建立与企业经营条件相适应的人才内部培训管理体系。从传统上讲，企业内部培训就是从多角度、多层面强化公司自我经营管理模式和市场发展思路，统一步调，统一认识，统一形式。而在信息时代，企业自上而下释放人才自主工作的权利后，培训旨在建立起学习型组织，化解管理中的问题，助推人才的"以赛代练"，启动人才的自驱力，为人才蓄满能量，让其自动自发地跑起来。当然，企业有大有小，产出有多有少，企业内部培训要结合企业自身经营状况量力而行，但赋能是必需的。

(3) 构建企业知识管理系统。企业可以结合自身的实际情况，在培训工作中构建企业的知识管理系统，建立公司知识库，即企业的知识管理中心。将人才与其所需知识紧密结合，通过知识管理系统对知识的共享，将书本知识转化成实际工作中的技能，进而转化成企业价值，从而提高企业的效益和效率，增强竞争优势。

4. 平台型组织

说到平台型组织，要与"采取平台商业模式的企业组织"区别开。

互联网在商业领域最大的应用就是电商企业，即采用平台商业模式的互联网企业。这些企业一边引入用户，一边引入资源方，利用供需之间的"对冲"来实现交易，并抽取佣金获利。这些企业实际上利用了梯若尔等学者提出的"双边市场效应"，即用户的增加会引来更多的资源，而资源的增加又会引来更多的用户，由此，两端的市场相互强化。中国的百度、京东、拼多多等都是这样的企业。而往前回溯，在工业经济时代也存在类似的企业。

平台型组织为了应对高度复杂的市场需求、不稳定/非理性竞争，以及知识型员工日益增长的自主管理需要，充分利用透明的数据化治理技术，将大公司专业资源集聚的规模优势与小企业敏捷应变的灵活优势进行集成形成的开放型组织模式。

平台型组织形成的推动力量包括以下几种。

(1) 应对高度复杂的市场需求。高度专业化、细分化和动态化的客户需求，使得传统企业必须在组织上学习软件企业"中间层＋应用端口"的开发思路，即一方面构建相对稳定和专业的"中间层专业平台"，另一方面充分赋能于客户端，使其及时响应客户不断变化的需求。

(2) 应对不稳定/非理性竞争。数字时代的竞争更加复杂，使得企业一方面要靠强大的开放型专业平台形成企业运营的基础，另一方面又要通过敏捷业务前端把握市场机遇和对手竞争。

(3) 应对知识型员工日益增长的自主管理需要。知识经济时代和数字时代，员工个体的能力增强，使得传统以命令为核心的科层式组织模式无法适应，企业需要激发员工的自发动力，充分赋权员工去创新创业，帮助员工实现其成就感。

(4) 新一代信息通信技术。以云计算、大数据、AI 为代表的数字技术使得信息的传递、存储、计算变得容易和高效，同时实现了点对点的沟通，完全改变了以往企业组织中沟通的模式，为平台型组织的出现提供了技术条件。

为了同时实现资源规模聚集和柔性应变，平台型组织形成以后台治理层、中台资源层和前台创业层为基本架构的组织模式（见图 7-7）。

1. 中台资源层：金钱转化为知识

中台资源层是企业内外部资源的集聚和标准化模块化平台。平台型组织将更多的资源和权力赋予前台创业体，中台体系主要承担内外部资源整合、基础技术攻关和一些整合性服务的提供，中台体系的责任在于根据平台的未来使命和目标，不断扩大企业的资源能力池，并将资源能力池进行标准化和模块化的改造，以备随时投入前端使用或接受前端的调用。

2. 前台创业层：知识转化为金钱

前台创业体集群是平台型组织应对市场竞争和满足客户需求的核心，在平台治理层的战略引导下，充分调用中台的资源和能力模块，通过高度扁平化的多职能混合作战小组的模式，被充分授权赋能的前台创业体将表现出极强的专业竞争力和高度的市场敏感度，为市场和客户及时提供恰当的产品和服务。

3. 后台治理层：明确使命、规则

平台治理层作为平台型组织的治理中枢，主要作用在于明确平台存在的意义和目标，确定平台间中台和前台、前台创业体之间和中台各组成部分间的协调和交易规则，并作为平台使命的受托者扮演平台的"守夜人"角色。

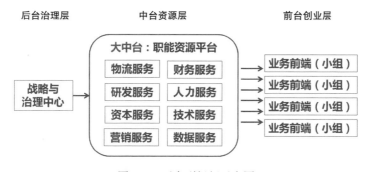

图 7-7 平台型组织示意图

平台型组织和传统组织的比较如表 7-1 所示。

表 7-1 平台型组织和传统组织的比较

比较项目	传统组织	平台型组织
思维导向	内部资源与能力导向	外部客户导向
结构特征	垂直科层制	扁平、柔性
管控模式	行为管控	使命引导
责权利分配	集权集利	赋权能，共享利
开放程度	封闭边界	开放
员工与组织关系	雇佣	合作共创
企业文化	忠诚保守	开放创新

案例　腾讯组织架构的新调整与这背后的三次转身

2018 年 9 月 30 日，腾讯发布 2018 年第 81 号文件，内容涉及腾讯调整组织架构和高层管理干部任免的决定。这是腾讯创业 20 年做出的第三次重大组织架构调整，是腾讯新一轮整体战略的升级。此次调整，酝酿已久。

2018 年 9 月 30 日上午，腾讯官方发布了名为《腾讯启动战略升级：扎根消费互联网，拥抱产业互联网》的文章。文中引用马化腾关于公司架构调整的评述：此次主动革新是腾讯迈向下一个 20 年的新起点，它是一次非常重要的战略升级。

ABC (AI + BigData + Cloud) 时代，腾讯强调自身是一家以互联网为基础的科技和文化公司，技术是其底层的基础设施。面对 AI 和即将到来的 5G 时代，腾讯正以技术为驱动引擎，探索社交和内容的融合。其组织架构进行了如下调整：撤销三大事业群；新成立两个事业群；组建腾讯技术委员会；升级广告营销服务线；持续投资未来前沿基础科学，加大对 AI、机器人、量子实验室等的投入。

撤销的事业群包括移动互联网事业群 (MIG)、社交网络事业群 (SNG)、网络媒体事业群 (OMG)。其中，MIG 曾是腾讯转型无线的重要功臣，旗下 QQ 浏览器、腾讯应用宝、腾讯手机管家，只用两年的时间便成为相关产品的业界第一，稳住了腾讯切入移动互联网的阵脚。

新成立的平台与内容事业群 (PCG) 将对 MIG、SNG、OMG 中与社交平台、流量平台、数字内容、核心技术等强关联、高融合性的板块拆分重组。产品涉及

QQ、QQ空间、腾讯视频、腾讯新闻、天天快报等。腾讯的用意在于促进社交平台、内容产业和技术更深度融合。

云与智慧产业事业群(CSIG)也是腾讯公司架构内的新成员。CSIG将整合包括腾讯云、智慧零售、腾讯地图、安全产品等核心业务线，帮助医疗、教育、交通、制造业等行业向智能化、数字化转型。腾讯总裁刘炽平认为，通过数字技术为产业升级，把消费者和产业对接起来，将创造巨大的社会和产业价值。

原有的社交与效果广告部同网络媒体事业群的广告业务整合，形成广告营销服务线(AMS)。AMS的作用是将腾讯内部的社交、视频、资讯，以及其他富媒体资源完整结合，加上打通的用户数据，形成可以发挥腾讯资源优势的整合营销方案。

(1) 从职能式到业务系统式架构

从1998年腾讯创立到2004年短短6年间，腾讯从一个不足十人的团队，发展成1000人左右的大公司。此后，公司完成多元布局，旗下开展无线业务、互联网增值业务、游戏和媒体等业务，各项工作间差异巨大。

根据张志东对当时情况的描述可知，职能式组织架构阻碍了腾讯的发展，腾讯是产品导向，以用户体验为中心，可职能、研发部门不买产品部门的账，产品部门根本影响不了研发部门。产品做得好，研发部门也不受激励。

基于原有架构管理的混乱，腾讯展开了第一次大规模的组织变革，由职能式改为业务系统式。具体说来，是以产品为导向，将业务系统化，由各事业部的执行副总裁(EVP)来负责整个业务。这相当于在每个业务上都增设了一个CEO。

彼时，腾讯的总体架构分为企业发展系统、运营平台系统、职能系统，以及业务系统B线和平台研发系统R线。B线和R线下设不同的业务，彼此独立。这样的架构使腾讯形成了双重分工系统——横向的业务分工和纵向的决策分工。

业务分工是指腾讯各产品的生产线，承担营收责任，同时为其他系统提供支持。纵向的决策分工可以看作组织层级，分为"系统—部—组"三层体系，组织扁平化，提高了决策效率。

改组后，公司内部普遍感觉良好，有稳定的业务增速，也有合理的团队培养机制。

(2) 腾讯公司架构的事业群化

2011年移动互联网兴起。当时，手机QQ、QQ空间和计算机端的同类产品，分属 B、R 两条不同的业务线。手机 QQ 实现了用户通信的基本需求，不少后续更新却需要计算机端配合完成。比如，QQ 未读消息，在手机上阅读后，计算机端的消息提醒应该自动取消。可是，当手机 QQ 的产品经理拿着需求到计算机部门沟通时，无论是需求推进还是实际开发，都遭遇了极大阻力。

不合理的业务单元划分拖延了产品更新的速度，组织内耗严重，这直接导致产品功能更新无法适应移动互联网时代的竞争。

为了便于公司协调业务，减少部门间相互扯皮与恶性竞争的状况，腾讯做出了第二次重大的组织架构调整，即事业群(BG)化。

具体来说，是把业务重新划分为企业发展事业群(CDG)、互动娱乐事业群(IEG)、移动互联网事业群(MIG)、网络媒体事业群(OMG)、社交网络事业群(SNG)，整合原有的研发和运营平台，成立新的技术工程事业群(TEG)，后续又将微信独立，成立了微信事业群(WXG)。

此次组织架构调整，将同一产品的手机与计算机端整合，这也是一次分权过程。事业群负责人拥有更多的话语权和自主空间。

将职能式升级为业务系统式组织架构，使腾讯由一家初创公司转向规模化的生态协同，业务从单一的社交产品丰富成一站式的生活平台。由业务系统式组织架构变为事业群制，确保腾讯从计算机互联网向移动互联网升级。2018 年的第三次战略升级，则是腾讯由消费互联网向产业互联网的进化。每一次调整，都是腾讯源于组织内外环境及业务发展战略的改变。

（资料来源：腾讯组织架构的新调整与这背后的三次转身 [EB/OL]. (2018-10-01). https://baijiahao.baidu.com/s?id=1613105932814028335&wfr=spider&for=pc.）

第四节　企业商业模式创新

一、商业模式概述

随着电子商务和网络技术的发展，商业模式及程序在理论界和实践界成为越来越热门的话题。2008 年，IBM 曾对一些企业的首席执行官进行调查，几乎所有接受调查的人都认为所在企业的商业模式需要调整；2/3 以上的人认为有必要进行大刀阔斧的变革。

由此可见，设计、调整，甚至重构商业模式已受到企业家和各级管理者的高度重视。

(一) 商业模式的起源与发展

保罗·帝莫斯 (Paul Timmers)(1998) 是最早研究商业模式的学者之一，但他并没有给出商业模式的定义。他认为，商业模式是一个包含多方面内容的复合概念，如关于产品、服务和信息流的体系结构，包括对各种商业活动参与者和他们所扮演角色的描述，各种商业活动参与者潜在利益的描述，收入来源的描述。应该说，这个描述很有创见。随后，很多学者开始对商业模式展开研究，如表 7-2 所示。

表 7-2 商业模式的研究发展

作者	商业模式定义
林德尔、坎特雷尔 (2000)	组织创造价值的核心逻辑
戈尔迪恩、艾克曼斯 (2000)	关于商业活动参与者之间的价值交换
威尔、维泰尔 (2001)	客户、同盟者和供应商间角色、关系、利益的描述
艾米特、佐特 (2001)	由公司、供应商、候补者和客户组成的网络运营结构
阿普盖特 (2001)	研究商业结构和各元素之间的关系
彼得罗维、基特、泰克斯腾 (2001)	商业系统创造价值的逻辑
霍金斯 (2001)	企业构造各种成本和收入流的方式
荆林波 (2001)	企业在某一领域的市场定位和营利目标的战略组合
玛格丽特 (2002)	从系统角度描述商业各部分如何组合，不包括实施和竞争
拉帕 (2002)	企业借此生存、产生收入的商业运作方法，说明其在价值链的位置，阐述如何赚钱
奥斯特沃德 (2004)	描述企业如何创造价值、传递价值和获取价值的基本原理，包括一组元素和它们之间的关系，并可以表示公司获利的逻辑
魏炜、朱武祥 (2007)	企业与其利益相关者的交易结构
佐特、艾米特 (2008)	企业的业务活动系统及其治理结构
魏江 (2012)	描述价值主张、价值创造和价值获取等活动连接的架构

(二) 商业模式的概念

本书认为，商业模式是连接价值主张、价值创造和价值获取等活动的架构，该架构涵盖了企业为满足客户价值主张而创造并获取价值，是企业与利益相关者的交易结构。

案例 施乐（Xerox）的崛起

20世纪50年代中期，美国商业复印市场上有两种成熟的复印技术：光影湿法和热干法。这两种复印方法产生的复印品质量都很差，而且复印速度慢，复印件也不能持久保存。当时复印机厂家盛行的做法是：对复印机设备用成本加上利润以适当的价格卖出，以吸引更多客户购买，而对配件和耗材单独收费，且价格高昂，以获取高额利润。

后来，切斯特·卡尔森发明了"静电复印术"，用这种技术复印出来的复印件是干的，且页面干净整洁，复印速度也非常快，每天可以达到数千张，远高于当时采用前两种技术的复印机。此后，卡尔森与哈罗依德公司总裁乔·威尔逊一起制造了一台利用静电复印技术复印的样机，但每台复印机的生产成本却高达2000美元！

如何才能让客户为这种新技术付款呢？经过一番思考，威尔逊决定为这台名为914型号的复印机寻找强有力的市场合作伙伴。他们向包括柯达、通用电气、IBM在内的大公司发出了邀请。但三家领导型公司都认为静电复印技术没多大的商业价值，回绝了该邀请。

但威尔逊坚信914型号复印机会有很好的市场前景，并为其创造了一个名字——施乐（Xerox），又将自己的公司更名为哈罗依德施乐公司。他设计出了一种全新模式推广施乐复印机，即提供租赁服务，消费者每个月只需支付95美元就能租到一台施乐复印机，如每个月复印张数不超过2000张，则不需要再支付任何其他费用，超过2000张以后，每张再支付4美分。与此同时，哈罗依德施乐公司则提供所有的服务和技术支持。

令人难以置信的事情发生了：用户的办公室安装了施乐复印机后，由于复印质量很好且使用方便，很多用户每天就要复印2000张。这种用量意味着从月租的第二天起，绝大多数复印机每多复印一张，就可以为哈罗依德施乐公司带来额外的收入。在随后的十几年里，这种模式使公司的收入增长率一直保持在41%，其股权回报率也长期稳定在20%左右。到了1972年，一家资本规模仅有3000万美元的小公司已经变成了年收入高达25亿美元的商业巨头——施乐公司。

（资料来源：魏朱：施乐的崛起与佳能的攻击[EB/OL]. (2017-04-13). https://www.sohu.com/a/133732753_514183.）

(三) 新时代企业商业模式的发展和挑战

进入 21 世纪以来，随着互联网、移动通信、云计算、大数据和物联网技术的发展，商业活动的样式、做法与以前相比发生了翻天覆地的变化。以现在大家频繁使用的滴滴出行服务为例，其商业活动就是一个融合了出行者、平台方 (滴滴)、车辆、司机、银联或网联 (负责支付)、地图与定位服务商、公安 (负责安全) 等多个利益相关方，涉及司机与车辆登记上线、叫车、需求与车辆匹配、行车监控、定位、支付、评价与司机服务评级等多项服务业务活动的超级复杂的商业模式。

二、商业模式创新

(一) 定位和客户价值主张创新

商业模式创新的核心在于为企业选一个合适的位置，即定位。定位需要回答的问题主要有三个：企业的业务是什么？目标客户是谁？应该向他们提供什么价值的产品或服务？

第一个问题是定义业务。业务定义会对企业收集到的信息进行过滤，它将告诉企业的决策层哪些机会应抓住，哪些应放弃。通过业务定义可以界定出谁是客户和竞争者、谁是合作伙伴、自己应该拥有什么样的资源和能力。第一种方法是按照企业所销售的产品或服务来定义自己的业务。第二种方法强调针对某类客户群的某些或所有需求，定义企业的业务。第三种方法是依据企业所处的行业价值链环节，确定其业务。第四种方法是按照企业的关键资源能力及其组合来定义其业务。

第二个问题是识别和锁定目标客户。这意味着企业必须考虑服务于哪个地理区域和客户。细分任何客户群都可以有无数的划分方法，要创造性地"重新划分"已有的客户群，以发现别人没想到的新划分方式。第一种方法是彻底地质疑现有的关于谁是客户的思维定式，这可以通过问"我们产品满足的是客户的什么需求"并探寻企业现在没有提供某项服务但有类似需求的客户来达到。第二种方法是从不同的角度开始思考，具体方法是首先确定一个合适的客户标准，其次是用这个标准识别谁是目标客户，最后就是通过问"我们应该如何做才能吸引这些客户"来确定企业的目标客户。第三种方法是根据企业的资源和能力来选择客户。

第三个问题是企业应该向目标客户提供什么价值的产品或服务。任何企业都不可能把所有的客户作为自己的服务对象，也不可能向一个客户提供所有的产品和服务。定位需要解决的是在企业所有可提供的产品或服务中，应该将哪一种作为重点。

案例 "李子柒网红带货"商业模式创新

2019年12月30日出炉的《中国新闻周刊》封面上，29岁的李子柒穿着粉色旗袍端坐在那里。她的身边，还有格力电器董事长董明珠、中国人民大学常务副校长王利明、蒙牛集团总裁卢敏放、演员杨洋等14位"年度影响力"人物。

作为一名拥有2177万微博粉丝的美食视频博主，李子柒成为年度最热网络红人是实至名归的。

李子柒在视频上的飘逸、灵动的"仙女"形象，和徜徉在大自然、与秀美山水融为一体的原生态生活情节，给全世界被现代生活的快节奏压迫的人们带来了一股久违了的清新脱俗、回归自然的气息。这种"气息"触动了人们心底深处的对大自然的亲和情感。一时间，李子柒成了自然、清新、健康、脱俗的标志，她给人们带来了追求自然生活的"新"价值主张。

爆红后的李子柒自身成为新价值主张的符号，具备了话题价值、流量价值、粉丝效应和网络传播的综合特质，同时也就具备了潜在的超级商业价值，由此产生了一场商业模式的创新。

李子柒的成功源于杭州微念科技有限公司的推动，这是一家通过短视频孵化KOL[①]的机构。在公司的助推下，李子柒成为"顶级网红"，一条视频就能影响海内外数千万人。受李子柒走红的带动，一些公司纷纷奔赴杭州下沙，与这家公司开展合作，形成了"网红—网红制作公司—粉丝—商家—技术等支持方"共同协作的创新商业模式。

这种新商业模式的效果如何呢？

目前，李子柒全网总粉丝数约为7452万，其中YouTube粉丝799万，微博粉丝2177万，抖音粉丝3422万，快手粉丝410万，哔哩哔哩网站粉丝338万。此外，她还有一家天猫旗舰店，粉丝数为306万。

由于李子柒不接广告、不接商演，因此收入主要是由YouTube平台分成和天猫旗舰店商品收入两部分组成。根据YouTube网红营销平台InflueNex的统计，李子柒每年在YouTube上可获得130万美元至196万美元的收入，即910万元至1372万元人民币。在天猫上，2018年8月17日，她的同名天猫店铺"李子柒旗舰店"正式开业。视频中出现的美食，均出现在了店中。店铺上线当天，部分商品销量过万；上线三天，销售额达到了千万元。仅柳州螺蛳粉一项的月销量就达到了27.3万份，李子柒桂花坚果藕粉羹达到了20.6万份。在李子柒的店铺

---

① KOL是英文key opinion leader的缩写，意为关键意见领袖，就是在某个领域有一定影响力的人。

里，每一款商品都是爆款。

用店铺单品价格乘以成交数量，再进行汇总，李子柒网店一个月的销售额约为人民币 3000 万元；以此推算，其店铺年收入约为 3.6 亿元。以食品的平均利润率计算，再加上 YouTube 的分成，其每年的纯利润在 1.6 亿元左右，超过六成的 A 股上市公司。

(资料来源：网红李子柒：年入 16 亿 打败 2000 家上市公司 [EB/OL]. (2021-02-16). http://ling-bu.com/dianshang/8329.html.)

(二) 交易结构创新

商业模式的本质是利益相关者的交易结构，其集中体现就是业务系统。

业务系统就是和交易有关的各利益主体，依据自身提供的产品(服务)或价值，与相关方进行交易，这些利益主体和这些交易的总体构成了交易结构。

企业的利益相关者可以是产业价值链上的合作伙伴和竞争对手，例如，研发机构、制造商、供应商(又分为零部件、元器件、组件、设备等不同层级的供应商)、渠道等，还可以是企业内部的员工、金融机构等。

如何设计与这些利益相关者的交易内容和交易方式是企业运营的第一要务。业务系统直接决定了企业竞争力所在的层级。一部自行车，不管材料多么昂贵、耐用，骑车人技术多么娴熟，也不可能追上一辆由新手驾驶的汽车。从自行车到汽车，就是结构上的创新。

当现有业务系统已经由于竞争、技术进步等，而不能或者不足以保持企业自身的竞争优势时，企业就要及时重构业务系统，抛弃原有结构，重新打造一个新的交易结构，提升竞争力层级和"维度"，获取结构性竞争优势。

案例　海尔：以创新推动企业基业长青

海尔集团是我国家电行业的一棵"常青树"，从 20 世纪 80 年代初创业至今，在卓越的企业领导人张瑞敏的带领下，勇于面对变化莫测的国内外市场和商业环境，主动迎接挑战，以变应变，以创新和持续改进为手段，在市场、组织、技术、运营等方面，走出来一条独特的持续发展之路。海尔的创新探索和持续发展的事迹和历程，多次被世界知名大学(如哈佛大学)收作企业运营、管理和创新案例。管理学界围绕海尔现象进行了长期的讨论。可以说，中国海尔集团不仅在商业运营领域保持了长久的生命力,也给在迈向数字时代VUCA②环境的企业管理理论,贡献了"中国探索"和"中国方案"。

纵观中国海尔集团的发展历程和道路,可以发现,这其实是一个企业不断面对新环境提出的挑战、企业不断以创新应对挑战获得发展的过程。创新是这一动态过程中唯一不变的。

海尔集团以创新驱动企业发展的历程和取得的成绩具体如下。

1984年3月,张瑞敏任青岛市家用电器工业公司副总经理,成为青岛电冰箱总厂(海尔集团前身)引进国外生产技术的项目负责人。

1984年12月26日,张瑞敏出任海尔前身青岛电冰箱总厂厂长,根据当时国内的家电行业和市场化状况,创造性地制定了海尔第一个发展战略——名牌战略。

1985年,张瑞敏果断决策,在海尔冰箱生产厂内集中所有一线生产人员,当众砸毁76台有缺陷的冰箱,成就中国企业乃至世界企业史上留下浓墨重彩的"砸冰箱"事件,创造性地解决了当时由于冰箱畅销,企业不重视产品质量的问题。

1988年12月,张瑞敏带领海尔获得了中国电冰箱史上第一枚质量金牌。

1990年,张瑞敏带领海尔先后获得国家颁发的企业管理"金马奖""国家质量管理奖"。

1991年12月,海尔集团成立,张瑞敏任总裁,制定海尔第二个发展战略——多元化战略。

1995年,张瑞敏带领海尔以"吃休克鱼的方式"兼并原红星电器,开创了海尔以文化和管理输出兼并企业,扩大经营规模和范围的发展策略。

1997年,张瑞敏获《亚洲周刊》当年度杰出华裔成就奖,以表彰他带领海尔集团成功应对亚洲金融危机。

1998年,张瑞敏应邀到哈佛大学讲课,成为第一位登上哈佛讲坛的中国企业家;"海尔文化激活休克鱼"案例选入哈佛商学院案例库。同时,海尔制定第三个发展战略——国际化战略。

1999年,张瑞敏任海尔集团董事局主席;同年4月30日,走出国门,在美国南卡州建立生产基地。

2001年,张瑞敏前往美国哥伦比亚大学和沃顿商学院讲课,分享和传播海尔集团在应对互联网泡沫过程中的创新之举。

---

② VUCA是英文volatile、uncertain、complex、ambiguous的缩写,指组织将处于"不稳定"(volatile)、"不确定"(uncertain)、"复杂"(complex)和"模糊"(ambiguous)状态之中。

2008年,海尔率先推行零库存即需即供战略,砸掉仓库,使海尔在金融危机中未受大影响。

2010年,张瑞敏在美国与世界顶级的管理大师迈克尔·波特、加里·哈默交流人单合一双赢模式及自主经营体创新。

2011年,海尔并购日本三洋白电项目,在日本三洋公司创造性地输出和实施人单合一运营管理模式。

2013年,张瑞敏代表海尔获邀出席美国管理学会(AOM)第73届年会并做主题演讲,他是此届年会演讲嘉宾中唯一的企业家。

2015年,在"人单合一双赢模式探索十周年暨第二届海尔商业模式创新全球论坛"上,张瑞敏代表海尔做主题演讲,系统阐述人单合一2.0的内容。

2016年,海尔集团兼并美国通用电气旗下的家电业务。

2018年12月18日,党中央、国务院授予张瑞敏改革先锋称号,颁授改革先锋奖章,并获评注重企业管理创新的优秀企业家。

2021年3月,张瑞敏入选财富中文网"2021年中国最具影响力的50位商业领袖"。

2021年,在第六届中国制造强国论坛上,荣获"物联网引领者·中国制造终身成就奖"。

2021年6月29日,张瑞敏荣膺"BrandZ™最具价值全球品牌——物联网生态品牌创立者"称号。

2021年11月5日,辞任海尔董事局主席,受邀担任名誉主席。

海尔集团的发展,呈现明显的随着环境变化而不断以创新调整自身姿态,适应新的环境谋求持续发展的阶段性特征,充分体现了"与时俱进"。

1. 名牌战略阶段:1984—1991年

这一阶段,海尔的创业观念是:抓住改革开放机遇,以"要么不干,要干就要争第一"观念,为用户提供高质量产品。

海尔采取的差异化路径是:海尔通过砸冰箱及自主管理班组等活动,创出一条以提高人的素质而非仅靠引进设备、技术生产高质量产品的差异化路径。

这一阶段,张瑞敏认为,要实现战略目标,就要与别人不同。而当时,同行业的一般做法是:引进国外先进设备、技术,提高产量,多卖冰箱,赚快钱。

海尔:提高人的素质来提高竞争力,而不是仅依靠引进的设备和技术。

海尔取得的成果:从市场角度来看,1988年,海尔获得冰箱行业第一枚金牌。当时难度极大，老百姓关注度非常高。这枚金牌对当时海尔在业内地位起到极大作用。1990年，海尔获得国家质量管理奖，1991年获得全国十大驰名商标。

从管理的角度看，1990年海尔获得国家级的中国企业管理金马奖。同期，海尔开始推行自主管理班组，从20世纪80年代就开始做自主管理，与海尔今天推进的自主经营体一脉相承。

2. 多元化战略阶段：1991—1998年

这一阶段海尔的观念是：抓住南方谈话机遇，制造多元高品质家电，为用户提供优质白电产品。

其主要的经营策略是兼并主要生产洗衣机、电视机、空调等的多家企业。通过兼并，海尔进入了家电产业的很多领域，但海尔只是把兼并作为手段，服务其核心目的——提供系列白电高质量产品和服务。

同样是兼并，海尔在这一段采取了差异化的路径，即通过"吃休克鱼"思路兼并18家企业，创出一条靠企业文化，将人的因素放在第一位的兼并道路，创新了传统的兼并举措。

这一阶段海尔取得的成果有：从市场角度来看，海尔初步建成了全国第一个家电工业园；从管理角度看，海尔创立OEC (overall every control and clear，意思为全方位优化管理法)管理模式，1995年海尔日清管理法获得国家管理一等奖。

海尔OEC管理可以浓缩为两句话：日事日毕，日清日高。

OEC管理强调：将公司的工作落实到每个人每一天的每一项工作上，并及时检查调整。具体来说，就是每天的事都有人管，做到：总账不漏项、事事有人管、管事凭效果、管人凭考核。

OEC管理的精髓：将"日事日毕，日清日高"深化，做到企业信息化管理，要求企业有良好的目标分解机制，要求对员工有良好的个人工作管理。

3. 国际化战略阶段：1998—2005年

这一阶段海尔的经营观念是：抓住加入WTO的机遇，以出国创牌而非仅出口创汇为目标。在与国际接轨中，其以三步走的战略倒逼自己。

这一阶段海尔采取的差异化路径是：通过在美国设厂与购并意大利工厂，暴露自己差距，创出一条提高工作人员素质成为国际化人才，以推进国际化战略实施的道路。

海尔取得的成果：从市场角度看，海尔在7年的时间里建了18个制造厂、17

家营销中心、9家研发中心，形成集研发/制造/营销"三位一体"的战略布局。

从管理角度看，张瑞敏创新的市场链管理案例在2000年进入瑞士的洛桑商学院。当时，其提出让人人成为SBU（战略业务单元），实际要让每一个人都成为一个盈利的单位。

4. 全球化品牌战略：2005—2012年

这一阶段海尔的经营观念调整为：抓互联网时代的机遇以满足用户个性化需求，加快走上去的步伐，争取为全球用户提供白电引领的体验。

海尔采取的差异化路径是：通过零库存即需即供的推进，并建立社区店，配以建成的三专店体系，创立一条从以企业为中心到以用户个性化需求为中心的道路。海尔三专店的目标是：以专业、专心、专一服务客户。

这个阶段海尔取得的成果：从市场角度来看，建立了五大平台型研发中心。海尔的研发中心是看能整合到什么样的能力，就代表研发中心有什么样的能力，所以这五大研发中心完全是平台型的，以此形成"世界就是我的研发部"的开放式创新体系。此外，其收购了三洋白电和新西兰国宝级品牌斐雪派克两个资源。

从管理角度来看，海尔及其人单合一模式(1.0)已成为世界多家商学院的研究对象。

5. 网络化战略阶段：2012—2019年

2012年12月26日，海尔创业28周年之际，张瑞敏宣布海尔进入第五个战略阶段，其战略主题为网络化战略。

在这个战略下，海尔的运营观念再次调整，将自己定位为"智慧家庭解决方案提供者"。

海尔采取的差异化路径有：走向全面开放，整合全球资源。人单合一2.0模式，"人人都成为自己的CEO"，孵化众多充满活力的"创业小微"，创造商业生态。

这一阶段，海尔提出了两个网络化：首先，"用户网络化"，即通过原有实体营销网和互联网，掌握用户诉求。第二，"企业网络化"，即搭建网络化组织，连接全球各种资源，以用户订单为拉力，聚合资源。

海尔通过以上的策略实现企业无边界，管理无领导，供应链无尺度。

这一过程中，海尔取得的成果有：在市场层面，其于2016年收购曾经的"老师"GEA(通用电气家电)；在管理层面，以雷神小微成功为标志，找到了组织管理模式最优解——人单合一2.0。

人单合一2.0的主要内容：取消中层，员工从在册变为在线，让员工成为创客，实现企业平台化、员工创客化、用户个性化。

"人"，不再仅指员工，而指一切开放利用的人力资源，"不为我所有，但为我所用"。

"单"：传统的"单"仅指客户下达给企业的订单，用来形成企业的销售收入。2.0时代的"单"超出了客户与企业间已形成的、有形的购买/销售订单，泛指一切可以捕捉到的用户痛点、需要和需求，它将企业与用户传统上仅在销售环节发生的"购买—销售"的商业关系，前移到用户需求的上游发端处，通过多个终端界面，如线上App和Web端、线下门店、主题活动等，全方位接触用户，形成社区，形成一种融洽的生活伙伴关系，通过社区中企业与企业的互动、企业与用户的互动、用户与用户的互动，来满足用户需求。

"合一"：让人为用户创造的价值都能获得公允回报。

这一模式中的"小微"，并非一般意义上在工商登记的企业，而是海尔内部具备更明确"三权"的组织，是模拟公司。这些"小微"拥有更大的自主权，根据用户需求自主协作，由企业共同创造，共担风险，共享收益。"小微生态圈"由在海尔平台上孵化的众多创业小微，为小微服务的海尔职能小组，以及外部供应商等共同形成。

6. 生态系统和智能战略阶段：2019年至今

2019年以来，新型冠状病毒感染疫情袭击人类，全球化遭遇逆流，世界进入所谓的"后疫情"时代。在新一轮科技革命和产业变革的漩涡中，企业发展面临挑战。作为中国创新的代表性企业，海尔通过不断创新推动企业持续发展，在人单合一哲学思想指导下，海尔从一个家电企业，转型成为开放的生态系统，将其战略推进到后疫情时代的生态系统和智能战略阶段，成长为中国创造的全球名片之一。

在人单合一思想指导下，海尔进一步深化其内涵，丰富其外延，使之适应当前以智能化技术为代表的数字时代。

"人"。首先，人是开放的，不局限于企业内部，任何人都可以凭借有竞争力的预案竞争上岗；其次，员工不再是被动执行者，而是拥有"三权"（决策权、用人权和分配权）的创业者和动态合伙人。人成为海尔商业生态系统的微观活力基础。

"单"。首先，单指所有现实用户、潜在用户的所有痛点、需要和需求；其次，单是动态变化和不断优化的，而不是固定的、一成不变的；最后，谁有需求，谁就是用户，只要能解决问题、满足需求，就是（传统意义上的）员工。

"合一"。合一指企业与员工合一——只要能在企业平台上创造价值,就不再区分是否为企业的员工;员工和用户合一——员工可以为用户创造价值,用户也可以为自己、为员工和其他用户创造价值,实现员工的价值与所创造的用户价值合一。每个员工都应直接面对用户,创造用户价值,并在为用户创造价值的过程中实现自己的价值分享。

这一过程中,海尔商业生态系统取得的成果如下。

- 2020年在新型冠状病毒感染疫情突发、美国家电行业整体下滑的背景下,海尔兼并的GEA实现了营收和利润的翻番增长,成为当地增速最快的企业之一。
- 同年,在行业和日本本土品牌销售收入均下滑背景下,海尔日本全年整体实现两位数增长,冷柜、大中型冰箱实现行业排名第一,社区持续吸引生态方加入共创,以70%的市场份额实现绝对引领。
- 海尔平台上获得A轮及以上融资的企业有183家,已经上市的有4家,Pre-IPO的有18家;在全球布局10+N创新生态体系;战略布局28个工业园、108个营销中心、122个制造中心和24万个销售网络;深入全球160个国家和地区,服务全球10亿+用户家庭。

(资料来源:人单合一模式推动高质量发展[EB/OL]. (2021-09-28). https://baijiahao.baidu.com/s?id=1712105910147879952&wfr=spider&for=pc.)

 思考与实践

1. 传统的公司治理和数字经济时代的公司治理创新的异同是什么?

2. 数字经济时代的公司治理创新的本质是什么?

3. 选择一个你熟悉的企业或业态,如餐馆、饭店、咖啡馆等,用心观察、体会、记录其服务过程,从服务时间、等待时间、客户体验、效率等方面分析,帮助其改进流程,进行服务创新。

4. 一个传统的制造纸板、纸板包装箱的企业,如何实现制造业的服务化创新?

5. 共享单车是对城市"最后一公里"通行方式的创新,其出现、兴起和衰落发生在一个很短的时间内。从创新的角度,分析其优劣、成败。

第 8 章
社会创新

开篇案例 达能经典设计创新应用案例

自 21 世纪初以来,在斯坦福大学、IDEO 公司及其非营利机构 IDEO.org、全球知名影响力投资机构聪明人基金会 (Acumen Fund) 等各方组织的大力推动下,设计创新在社会创新领域被逐渐推广,带领社会上的创新者跳出思维框架,以更加系统化的创新方法解决人类面临的紧迫的社会问题。达能为南非贫困儿童设计酸奶饮品就是一个很好的案例。

据联合国统计,每年有将近 300 万儿童因为营养不良而死亡。2003 年,达能南非公司开始开发针对贫困儿童的酸奶。与大部分商业机构将廉价产品倾销到贫困地区的分销渠道不同,达能希望通过提供符合南非儿童口味和营养需求、易于贮存、方便购买的酸奶产品,解决南非儿童营养不良的问题。

达能对当地儿童营养需求、生活环境、购买习惯等进行了全方位研究。首先,通过产品研发攻坚,克服了营养元素铁氧化和锌味道苦涩的问题。由于目标客户没有冰箱,达能大胆摒弃制作冷藏酸奶的惯常,创新研发常温贮存酸奶。同时,为了方便儿童购买,达能通过精细的分量调整将产品定价为 1 兰特 (约为 0.6 元人民币),并且打破商店销售的常规,培训本地经销商以街边摊的形式进行销售。达能以人为本的设计大获成功,成为大公司在低端市场发展的样板。

(资料来源:设计创新驱动社会创新 (经典案例,看完就会有方向)[EB/OL]. (2017-02-12). http://mt.sohu.com/20170212/n480522270.shtml.)

思考:

1. 达能公司为南非贫困儿童设计的酸奶饮品与传统酸奶的区别在哪里?
2. 达能公司成功的原因是什么?

第一节 社会创新界定

当今世界面临着多样化的社会问题,通过激发创新之力,可以实现为可持续发展的社会做出贡献。社会创新是用商业手段解决社会问题,是当前国内行政学、管理学等领域的前沿理论问题。当代著名管理学家彼得·德鲁克(Peter Drucker)在1973年首次提出和使用"社会创新"这一概念,并在随后的著述中较为深入地阐述了这一问题。后来,很多学者也从不同学科和视角系统阐述社会创新问题,构建了当代社会创新理论的基本框架。因为社会问题是在不断滋生和演变的,所以社会创新正在成为当代创新理论的前沿问题和创新创业实践的新领域。

一、社会创新的定义

社会创新(social innovation)是为解决社会问题、满足社会需求,主要由公民和公民社会组织发起或与政府、营利组织多元合作推动的创造性社会行动,它既代表着政府应对社会挑战、促进社会发展的一种新机制,也是公益慈善和企业社会责任新的实践形式。

社会创新是一个相对较新的概念,人们对于社会创新的理解也在不断发生着变化。彼得·德鲁克在《创新与企业家精神》一书中提出创新可以分为三种类型:产品创新、社会创新和管理创新。

在国际学术界,有两个社会创新的定义具有广泛的影响:一个是英国杨氏基金会主席杰夫·摩根(Geoff Mulgan)给出的定义,即社会创新是在满足社会目标方面产生效果的新想法,或者是指受满足社会需求目标所驱使并主要由以社会目的为主的组织所从事和扩散的创造性行动和服务。另一个是美国斯坦福大学社会创新研究中心教授詹姆斯·菲尔斯(James A. Phills)等人提出的定义,即社会创新是对某个社会问题的新颖的解决办法,这个解决办法比现有的办法更有效、效益更高、更可持续或更加公正,同时它所创造的价值为整个社会带来利益而非仅仅对某些个人有利。我国学者王名认为,社会创新可以理解为一个涉及社会生活的基本理念、组织和制度的创新过程,是在旧的社会生活范式或体系的基础上建立新的运作模式的过程,其中既包含着对旧的生活范式或体系的否定,以及在理念、组织和制度层面突破旧有体制的大胆改革,也包含建构新的理念、组织和制度的种种积极探索和尝试。

二、社会创新的主体

(一) 社会创新的推动者

作为社会创新主体的主体,首先的和主要的是公民社会组织及社会企业家、社会活动家、民间意见领袖等杰出公民,他们往往是社会创新的发起者。社会创新不排斥甚至需要政府和企业在创新的实施和推广过程中的参与,但它首先强调和关注的是公民社会的主动性和首创精神。这就将它与政府创新和企业创新区别开来,后者的创新主体分别是政府和企业。

在不断升温的社会创新热潮中,企业绝不仅仅是旁观者和出资人。社会问题的滋长也催生了新的"市场",而企业应该思考如何充分利用自身资源,让社会创新项目与自身的商业内核形成协同。许多企业也逐步开始进入社会创新者的角色。近几年,企业作为社会的重要组成部分,正在以更加积极的姿态实践自身的公民责任。很多大企业正逐渐提升在社会责任项目中的参与度,甚至走到了社会创新的前沿。社会创新是由"供给方"推动的,某些特定行动者,特别是科学与专门职业中的那些行动者扮演着创新者的角色,这些角色使他们设计和推广新的规则、范例和人工器物,进行新的创新。一种是"英雄式个人"与"社会创新家"精神,这种高度的使命感社会创新就是由在社会部门中承载变革使命的创新家来实现的,社会创新家们不受当前资源的局限而大胆行动,强烈的责任感促使他们识别并执着追求着创新机会,推动一个不间断的创新、适应、学习过程,从而创造社会价值并使其可持续化。社会创新家精神促进了社会创新的发生。另一种是专业机构的推动,以社会组织、相关学术研究机构、政府机构为代表。由于知识、资源积累处于前沿和机构本身的职能定位,这些专业组织能够很好地运用先进经验、顺应社会发展、积极用新的方式去满足社会需求,从而形成社会创新。对政府机构来说,满足社会需求是其职能所在。创新的成就感或晋升、声誉、名利等动力,使得政府官员倾向于通过政策工具去促进社会创新。对于部分组织和研究机构来说,它们会更关注自己的组织领域前沿,希望通过理论与实践结合的方式进行新形式的探索,趋向于用更先进、更前沿的方式去解决社会问题或满足需求,从而促进社会创新。

(二) 社会创新主体面临的挑战

在社会创新的过程当中,社会创新主体受到的挑战远高于商业创新。其主要原因如下。

首先,社会创新的主要对象之一就是社会中的弱势群体,而这些弱势群体的经济条件和支付能力极其有限,这意味着社会创新家们对材料、工艺的选择空间被压缩到极小的范围。

其次，大部分参与社会创新设计的社会创新家们都缺乏其设计服务对象所处的背景经验，对设计问题，即"真实需求"的界定，需要设计师发挥极强的"同理心"，并进行深入的实地调研。社会创新设计者只有怀着适应、倾听、学习的心态，了解服务对象的根本需求，谙熟他们所处的环境因素和限制条件，具有强烈的同理心，才能设计出真正满足服务对象需求的产品、服务和模式。

最后，为了使最终的设计方案得以采纳和扩散，往往必须采用"本土知识"，而"本土知识"的获得和设计运用，意味着必须有大量的工作需要邀请终端用户和其他利益相关人进行协同设计，这些工作分布于前期开发、方案测试，以及迭代的不同环节中，而这个协同设计过程至今仍然是设计研究与实践中的核心难题之一。

案例　立足贫困侗乡的"新通道"项目

"新通道"是湖南大学设计艺术学院于2009年启动的一项地域文化研究与文创公益结合的社会创新活动。怀化通道侗族自治县等地的地道风物经由"新通道"专业设计师设计，当地传统手艺人的加工后，成为商品，被拿到市场售卖。在这些商品中，剪纸、雕塑大多是装饰品；纺织物、编织物都是实用的商品；陶瓷制品大多是为茶道爱好者准备的茶杯茶壶；怀化通道侗族自治县的土特产——当地的茶叶、大米，都被精心包装，成为送给亲朋的不错选择。纯手工的制作和深厚的文化底蕴，使得商品的附加值增加，售价并不低。"新通道"项目组立足于湘西的侗族贫困地区，通过传统工艺再造等方法，挖掘地方的文化、社会及环境优势，为妇女、老人创造工作机会，在国内外产生了极大的影响力。

（资料来源：文化与设计的奇妙之旅 湖南大学"新通道"项目进驻卖场 [EB/OL]. (2017-02-17). https://m.voc.com.cn/xhn/news/201702/14559557.html.）

三、社会创新的目的和领域

（一）社会创新的目的

社会创新的目的不是增加某些特定个人的利益，而是增进社会福祉；不是实现私人目标，而是实现社会目标。实现社会目标、创造社会价值、增进社会公益、保障公民权利是社会创新者从事创造性行动或服务的动机或目的。这就将它与企业创新、商业创新及政治创新和政府创新的目的或动机区别开来。企业创新和商业创新是为了实现利润或投资回报的最大化。政治创新和政府创新的目的是在确保增进政治家或政府官员及其所代表的组织机构利益的前提下增进社会公共利益。

社会创新是解决社会问题、满足社会需求方面富有成效的创造性活动，从而或多或少地推动社会变革。成功的社会创新最终往往表现为一种得到社会普遍认可和接受的新理念、新产品、新服务、新组织、新体制、新政策法规、新生活方式、新行为方式、新社会关系等。这种新事物取代旧事物的过程是和平的、理性的。

(二) 社会创新的领域

对社会创新领域进行分类，分为困难群体救助、社会事业、公益支持、社区服务、扶贫济困、环境保护及其他7类。社会创新活动主要集中在社会领域，如教育、医疗、养老、扶贫、助残、环保等。社会创新不同于技术创新，后者是人们在认识和改造自然世界中所从事的创造性活动，社会创新则是人类为满足自身生存和发展的社会性需求而从事的创造性活动。社会创新还不同于政治创新、经济创新或商业创新，以及文化创新，它是人们在社会领域为解决社会问题、满足社会需求而开展的创造性活动。

案例　诚信诺点亮全球千万离网地区人民的生活

诚信诺是一家深耕金字塔底层(bottom of pyramid，BoP)的极端贫困人口13年的中国社会型公司，企业愿景锚定在改善BoP人群生活品质、推动全球减贫进程上。

全球约有8亿人生活在没有电网的地方，其中75%的人生活在撒哈拉以南的非洲。诚信诺为全球4264万贫困人口提供可持续性太阳能产品。为了让贫困人口每一分钱都花出价值，诚信诺用最低的成本创造最优的品质。其核心产品太阳能照明灯"蜡烛消灭者"(candles killer)当地零售价仅5美元，相当于买3个月煤油灯的钱，却能用上3~5年，甚至更长的时间，白天5小时的光照即可保障晚间6小时以上的照明。为了让用户买得起，在产品设计上坚持将钱花在"刀刃"上，关乎品质的零部件一分钱都不能省，非必需的部件和环节则"能砍则砍"。"蜡烛消灭者"也因此成为首批获得世界银行"点亮全球"认证的产品。

（资料来源：根据百家号文章《诚信诺引领中国社企创新出海 为数千万贫困人口带来光明》整理。）

第二节 社会创新的分类

对社会创新进行科学的类型学研究，是社会创新理论的重要研究内容。通过社会创新的概念及特征，可以从多个角度对社会创新进行分类。

一、根据社会行动者的特征分类

根据发起社会创新的社会行动者的特征不同，社会创新可以分为个人发起的社会创新、社会运动发起的社会创新、社会组织发起的社会创新。

驱动社会创新的个人又可分为社会企业家、社会活动家等，他们都具有共同的人格特质，如清楚的愿景、坚定的承诺、坚韧的毅力、不畏风险的勇气、充满激情和使命感等。所不同的是，社会企业家抓住机遇，整合资源，直接提供社会服务；社会活动家则动员更多社会成员，致力于实现特定的社会目标。

与个人的力量和作用相比，社会运动推动的社会创新更加引人注目。追求特定社会目标的社会运动如环境保护运动、女权运动、黑人民权运动、公平贸易运动等，往往从小团体开始，随后建立联盟，组织推广运动或激发社会大讨论，将私人问题转变为公共问题，最终上升为政策法律或成为主流商业模式而取得成功。

社会组织发起的社会创新又可根据社会组织的类型不同将社会创新划分为不同的类型。如可以根据社会组织的功能将社会组织分为服务类社会组织、自治类社会组织、兴趣类社会组织、联谊类社会组织、资助类社会组织、维权类社会组织、倡导类社会组织、公益类社会组织。将社会创新划分为不同的类型，有助于研究哪类社会组织在发起社会创新方面更为活跃及其原因。社会组织发起的社会创新又因驱动力量的不同划分为用户驱动或消费者驱动的社会创新、社会组织内外部利益相关者（如雇员）驱动的社会创新等。

二、根据社会领域分类

根据社会领域进行细分，由此能够明确社会创新得以发生和扩展的具体领域类别。如社会领域又可以区分为科学研究、文化、卫生保健、公共设施建设、灾害救助、扶贫济困、环境保护、弱势群体维权、社区服务、特殊人群（如老年人、残疾人、妇女、儿童、心理疾病患者、职业病患者等）服务、公益服务、政策倡导、慈善中介与志愿促进等。对不同领域的社会创新进行分类，是为了对同一领域的社会创新项目进行比较研究和科学评估。

案例　成功的社会创新——希望工程

希望工程是中国青少年基金会发起倡导并组织实施的社会创新，宗旨是资助贫困地区失学儿童重返校园，建设希望小学，改善农村办学条件。希望工程自1989年10月30日宣布实施以来，累计接受海内外捐款194.2亿多元，资助援建了上万所小学，并已逐步形成了从小学到大学的教育资助体系，改变了百万名贫困学子的人生命运。中国科学技术促进发展研究中心评估表明：希望工程已经成为我国20世纪90年代社会参与度最广泛、最具影响的民间社会公益事业之一。

实践证明，希望工程是非常成功的社会创新。它的社会创新点主要表现在三个方面：一是组织形式，二是经费筹措，三是对社会的道德感化。

从组织形式上看，中国青少年基金会是半官方团体，其分支机构遍布全国。各地团委、少先队等有中国特色的组织成为希望工程强有力的组织依靠。在20世纪80年代末，这样的半官方组织本身就是一种社会创新产物。

在经费筹措方式上，希望工程主要通过民间募捐，通过一对一的横向资金流及统筹统支竖向资金流完成资助工作。由于长期以来中国传统儒家文化的深厚积淀，以及民众对知识的渴望，民间对教育事业一直保持着极大的热情。20世纪80年代末，人们已经清醒地认识到，知识可以带来财富。大家对于知识和教育的渴求几乎变成了某种崇拜。通过向希望工程募捐可以转移这种崇拜，所以希望工程规模发展神速，而这正是希望工程最为成功的社会创新点之一。

希望工程第三个创新点就是对社会的道德感化。数以千万计的各界人士参与希望工程，捐款资助失学孩子。希望工程的开展，不仅弘扬了中华民族的传统美德，也在一定程度上促进了社会主义的精神文明建设。希望工程的工作人员、社会各界及新闻媒体采取各种宣传手段，积极地大力宣传希望工程，烘托了思想道德建设的浓厚氛围，弘扬了中华民族扶贫济困、尊师重教的传统美德，使亿万人受到思想道德的感化。

（资料来源：浅谈希望工程 [EB/OL]. (2022-04-11). https://doc.docsou.com/b5e9879953933ee9153d9388b.html.）

三、根据社会目标分类

社会创新所追求的社会目标同人类对理想社会、美好社会或伟大社会的设想联系在一起，它是一个开放的、不断增添新内容的过程。消除通往理想社会的障碍，创造走向美好社会的条件，是激励人们从事社会创新的重要价值目标。这些具体的价值目标，包括消除贫困，反对社会歧视，减少社会不平等，争取平等机会，追求社会融合，促进社会公正，维护公民权利，实现公平贸易，推动环境保护，建立永久和平等。根据社会创新所追求的社会目标的不同而将社会创新划分为不同的类别，对于了解社会创新的精神激励机制很有帮助。

四、根据过程因素分类

社会创新是一个公民及公民社会组织发挥能动性和首创精神的过程，治理和善治所倡导的价值原则贯穿社会创新的过程之中。合作、参与、透明、包容、赋权、问责等价值原则对于社会创新的过程来说必不可少。社会创新的过程是一个多种社会行动者合作完成的过程，合作及合作的协商、妥协、宽容等原则为社会创新所必须。社会创新又是一个公民和公民社会组织主动参与其中的过程，利益相关者的参与和发言权保证着社会创新始终符合创新主体的利益。社会创新还是一个透明的、开放的过程，这种开放和透明是社会创新得以推动社会进步的重要保证。社会创新是一个将受到社会排斥的、边缘化的社会群体融入主流社会的过程，包容性是社会创新的内在要求。社会创新需要解决那些因权利缺失或能力欠缺而处于贫困、流浪等不利境地人群所面对的问题，因此社会创新又是一个赋权、补权、增能的过程。社会创新是一个实现权利和责任均衡的过程，问责是将创新的权利、责任和风险相统一的重要机制。每一个特定的社会创新在体现这六大价值原则的侧重点方面各有不同，据此可以将社会创新区分为合作取向的社会创新、参与取向的社会创新、透明取向的社会创新、包容取向的社会创新、赋权取向的社会创新，以及问责取向的社会创新。

五、根据结果分类

社会创新有自己的产品，它可能表现为社会普遍接受和认可的新服务、新组织、新体制、新行为规范、新理念、新行为方式等。根据社会创新的产品性质的不同，可以将社会创新区分为服务类社会创新、组织类社会创新、体制类社会创新、行为规范类社会创新、理念类社会创新、行为方式类社会创新。成功的社会创新导致某种社会变革，后者又有渐进和激进、零碎和系统之分，据此可以将社会创新区分为渐进的社会创新和激进的社会创新、持续的社会创新和间歇的社会创新等。

案例 共享单车重生，圆了缅甸穷孩子的上学梦

有些事物，在有些人眼里是垃圾，而在有些人眼中则是宝贝。缅甸企业家麦克利用废弃的共享单车，成立了一个名为少走路(Less Walk)的公益项目，圆了很多穷孩子的上学梦。

这个项目的灵感诞生于2018年，那时新加坡有一家名叫oBike的共享单车公司破产，大量单车被闲置，甚至被当作垃圾处理，麦克见到这种情况后，便产生了购买一些回去给孩子们上学用的想法。

缅甸是一个农业大国，导致他们的村庄较分散，政府无力为每个村庄修建学校，因此很多学生不得不步行很远去学校，甚至有些孩子因为学校离家太远而放弃读书。在缅甸，许多小学生每天花费很多时间在上学路上，提供单车可以让当地的孩子们减少上学路上的时间，使其有更多的时间去学习、去玩耍，获得更多的知识，提高摆脱贫困的机会。

单车的平均价格约20新元(约合100元人民币)，加上运输、改装和配送的费用，每辆单车的成本约35美元(约合人民币240元)。他自掏腰包买了5000辆，另外一半则由赞助商赞助。麦克对买来的共享单车进行改造，给它们加上了后座，并将二维码扫描锁改装成普通钥匙锁。

从2018年开始，麦克从新加坡和马来西亚，购入万辆共享单车无偿给缅甸学生使用，方便上下学。通过这种方式，让几十万辆废弃的自行车获得了"新生"，也圆了缅甸孩子的上学梦。

(资料来源：我们废弃的共享单车，他花15美元买回去，圆了缅甸穷孩子的上学梦[EB/OL]. (2019–06–28). https://baijiahao.baidu.com/s?id=1637547271687806222&wfr=spider&for=pc)

第三节 社会创新的过程

社会创新是一种过程，是解决社会问题、满足社会需求的新创意的提出、实施和推广的过程。这将它与文化创新、理论创新和知识创新区别开来。后者侧重于提出新知识、新理论、新观念，而不太关心如何用它们来解决社会问题。社会创新的过程大致分为识别潜在需求、开发测试、创新的评估和扩散、学习经验4个阶段。

一、识别潜在需求

从社会创新的4个阶段来看，第一阶段为识别潜在需求，即通过理解需求和识别潜在的解决方案而产生新创意，这是社会创新的起始阶段。

识别客户的潜在需求需要态度的转变和换位思考，即"以人为本"。以人为本的设计是从用户的根本需求出发，并且在整个设计过程中对用户的需求、环境条件和限制因素给予充分考虑，以创造更优化的状态。社会创新项目对企业以人为本的设计视角提出了更高的要求，让企业学会与服务对象紧密相连，通过创新和突破，创造企业、社会、消费者的多赢格局。对服务对象需求的挖掘还不是全部，如何将这些洞察转化成技术上可行、模式上可持续的设计才是目标。

识别潜在需求阶段需要对社会问题或社会需求保持高敏感性，要加强对社会机会的识别和把握，通过考察、谈话、诊断性分析和亲身实践，剖析问题的成因，并提出创意。例如，1976年孟加拉国经济学家尤努斯在乡村走访调查时发现，一名制作竹凳的赤贫妇女因为受到放贷人的盘剥，一天连2美分都挣不到，他就掏出27美元分别借给42个有同样境遇的农村妇女帮助她们摆脱贫困。随后他筹款成立了为农村贫困妇女提供小额信贷服务的"格莱珉银行"（乡村银行），1983年孟加拉国当局正式允许其注册。这是全球第一家为穷人提供金融服务的小额贷款组织，它既是一种金融创新，也是一种社会创新。社会活动家等社会创新者在发现新的社会问题和社会需求后，主动提出解决问题的倡议，动员社会舆论或发起社会运动，力图吸引社会各界关注相关的问题。绿色和平组织及其所发起的绿色和平运动通过识别潜在需求，进而逐步提出建议并推广。

二、开发测试

开发测试阶段是开发新创意、制作样本和做先期试验。这个阶段的主要目的是进行创新设计与原型开发，以形成初步的社会创新应用。在现实生活中，只有很少的创意能够被社会采纳。和技术创新一样，社会创新在早期实施过程中也需要进行一系列开发测试，以优化社会创新思想，构建社会创新模式，激发创新热情。例如，无线电广播通信花了数十年才找到被普遍接受的模式：早期错误地假定公众愿意像打电话一样按照收听广播的时间来支付费用，后来才发现在广播中发布广告才是有效的营利模式。

开发测试阶段是社会创新过程的一个重要环节，也是社会创新易陷入困境的环节。开发测试既可以在现实生活中进行，也可以在社会实验室或孵化器中进行。例如，前文中的格莱珉银行就是社会企业家在现实生活中进行的，通过直接创办小型社会企业，做小范围的样本实验。通过试错法，寻求合理可行的新方案来实践新想法。"社会实验室或孵化器"是在受保护的条件下，即介于真实世界和实验室之间模拟，可以对实验条件加以控制，便于进行观察和比较研究。不可否认的是，充裕的基金支持是创新开发测试的重要保证。

不过，在孵化过程中遭受失败是不可避免的，一些在理论上看似很好的创意会在测试中一败涂地。即使是失败的创意，也并非一无是处，我们往往可以从失败的经验中总结正确的改进方案。社会创新的确立一般都是在"反复尝试，再次失败，下次更好"的进程中逐步完善起来的。

案例 失败的"游戏水泵"

当前，随着社会问题的不断凸显，一些商业和公益组织正在以极大的热情投入可持续地解决社会问题的探索之中。然而，很多社会创新者"乘兴而来"，其设计的项目却难以解决实际问题，最终不得不"败兴而归"。

1997年，为了解决非洲一些地区居民的缺水问题，南非广告人崔弗成立了一家公司生产一种将水泵和旋转木马结合起来的抽水装置——游戏水泵，用来替代传统的压缩式水泵。游戏水泵可以在孩子们玩耍转轮时，将水从地下抽取出来。该项目因这一巧妙的设计而备受好评，并在2006年的"克林顿全球倡议"年会上获得1640万美元的捐赠，之后迅速在南非、莫桑比克、坦桑尼亚等国家推广。

然而，不久之后，安装游戏水泵的很多地区却纷纷呼吁换回传统水泵。原来，传统水泵抽满一桶水需28秒，而游戏水泵却要3分7秒，这意味着，满足一个社区一天的饮水需求，孩子要"玩"27个小时，水的充足性显然不能得到保障。而且，由于游戏水泵的构造过于复杂，设备损坏时也难以得到及时维修，不能确保供水的及时性。

像这样看似不乏创新而实际上并不适用的项目，在社会创新领域并不少见。很多项目忽视服务对象的根本需求，将精力倾注于产品或服务的外观、技术等细节，最终舍本逐末。在如今的很多社会创新项目中，设计者与服务对象往往身处不同的环境，对服务对象的需求、所处环境、限制因素等缺乏深刻的理解，极易造成因个人的主观判断和一腔热情而导致产品或服务无法"接地气"。

（资料来源：设计创新驱动社会创新（经典案例，看完就会有方向）[EB/OL]. (2017-02-12). http://mt.sohu.com/20170212/n480522270.shtml.）

三、创新的评估和扩散

这个阶段是评估、扩散和传播好的创意。

对社会创新只进行开发测试是不够的，为了说服潜在的支持者，需要对试验结果进行评估。创新评估包括合规性评估、社会性评估、商业性评估。合规性评估是指是否符合政府政策、法律法规的规定；社会性评估是指评估创新是否真正有利于社会问题的解决，是否适用于地方、社区及目标人群；商业性评估是指对市场潜力、技术能力及营利能力进行评估。评估方法包括投资评价、影响力评估等。

传播与扩散是社会创新全面进入实施的重要环节。在这一阶段，必要有效的沟通宣传非常重要。扩散传播的方式各不相同：通过孵化器机构产生的社会创新，往往也会因相关组织的增多而扩散；非营利机构或政府机构支持的社会创新，其扩散必须得到强有力的支持。对于社会创新而言，政府在扩散过程中所起的作用至关重要。例如联产承包责任制这种来自民间的社会创新，仍需要政府的肯定和推广，才能最终转化为全社会的创新。政府机构对社会创新传播的支持包括立法确认、提供资金、授权给公共机构运作等。一些在企业中成功运用的方法如复制、模仿和特许等在社会创新扩散过程中也能被有效运用。在当今的全球网络时代，一旦获得政府支持，社会创新扩散的速度就会非常快,无论是加速增长阶段还是衰减和消失阶段,其边际成本都接近于零。

创新的评估和扩散阶段应以结构化形式推进并注重沟通与传播,因为社会创新从重组资源、重构关系这个角度来看,要比单纯的产品创新设计难得多。尽管设计师做产品创新设计时会面临很大的挑战,但其思维仍然属于为某个群体设计某类产品的传统设计思维。例如,在广为流传的便携式净水器项目中,简单、便携、廉价的净水器能够为非洲人民解决清洁饮水的问题。归根究底,这属于一个产品设计项目。设计师在面临这个问题时,认真研究了现实背景,了解了终端用户的需求,并提出了解决方案。在将净水器发放给当地人之后,其并未触及更深层次的社会关系,该行为类似于中国或美国消费者在超市购买一个净水壶并随身携带使用。但是,有些社会创新会导致社会关系重构。例如,为城市通勤族设计拼车、共享汽车、共享车位等服务方案,这些方案本身蕴含着对各种资源的重新组合,是对人与人关系的重新构建。

四、学习经验

这是社会创新的最后阶段,即学习和演进或者进行系统的创新。在这个阶段,通过一系列的组织学习来落实创新扩散,并进行推广实施。一般而言,大型组织具有更强的学习和吸收能力,小型组织可以通过培训员工技能和参与到合适的网络之中而获得这种能力。

从某种意义上说,学习的过程就是新的社会创新从理念到机制不断扩散的过程。成功的社会创新都要经历不同的阶段,各个阶段的社会创新的机制不尽相同。随着现代科学技术的发展,对社会创新的学习也从过去的参观访问、专家指导等传统手段,上升到以公开统一的可操作标准为依据,以项目管理为运行保证的规范复制的新阶段。学习的完成往往标志着新的社会创新的实现。

社会创新过程是企业以社会责任为驱动力,视社会问题为企业新机会的来源,在实现商业创新的同时,达到一定的社会目标,满足一定社会需求的过程。

1. 社会创新的定义和内容是什么?
2. 如何理解社会创新,它与传统商业创新的区别是什么?
3. 举几个社会创新的案例。

参考文献

[1] [美] 埃里克·施密特, 乔纳森·罗森博格. 重新定义公司 [M]. 靳婷婷, 陈序, 何晔, 译. 北京：中信出版集团，2015.

[2] [英] 罗德·贾金斯. 学会创新：创新思维的方法和技巧 [M]. 肖璐然, 译. 北京：中国人民大学出版社，2017.

[3] 白涛. 猴子从众心理的实验 [J]. 企业管理，2016(11)：120.

[4] 柴清丽. 思维导图帮助学生进行深度思维 [J]. 人民教育，2019(07)：76–77.

[5] 陈波. 批判性思维与创新型人才的培养 [J]. 中国大学教学，2017(3)：12–12.

[6] 陈劲, 吕文晶. 中国企业的创新之路 [J]. 科学与管理，2017(37)：2–4.

[7] 陈劲, 曲冠楠. 有意义的创新：引领新时代哲学与人文精神复兴的创新范式 [J]. 技术经济，2018, 37(07)：1–9.

[8] 陈劲, 郑刚. 创新管理 [M]. 北京：北京大学出版社，2016.

[9] 陈淑英. 略论创新思维的阻碍因素及排除方法 [J]. 科教导刊，2012(9)：1–2.

[10] 陈桃兰. 传统教育观念对我国学生教育改革的阻滞 [J]. 教育理论与实践，2015(23)：3–5.

[11] 陈雪颂, 陈劲. 设计驱动型创新理论最新进展评述 [J]. 外国经济与管理，2016, 38(11)：45–57.

[12] 陈益华. 中美高校创新思维培养侧重方向的列举探究 [J]. 黑龙江高教研究，2017(1)：73–75.

[13] 范云霞. 教育权威：危机与转向 [J]. 教育导刊，2016(10)：3–6.

[14] 耿步健. 马克思恩格斯的创新思维方法论 [J]. 江苏社会科学，2017(3)：15–21.

[15] 侯光明, 李存金, 王俊鹏. 十六种典型创新方法 [M]. 北京：北京理工大学出版社，2015.

[16] 黄方, 陈义平. 论当代中国政治权威的合法性基础 [J]. 安徽理工大学学报（社会科学版），2013(9)：28–32.

[17] 姜华有. 习近平创新思维研究 [J]. 中共浙江省委党校学报，2017(6)：15–21.

[18] [美] 克莱顿·克里斯坦恩. 创新者的窘境 [M]. 胡建桥，译. 北京：中信出版社，2014.

[19] 李尚之，汤超颖. 创新思维的训练手册 [M]. 北京：清华大学出版社，2017.

[20] 李秀国. 汉机通过工艺创新实现滚动功能部件高效生产 [J]. 世界制造技术与装备市场，2018(10)：19.

[21] 李玉，柴阳丽，闫寒冰. 思维导图对学生学业成就的影响效应——近十年国际思维导图教育应用的元分析 [J]. 中国远程教育，2018(01)：16–79.

[22] 李悦，王怀勇. 积极心理学视角下优势匹配感对员工创新行为的影响研究 [J]. 科技进步与对策，2017，34(16)：148–154.

[23] 李云新，刘然. 中国社会创新的特征、动因与绩效——基于"中国社会创新奖"的多案例文本分析 [J]. 公共行政评论，2016 (4).

[24] 梁良良. 倒立看世界：创新思维训练 [M]. 长春：吉林文史出版社，2013.

[25] 辽宁省普通高等学校创新创业教育指导委员会. 创造性思维与创新方法 [M]. 北京：高等教育出版社，2013.

[26] 刘建波，余锡平. 浅析重型装备制造企业工艺创新体系建设 [J]. 交通企业管理，2018，04(1)：55–57.

[27] 刘文虎. 公司治理及其评价研究综述 [J]. 合作经济与科技，2015(7)：75–77.

[28] 鲁百年. 创新设计思维——设计思维方法论以及实践手册. 北京：清华大学出版社，2015.

[29] 齐鲁骏. 公司治理综述 [J]. 东方企业文化，2012(12)：206–207.

[30] 宋晓琳，田天. 传统教育模式与创新教育模式的比较研究 [J]. 高等函授学报 (哲学社会科学版)，2013(1)：55–57.

[31] 王可越，税琳琳，姜浩. 设计思维创新导引 [M]. 北京：清华大学出版社，2017.

[32] 魏浩征. 从阿里巴巴的政委系到小米设立组织部，巨擘组织变革背后传递哪些信号 [N]. 经济观察报，2018：10–20.

[33] 魏江，刘洋，应瑛. 商业模式内涵与研究框架建构 [J]. 科研管理，2012(33)：107–114.

[34] 吴宏，吴青萍. 我国文化改革浅论 [J]. 中南大学学报 (社会科学版)，2012(8)：81–86.

[35] 谢德荪. 科技不是第一推动力——中国企业创新的方向与路径选择 [J]. 北大商业评论，2013.

[36] 杨胜才. 积极主义教育：时代发展的新命题 [J]. 国家教育行政学院学报，2017(10)：33–38.

[37] 张洪家，汪玲，张敏. 创造性认知风格、创造性人格与创造性思维的关系 [J]. 心理与行为研究，2018，16(1)：51–57.

[38] 张军荣. 开放式创新能提升专利质量吗 [J]. 科研管理，2017，38(11)：106–112.

[39] 张婉露. 互联网平台企业商业模式创新影响因素研究 [J]. 价值工程，2019(02).

[40] 邹妙. 行政决策中从众心理的表现、成因与解决途径研究 [D]. 湘潭大学硕士学位论文，2013.

[41] 李正海. 工业元宇宙的应用场景及发展趋势 [J]. 企业家，2022(10)：40–44.

[42] 余明阳. 中国企业经典案例 [M]. 上海：上海交通大学出版社，2013.

[43] 陶金元，陈劲. 设计驱动型创新理论述评与演化趋势：基于有意义的创新框架 [J]. 科学学与科学技术管理，2022，43(07)：3–20.

[44] 陶金元. 设计思维理念与创新创业实践 [M]. 北京：企业管理出版社，2021.

[45] 邓白君，陶金元，姜台林. 设计思维解读职场 00 后 [J]. 企业管理，2022(10)：88–91.

[46] 姜台林，毛国良，陶金元. 设计思维如何改变世界 [J]. 企业管理，2022(09)：89–92.

[47] 赵新军. 技术创新理论 (RTIZ) 及应用 [M]. 北京：化学工业出版社，2004

[48] Rolf Herb，John Terninko，Alla Zusman，Boris Zlotin. TRIZ Der Weg zum Konkurrenzlosen Erfolgsprodukt[M]. Landsberg am Lech：Verlag Moderne Industrie，1998.

[49] 根里奇·阿奇舒勒. 创新 40 法：TRIZ 创造性解决技术问题的诀窍 [M]. 黄玉霖，等译. 成都：西南交通大学出版社，2004.

[50] 尤里·萨拉马图夫. 怎样成为发明家：50 小时学创造 [M]. 王子羲，等译. 北京：北京理工大学出版社，2006.

[51] 黑龙江科学技术厅. TRIZ 理论入门导论 [M]. 哈尔滨：黑龙江科学技术出版社，2007.

[52] 李梅芳，赵永翔. TRIZ 创新思维与方法：理论及应用 [M]. 北京：机械工业出版社，2016.

[53] 周苏，张丽娜，陈敏玲. 创新思维与 TRIZ 创新方法 [M]. 2 版. 北京：清华大学出版社，2018.